그리스도인은 인간을 어떻게 이해해야 하는가

김 진 지음

생명의말씀사

그리스도인은 인간을
어떻게 이해해야 하는가

ⓒ 생명의말씀사 2006

2006년 3월 15일 1판 1쇄 발행
2023년 3월 30일   10쇄 발행

펴낸이 | 김창영
펴낸곳 | 생명의말씀사

등록 | 1962. 1. 10. No.300-1962-1
주소 | 서울시 종로구 경희궁1길 6 (03176)
전화 | 02)738-6555(본사)·02)3159-7979(영업)
팩스 | 02)739-3824(본사)·080-022-8585(영업)

지은이 | 김 진

기획편집 | 김정옥
디자인 | 정혜미
인쇄 | 영진문원
제본 | 다온바인텍

ISBN 89-04-09038-5 (03180)

저작권자의 허락없이 이 책의 일부 또는 전체를
무단 복제, 전재, 발췌하면 저작권법에 의해 처벌을 받습니다.

그리스도인은
인간을 어떻게
이해해야 하는가

창조주이시며 구원자이시며 영원히 홀로 영광을
받으시기에 합당하신 영존하시는 그분 하나님께,
이 책이 그분에 의해 사용되기를 소망하며!

사랑하는 친할머님, 외할머님께,
끝없는 사랑의 기도로 언제나 든든한 후원자가 되어 주심을
감사하며!

사랑하는 아버님, 어머님께,
나의 평생의 행하는 모든 것이 바로 그 분들의 삶과 일체이며
바로 이 책이 그 분들의 것임을 다시 고백하며!

머리말

·
·
·
·

　누군가 저에게 '정신의학을 전공한 그리스도인으로서 다른 사람들과 가장 나누고 싶은 내용이 있다면 어떤 것이 있겠습니까?' 라고 묻는다면 저는 두 가지를 얘기할 것입니다. 그 중의 하나가 '닫힌의식(일반적으로는 무의식이라 알려진 것으로 저만 사용하는 용어입니다.)' 에 대한 내용입니다. 저의 첫 번째 책인 <나누고 싶은 이야기>에서 어느 정도 다루고는 있지만 충분하지가 않아서 언젠가는 닫힌의식만을 다루는 책을 쓰려는 생각을 가지고 있었습니다. 그 개념은 인간 삶에 아주 중요하게 기여할 수 있는 것인데, 주로 전문가들 세계에서만 알려져 있어서 일반인들에게도 나누어질 수 있었으면 좋겠다는 바람이 오래 전부터 있어 왔습니다. 되도록이면 전문적인 용어는 피하면서 그 유익한 세계에 대해 나눌 수 있는 데까지 나누어 보도록 노력하겠습니다.
　자연과학을 통해 자연세계에 대한 비밀이 많이 밝혀져 가고 있습니다. 예전에 비하면 그 발전 속도는 엄청나다 하겠습니다. 또한 다른 과학의 발전과 더불어 의학이 발전하면서 인간의 신체에 대한 발견 역시 급속도로 이루어지고 있습니다. 특히 19세기 말부터 학문으로서 본격적으로 발전하게 된 정신분석학을 통해 인간정신에 대한 새로운 지식들이 계속해서 축적되어 오고 있습니다. 아직도 갈 길이 멀긴 하지만, 정신분석학을 통해 지금까지 발견된 인간정신에 대한 지식들 중에는 인간의 삶에 참으로 유익한 것들이 적지 않게 있습니다.

물론, 인간의 정신은 그리 간단하지가 않습니다. 아마도 모든 학문의 마지막 대상은 인간정신이 될 것이라 생각합니다. 거기에는 인간의 접근이 일정 한계를 가지는, 인간존재 차원을 넘어 영적 세계-하나님 고유의 차원의 세계-가 걸쳐 있기 때문에, 얼마나 충분히 알려질 수 있을지 예상한다는 것 자체가 어렵다고 하겠습니다. 그러나 일정 한계 내에서 인간이 접근할 수 있음에 대해서 유의하여야 할 것입니다. 그 한계가 어디까지인지는 알 수 없지만, 인간정신세계에 대한 문은 점차 넓게 열려지고 있기 때문입니다.

인간정신세계는 접근하기가 참으로 어려워서 인류에게 오랫동안 신비한 영역으로 남아 있었던 것이 사실입니다. 그러나 연구가 이루어지면서, 신비적이어서 모를 수밖에 없는 것만도 아니고, 또 한계적인 인간에게도 질서가 없는 것같이 보일 정도로 무한히 복잡하지만은 않다는 것이 밝혀지고 있습니다. 그 세계에도 나름의 '길'이 있음이 하나씩 밝혀지고 있는 것입니다. 정신이 가는 길이 있다는 것이지요. 그렇습니다. 정신세계에는 여러 길들이 있습니다. 그래서 그 길들에 익숙하게 되면 정신현상에 대해 비교적 수월하고 정확하게 이해할 수 있게 됩니다. 그러면서 우리의 정신세계가 가지는 문제들에 대해, 제한은 있지만 몰랐을 때에 비하면 상당히 정확한 진단을 내릴 수 있음과 동시에 바른 치유의 길을 걸어갈 수 있게 되었다고 할 수 있습니다.

그리스도인은 영적인 세계를 믿는 사람들입니다. 영적인 세계를 믿지 않는 사람들을 보면 참 마음이 아픕니다. 너무나 분명한 세계를 보지 못한다는 것이 우리의 마음을 무척이나 아프고 안타깝게 합니다. 그리스도인들이 영적 세계를 볼 수 있는 것은, 믿음의 눈 또는 영적인 눈을 가지고 있기 때문이라고 할 수 있습니다. 그래서 그 눈에는 너무 당연하게 보이는 세계에 대해, 아직 그 눈이 없어서 보지 못하는 사람에게 얘기하여 전달해 주고 싶은 마음이 강하게 일어나는 것을 경험하게 됩니다. 그러나 눈이 열리지 않으면 볼 수 없는 것이 엄연한 사실입니다.

저는 그와 비슷한 마음을 '닫힌의식(의 세계)'에 대해 가지고 있습니다. 그 세계는, 보통의 경우는 우리가 의식하지 못하는 세계입니다. 그러나 분명히 존재하는 세계입니다. 그 세계에 대한 적절한 이해는 우리의 삶에 얼마나 귀한 영향을 주는지 모르겠습니다. 그로 인해 저의 삶에 상당히 유익한 변화가 일어났으며, 다른 사람의 정신적인 어려움을 돕는 일에 결정적인 도움을 받고 있습니다. 그런데 많은 사람들이 그러한 혜택을 받지 못하고 있습니다. 이 세계를 모르기 때문입니다. 마음이 참으로 안타깝습니다. 영적인 눈이 열리지 않아 보이지 않는다고 해서 영적인 세계가 없는 것이 아니듯이, 닫힌의식의 세계가 의식되지 않는다고 하여 없는 것이 결코 아닙니다. 그 세계에 대한 이해가 주는 혜택이 얼마나 엄청난지요! 그 세계를 역시 몰랐다가 알게 되어 그 혜택을 누리는 자로서, 같은 혜택이 다른 사람들에게도 있게 되기를 바라는 마음이 글을 쓰게 만듭니다. 소수의 사람만 그 혜택을 누리는 것이 아니라, 좀더 많은 사람이 함께 누릴 수 있도록, 영적 세계에 대해 알리는 전도사역을 하는 심정으로 그 세계에 대한 지식을 나누어가기 위해 정성을 기울여 이 책을 써 내려갔습니다.

인간정신세계에는 여러 길들이 있습니다. 그것들을 이해하는 데는 '닫힌의식(의 세계)'을 통하는 것이 거의 필수적이라 말할 수 있습니다. 닫힌의식을 볼 수 있는 눈을 지니지 않고서는 자기의 전체 정신세계를 탐험해 갈 수 없으며, 점차 더 온전하게 알아가는 길에 들어설 수 없을 것입니다. 그러나 그 눈이 열리기만 한다면, 이전에는 볼 수 없었던 많은 것들을 볼 수 있게 될 것입니다. 닫힌의식의 눈이 적절한 수준으로 열리게 된다면, 무엇보다도 자기가 다르게 보일 것이고 다른 사람들이 다르게 보일 것이며, 자기 자신과의 관계가 달라질 것이고 다른 사람들과의 관계가 달라질 뿐만 아니라 신앙적 태도에 있어서까지 변화가 있게 될 것입니다.

닫힌의식을 통하지 않고 실제적 인간에 대해 충분히 알아간다는 것은 거의 불가능한 일입니다. 사소한 경향으로 시작하여 자기 정체성을 형성하는 데 닫힌의식의 영향이 얼마나 막대한지요! 부정적인 측면에서 얘기한다면 닫힌의식에 대해 알지 못하면 잘못 습득된 경향, 특징, 관점, 성격 등을 교정하지 못한 채 평생을 살아가게 될 것입니다. 의도하지 않게(비지향적으로) 형성된 자기를 평생 자기의 전체인 줄 알고 살아가게 될 것입니다. 그것은 얼마나 불행한 일이 되는지요!

특히 유념하여야 할 내용은, 인간정신은 자연적으로 또는 자동적으로 인간을 위해 선한 쪽으로만 작용하는 것은 아니라는 것입니다. 전체적인 측면에서 본다면, 저의 판단으로는, 악한 쪽으로 작용하는 측면이 훨씬 더 강한 것 같습니다. 정신을 자기 마음대로 움직이게 내버려두는 가운데서 얼마나 많은 삶의 왜곡과 불행들이 일어나는지 이루 말할 수 없습니다.

그렇기 때문에 인간은 자기의 정신을 감시하여 바르게 길을 갈 수 있도록 통제해야 하는 아주 중요한 과제를 가지고 있다고 하겠습니다. 그리스도인은 이 과제를 충실하게 수행함으로써, 하나님께서 바라시는 온전한 인간회복의 여정을 가는 데 아주 중요한 도움을 얻게 될 것이라 확신합니다. 바로 그 과제의 수행에 닫힌의식에 대한 이해는 아주 긴요한 역할을 하게 될 것입니다.

저는 이 책을 통해 바라는 것이 여럿 있지만, 그 중에서도 가장 바라는 것은 주요한 개념들에 대한 '의식'들이 독자들의 마음에 생기는 것이라 하겠습니다. '전체적인 인간', '인간정신의 내면세계', '닫힌의식의 세계', '자기형성', '타락의 성향을 지닌 현재적 자기', '인간의 변화', '인간이해', '의식하는 것', '인간정신의 자동성', '정신의 통제', '영원한 존재', '삶의 수동성', '엄마 됨', '아빠 됨', '남편 됨', '아내 됨', '지향적 삶', '본래적 자기' 등등에 대한 의식이 생겨날 수 있었으면 좋겠습니다. 그러한 의식성이 높아지기를 바라는 마음 간절합니다. 그러한 효과를 얻기 위해서 서너 차례 정독하시기를 권합니다. 의식이 깊어지면 깊어질수록, 무엇보다도 자기 자신과 자기 삶에 대한 통제성이 높아짐을 느끼게 될 것입니다. 그러면 그만큼 지향적 삶이 가능해지면서 궁극적으로 하나님께서 원하시는 본래적 자기를 찾아가는 발걸음이 가벼워지게 될 것입니다.

이 책은 자기 자신과 타인, 즉 인간―특히 세상을 살아가는 실제적 인간 이해에 대해 관심을 가지는 모든 사람들에게 유익할 것입니다. 자기 성숙과 타인과의 관계의 성숙(또는 변화)에 관심이 있는 분들에게도 도움이 될 것입니다. 정신적인 영역의 구체적인 문제를 다루는 데 좋은 도구가 될 것입니다. '하나님의 은총과 인간의 자유의지'의 문제를 다루면서, 인간이 실제적으로 책임을 질 수 있는 한계가 어디까지일까 하는 물음에 관심이 있는 그리스도인들에게 적지 않은 도움이 될 것입니다. 나아가 진정한 자기, 본래적 자기를 찾기를 소망하는 사람들을 돕게 될 것입니다.

적지 않은 사람들로부터 "선생님, 치유에 대한 책은 없습니까?"라는 질문을 받아 오고 있습니다. 사실 치유에 대해 책을 쓴다는 것은 참으로 어렵습니다. 현재의 사람 또는 현재의 문제에 대한 이해(진단)는 과거에 대한 이해의 측면이 강하기 때문에 이미 주어진 과거라는 객관적 자료를 가지고 작업하는 비교적 평면적인 것이라 할 수 있습니다. 과거는 변하지 않기 때문에 정태(靜態)적이라 할 수 있습니다. 반면, 치유 또는 치료라는 것은 미래적인 일로 어떻게 변화할지 예측이 불가능한 미래적 사람을 계속으로 대해야 하는 작업이기 때문에 역동적인 작업이 된다고 할 수 있습니다. 또 실제로 상대해야 하는 내담자는 이 세상에 유일한 사람으로서 독특한 세계를 가지고 있는 사람이기 때문에, 치료는 객관적으로 기술될 수가 없습니다. 늘 그 한 사람에게 재단되어야 하는 일이 치료라 하겠습니다. 그렇기 때문에 치유에 대한 부분은 책으로 나오기가 매우 어렵습니다. 치료자와 1대 1로 만나는 상황이 필요하다 하겠습니다.

그러므로 이 책은 치유적인 측면에서는 한계를 지니고 있음을 염두에 두시고 읽어 가시기를 바랍니다. 그러나 부분적으로 치유적인 영향을 줄 수 있는 내용을 지니고 있기 때문에, 적지 않은 분들이 읽어가면서 상당한 치유적 효과를 얻게 될 것이라 생각합니다.

책을 쓰기 위해 노트북 하나 들고, 이국 땅(미국과 캐나다) 이곳저곳을 돌아다녔습니다. 그 수고가 헛되지 않아 책 쓰기에 아주 적절한 이곳 캐나다 Brantford의 교외에 위치한 아늑한 집에 짐을 풀게 되었습니다. 이곳에 올 수 있었던 것은 전적으로 김신기목사, Brantford 한인장로교회 시무 님과 박경주 님 내외분의 사랑의 수고에 의한 것이었습니다. 그뿐만 아니라, 그분들은 책을 쓰는 기간 내내 음식, 음악, 꽃, 대화, 관광 등으로 저에게 과분한 격려와 사랑을 주셨습니다. 누구보다도 그분들께 감사하고 싶습니다. 그분들을 만나 이곳으로 오게 된 것에 대해 저는 개인적으로 하나님의 간섭의 가능성이 아주 높다고 생각하고 있습니다.

이 책에는 많은 사례가 소개되고 있는데, 제가 만난 대부분의 분들은 자신의 사례를 책에 소개하는 것에 기꺼이 동의를 해주셨습니다. 부끄러운 일로 생각하여 거절할 수도 있었는데, "첫 번째 책의 사례들을 통해 많은 도움을 얻었는데, 저의 사례가 그렇게 쓰여 질 수 있다면 좋겠습니다."라는 말로 답하였습니다. 그분들의 나눔의 마음이 얼마나 아름다운지요! 이 책은 그분들과 함께 쓴 것이라 할 수 있습니다. 진정으로 감사합니다. 그 외에 기도와 구체적인 격려와 지적으로 작업에 함께한 사랑하는 형제자매들께 감사합니다. 부족한 글을 책으로 엮어 주신 생명의 말씀사의 여러 직원들께 감사합니다.

(사례들은 본인들이 알려지지 않도록 수정하여 편집하였으나, 그 내용에 있어서는 손상이 되지 않도록 주의하였습니다.)

캐나다 자그마한 도시 Brantford의 Blue Lake가에서,

하나님의 그 풍요로운 세계가
함께 나누어지는 세계를 그리며,
그리스도의 몸의 한 지체인

김진

또 새 영을 너희 속에 두고
새 마음을 너희에게 주되
너희 육신에서 굳은 마음을 제하고
부드러운 마음을 줄것이며

에스겔 36:26

Contents

도입부 · 19

1. '절대 – 상대' · 21
   - '영적'이라는 용어 사용에 대해 · 33

2. 책임적 존재로서의 인간 · 40
   - 사례 가 중환자실에서 회복실로 · 40

제 1 장

인간은 역사를 가지는 존재이다 · 47

- 사례 나 남성적 특징이 강한 여성 · 47
- 상대방의 준비됨을 확인하여야 · 54
- 사례 다 다른 사람들에게는 부드러운데 왜 아내에게는 차갑게 대하는지 모르겠어요 · 57
- 사례 라 모든 것에 원인이 있다는 것이 신기해요 · 68
- '사실여부와 관계없이' · 73
- 마음의 눈 · 74
- 그렇게 살 이유가 전혀 없는 생활 · 78

제 2장

닫힌의식의 세계 · 81

1. 사람의 정신세계에는 자기도 모르는 '닫힌의식의 세계'가 존재한다 · 81
   - 사례마   겨울은 싫고 여름은 좋은 여학생 · 81
   - ■ 자기의식 · 84
   - ■ 이미 형성된 경향에서 자유할 수 있는가? · 85

2. 닫힌의식이란 무엇인가? · 90
   - ▶ 닫힌의식과 무지와의 관계는? · 93

3. 닫힌의식의 의식화 · 96
   1) 닫힌의식은 왜 의식화되어야 하는가 · 97
      (1) 닫힌의식의 의식화는 전체 자기에 가깝게 '열린의식의 자기'를 넓혀 가는 것이다 · 97
      (2) 닫힌의식의 의식화는 자기에 대한 통제권의 행사를 가능케 해준다 · 98
      - 사례바   키가 큰 남자에게서 편안함을 느끼는 여성 · 98

   2) 닫힌의식의 의식화가 가져다주는 열매 · 103
      (1) 본래적 자기를 찾아 세울 수 있게 도움을 준다 · 103
      - 사례사   선생님, 이제야 아무것도 보이지 않는 칠흑같이 캄캄한 동굴에 저기 저 쪽 멀리 아주 자그마하게 구멍이 열리면서 들어오는 빛을 봅니다 · 103
      - ■ 동성애에 대해 한 마디 · 118
      - ■ 본래적 자기 · 120
      - ■ 자기상(self-image) · 127
      - 사례아   자기 없는 삶 · 129
      - 사례자   자기 찾기 · 137
      - ■ 자기상을 형성하는 데 영향을 주는 8가지 주요 인자들 · 150
        ❶ 부모라는 환경 · 150

■ 기질에 대해서 한마디 · 153

❷ 부모의 사랑 · 155

▶ 부모됨을 위한 준비의 필요성 · 158

사례 차 딸을 사랑하는 아빠가 있음을 보여 주겠다 · 158

❸ 부모의 칭찬과 꾸중 · 165

❹ 부모의 기대 · 176

❺ 얼마나 비교를 받으며 자라왔는지? 얼마나 유일한 존재로 받아들여 졌는지? · 179

❻ 자신의 객관적 성취 · 181

❼ 부모의 있는 그대로의 모습 – 인격 · 182

❽ 영적으로 바른 좌표를 갖는 것 · 183

사례 카 자유하는 사람 · 183

(2) 구체적인 삶의 왜곡을 풀어가는 데 도움이 된다 · 188
사례 타 다른 역사에서 오는 필연적 갈등 · 188

■ 진정한 자기 동의 · 195
사례 파 나도 모르게, 왠지 모르게, 이상하게, 괜히, 어쩔 수 없이 · 198

■ 순전한 인간관계를 위하여 · 206
사례 하 서로 다른 색안경을 쓴 사람들의 만남 · 207

(3) 미래적 삶에 있어서 주체적 자율성을 높여갈 수 있게 된다 · 212
악순환 – (?)순환? · 213

■ 좋은 말은 사랑의 공급과 함께 · 223
■ 강적 이야기 · 225

제3장 닫힌의식의 이해와 신앙과의 관계 · 236

1. 인간존재의 온전한 차원을 깨닫게 하는 데 도움을 준다 · 236
    사례 가 가상적 열등감 · 236
    ■ 과잉의존 · 246

2. 인간 삶에 있어서 비지향성으로 인한 문제를 극복해 가는 데 도움을 준다 · 250

3. 신앙생활에 구체적이고 실제적인 지향성을 갖게 하는 데 도움을 준다 · 256

제4장 닫힌의식의 세계 그 너머 · 261

1. 닫힌의식의 이해의 한계 · 261
    1) 치유의 힘은 닫힌의식의 이해와 함께 가지 않는다 · 261
    2) 인격적 성숙은 닫힌의식의 이해와 함께 가지 않는다 · 263
    3) 닫힌의식을 통한 치료적 접근은 준비를 필요로 한다 · 264

2. 잠깐의 나그네 인생길의 길동무 · 268
    사례 나 인생은 아쉬움을 접고 사는 것 · 268

후기 · 294

도입부

[이 부분은 인간이해에 대해 신학적으로 또는 신앙적으로 다소 저항이 있는 분들과 학문간interdisciplinary 연구에 관심이 많은 분들을 위해 쓰여졌습니다. 다소 어려운 내용이 될 수 있을는지 모르겠습니다. 사실 본론과는 내용적으로 거리가 있는 부분이기 때문에, 읽다가 어렵다고 느껴지시면, 뛰어넘어 본론 부분으로 바로 들어가시기를 권하고 싶습니다. 이 책은 그렇게 어려운 책이 아닌데, 이 부분으로 인해 어려운 인상을 받아 읽기를 포기하는 일이 일어나서는 안 되겠습니다. 혹, 아직 그리스도인이 아니신 분이 읽는 경우도 이 부분을 생략하고 바로 본문으로 들어가기를 권합니다.]

저는 하나님을 자존하시는 영원자로서 이 세상과 인간을 창조하신 분으로 믿고, 예수 그리스도의 대속의 죽음에 의해 하나님과의 관계가 이어진 것을 믿으며, 이제는 구체적으로 다 알 수 없는 성령님의 임하심의 은혜 아래 사는 그리스도인으로서 이 책을 씁니다. 저는 여러분과 함께 기독교의 세계관과 인간관 등에 대해, 남의 것이 아니라 제 것이 되어 있는 것을 나누고자 합니다. 저는 제가 갖고 있는 현재의 수준에서 글을 써 내려 가고 있음을 의식합니다.

저는 인간, 개인적 인간, 현실을 사는 개인적 인간, 문제를 가지고 또는 느끼며 현실을 사는 개인적 인간과 구체적인 만남을 가지는 전문인입니다. 가능한 범위 내에서 같은 마음을 품으며 만남을 가지려 노력합니다. 그 만남에서 듣고 깨닫고 나누게 되는 내용들이 많이 있습니다. 모두 '우리들의 얘기'라 할 수 있습니다. 저는 그러면서 '인간이 그러함'에 대해, '인생이 그러함'에 대해 생각하는 사유의 산책길을 함께 나서는 일을 전문적으로 하고 있다고 할 수 있습니다. 그렇게 세월을 살아오면서 그리스도인으로서 경험하고 깨닫게 되는 것 중에 다른 사람들, 특히 같은 형제자매인 그리스도인들과 나누고 싶은 내용들이 적지 않게 쌓이게 되었습니다. 그래서 부족한 가운데 책으로 그리고 강의와 세미나를 통해 나누는 작업을 해오고 있습니다.

그러는 중에 '하나님의 은혜 아래 있는 그리스도인에게 따로 인간이해가 필요한가'라는 의문과 함께 상당한 저항을 보이시는 분들을 적지 않게 만나게 되었습니다. 그래서 마음에 저항이 있는 사람들을 위해 이러한 내용들이 그리스도인들에게 왜 필요한지를 설명하는 정지작업이 필요함을 깨닫게 되었습니다. 본론을 전하는 것 못지않게 긍정적인 마음으로 만날 수 있도록 정지작업을 잘하는 것이 중요한 과제라고 생각합니다. 그러할 때 마음의 준비가 잘되어 본론의 내용이 온전하게 나누어지게 되리라 기대합니다.

그래서 본론으로 들어가기 전에, 그 정지작업을 위해 그리스도인에게 중요하다고 생각되는 두 가지 개념을 다루면서, 그리스도인의 사고가 어떻게 발전되어져야 하는가에 대해 함께 생각해보려고 합니다. 이 작업은 성숙한 그리스도인이 되기 위해서 꼭 필요한, '전체적으로 균형 잡힌 사고'를 익혀가는 데 상당한 도움을 줄 것으로 기대합니다. 그렇지 않은 안일한 획일적 사고로는 복음의 깊이 있는 내용들을 길어내는 데 한계가 있게 될 것이기 때문입니다. 그럼 이제 제가 매우 중요하다고 생각하는 사고가 어떤 내용인지 함께 생각해보도록 하겠습니다.

1. '절대 – 상대'
– 기독교인은 진리, 사실에 대한 개방성이 높아야 한다.

1400년대쯤의 시대로 거슬러 올라가보도록 하겠습니다. 지금은 의학이 발달되어 많은 병을 진단하고 치료할 수 있지만, 그 당시에는 치료는 물론 진단조차 정확히 내릴 수 있는 병들이 많지 않았습니다. 원인을 모르고 전혀 치료적인 접근을 할 수 없어 사망에 이르는 병을 만나면, 소위 괴질이라 하며 두 손을 듭니다.

그 당시의 괴질 하나에 대해 함께 상상해 보기로 하겠습니다. 그 괴질은 다음과 같았습니다. 처음에는 소화가 잘 안되었습니다. 점차 시간이 지나면서 배에 통증이 느껴지기 시작하고, 혈변을 보기 시작하더니 나중에는 구토와 함께 피를 토하는 증상을 보였습니다. 그런 후 얼마 되지 않아서 환자는 사망에 이르게 되는 것이었습니다. 당시 의학의 수준으로는 진단조차 내릴 수 없었습니다. 그런 증상들이 나타나면 그냥 괴질에 걸렸다며 다들 죽을병이라 체념하였습니다. 그리고 많은 사람들이 죽어갔습니다.

인간은 자신들이 전혀 어찌 할 수 없는, 전적으로 무력한 상황에 처하게 되면 초자연적인 능력을 가진 것으로 생각되어지는 인간 외의 타자(他者) - 천지신명, 조상신, 각종 종교에서 얘기되어지는 '신'들 - 를 찾아 의지하여 오게 되어 있습니다. 찾지 못하면 자기가 스스로 만들어내게 되지요. 그리스도인들은 어떻겠습니까?

만약 그리스도인에게 그 괴질증상이 나타났다면 어떻게 접근을 하였겠습니까? 또 목회자에게 상의를 한다면 그는 어떻게 지도를 하였겠습니까? 문제를 만났는데, 문제에 대해 인간적으로 (당시의 수준으로는) 아무런 대처를 할 수 없는 경우 그리스도인들은 그 문제에 대해 어떻게 접근하지요? 네, 하나님께 그 문제를 가져갑니다. 기도를 하게 되지요. 결국 인간이 어떻게 할 수 없는 문제에 대해서는 신앙적으로 접근하는 길 외에는 대안이 없는 것입니다. 마지막으로 하나님께 의지하게 됩니다. 결국 '신앙적'으로 접근을 하는 것이지요. 대부분의 그리스도인은 그렇게 되게 되어 있습니다. 그것이 그리스도인들에게 자연스러운 귀결이라 할 수 있을 것입니다. 아마도 앞서 간 수많은 그리스도인들이 그 병에 대해 그렇게 신앙적으로 접근하였을 것입니다. 또 그 상황에서는 그런 접근이 하나님을 의지하는 좋은 신앙의 표지가 되기도 했을 것입니다.

이제 다시 그 이후 시간이 흐르고, 의학이 많이 발전하여 그 병의 정체가 위암이고 조기치료를 할 경우 완치될 수 있는, 그리 무서워할 병이 아니라는 것이 밝혀지게 된 시대로 내려와 생각해보겠습니다. 자, 그럼 위암에 대한 진단과 치료가 막 시작되었을 때를 머리 속에 함께 그려보도록 하겠습니다.

이전에 위암에 대해 사람이 할 수 있는 것이라고는 아무것도 없어서 하나님께만 의지하는 신앙적 접근을 하였던 그리스도인들이, '이제 위암은 조기진단이 가능하며 조기치료를 하면 - '의학적' 접근을 하면 - 상당한 치료효과를 볼 수 있다'라는 의사들의 홍보를 접하게 되었습니다. 그럴 때 그 전까지의 '신앙적 태도'에서 '의학적 태도'로 전환하는 것이 어떻겠습니까? 별 저항이 없이 쉽게 전환될는지요? 아마도 대부분의 그리스도인들에게는 그러한 태도의 변화가 그리 쉽지 않았을 것입니다. 당연히 쉽지 않았을 것입니다. 그 문제를 신앙적인 차원에서만 보아왔는데 갑자기 그 관점을 버리라고 하는 것은 그 문제에 대한 태도를 변경하라는 것이 아니라, 자기의 신앙 전체를 부정하라는 것으로 들리게 될 수 있기 때문입니다. 신앙인에게 있어서 이런 유의 문제는 사실 간단하지가 않습니다. 평범한 도전일 수 없습니다. 그리스도인에게서 (자기가 신앙적이라 생각하는) 신앙의 어떤 부분이 도전을 받을 때는 그 부분만 따로 떼어져 도전을 받는 것이 아니기 때문입니다. 그 부분을 통해 전체가 도전을 받는 것같이 느껴지는 것이지요. 이는 몸의 어떤 부분이 아플 때, 몸 전체가 아픈 것과 같은 이치라 할 수 있겠습니다.

하나님께만 전적으로 의지하여 왔던 문제에 대해, 하나님을 의지하는 태도에서 의학으로부터 도움을 받으려 하는 태도로의 이행은, '마치 하나님을 버리는 반신앙적 행위'로 느껴질 수 있습니다. '신앙적 태도-반신앙적 태도'라는 구도가 생기게 되면서 갈등을 일으키게 될 것입니다. 그래도 여기까지는 대부분의 그리스도인들에게는 비교적 어쩔 수 없는 자연스러운 경과라 할 수 있습니다. 그리스도인으로서 이러한 상황을 적절하게 다루어 넘어갈 수 있는 사람들은 그리 많지 않을 것으로 예상됩니다. 이러한 과정 속에서 정말 중요한 것은, 그 다음 발걸음을 어떻게 내딛는가 하는 것이라고 생각합니다. 결국 '신앙적 태도-반신앙적 태도' 사이에서 양자택일의 긴장을 유발시키는 것으로 '보이는' 문제에 어떻게 접근하느냐 하는 물음을 맞이하는 것이라 하겠습니다. 이 물음을 바로 보려 하면서 자기에게 그리고 하나님께 정직하게 묻는 자세가 있어져야 할 것입니다. 이전에 가지고 있었던 틀로서 쉽게 판단하여 처리함으로써 건강한 갈등의 긴장을 겪는 것을 피하는 사람들이 줄어드는 것을 볼 수 있었으면 좋겠습니다. 그러는 가운데 그 다음 발걸음을 어떻게 내딛는가 하는 것을 보고, 그리스도인의 신앙성숙단계 중 어떤 한 중요한 단계를 넘어섰는지, 아직 넘어서지 못하고 있는지를 알 수 있게 된다고 말씀드릴 수 있습니다.

우리의 신앙 안에는 영원히 전혀 변할 수 없는 '절대적 영역'이 있습니다. '어제나 오늘이나 한결같은' 내용들이 있습니다. 그러나 그것이 전부는 아닙니다. 앞으로 변할 수 있고 그리고 변해야 하는 '상대적 영역'도 있다고 하겠습니다. 왜냐하면 한 시대의 개인과 사회는 기독교로 인해 영향을 받지만, 한편으로 '개인과 사회 안에서의 기독교'는 그 개인과 사회(의 수준)에 의해 영향을 받게 되어 있기 때문입니다.

먼저 개인적인 측면을 살펴보도록 하겠습니다. 빌립보서 4장 13절의 말씀은 많은 그리스도인들이 애용하는 말씀입니다.

"내게 능력 주시는 자 안에서 내가 모든 것을 할 수 있느니라."

여러분은 이 말씀에서 '모든 것'을 어떻게 생각하고 계시는지요? 지금은 성경 말씀을 공부하는 수준이 높아져서 이 말씀을 오해하는 분들은 그리 많지 않을 것입니다. 그런데 저는 대학부에 들어가 말씀을 바르게 배우기 전인, 중고등부 때까지만 하더라도 '모든 것'을 대통령이 되고 장관이 되고 박사나 교수가 되고 사장이 되어 돈도 얼마든지 벌고, 유명한 소설을 써서 이름을 날리는 등 그렇게 세상적으로 잘되는 모든 것을 의미하는 것으로 알았습니다. 하나님께서 능력을 주시기 때문에 세상에서 잘되어 보이는 그 어떤 사람이든 될 수 있는 것으로 알아 신이 나 했었습니다. 그러나 그러한 이해는 성경을 이해하는 가장 기본적인 원칙 – 앞 뒤 문맥 안에서 이해해야 하는 – 도 모르는 무지에서 나온 오해였음을 알게 되었습니다. 그 말씀은 특별히 바로 앞의 11-12절의 말씀을 통해 제 모습을 보이게 되어 있습니다.

"내가 궁핍하므로 말하는 것이 아니라 어떤 형편에든지 내가 자족하기를 배웠노니, 내가 비천에 처할 줄도 알고 풍부에 처할 줄도 알아 모든 일에 배부르며 배고픔과 풍부와 궁핍에도 일체의 비결을 배웠노라."

'모든 것'이란 다름이 아니라 하나님의 뜻을 따라 하나님의 나라와 의를 먼저 구하는 일에 있어서 당하는, 세상적으로 보기에 좋고 나쁜 그 모든 것을 의미하는 것입니다. 하나님께서 원하시는 일을 할 때 배부르게 먹는 상황에 처하기도 하나 굶주림에 처할 수도 있다는 것입니다. 사람들이 알아줄 수도 있으나 무명으로 죽어갈 수도 있다는 것입니다. '모든 것'이 그런 의미인 줄을 중고등부 때는 몰랐습니다.

고등학생 때까지만 하더라도 세상의 좋은 모든 것을 할 수 있는 것이 그리스도인이라 생각하였던 저의 신앙관은 당연히 바뀌어졌습니다. 그렇게 한 개인이 믿는 기독교는 '(자기 수준에서) 그 자신이 생각하는 기독교'라 할 수 있는 측면이 있습니다. 하나님의 뜻에 대해서도 마찬가지입니다. 우리가 생각하는 하나님의 뜻 중에는 '(자기 수준에서) 자신이 생각하는 하나님의 뜻'인 경우가 많이 있습니다. 우리가 생각하는 하나님의 뜻이 진정한 하나님의 뜻 자체가 되는 비율을 높이려 하는 것은 이 땅을 사는 모든 그리스도인들의 평생의 과제라 아니 할 수 없습니다.

재미있는 예를 하나만 더 들어보겠습니다. 제가 중등부 때의 일입니다. 당시 저는 신앙적 열심이 상당하였습니다. 하루에 몇 십 장씩 성경을 읽었습니다. 그러면서 깨닫게 되는 것들도 많았지만, 질문도 많이 생겨나게 되었습니다. 그 중에 하나가 '오늘날'이었습니다. 구약을 읽는데, '이 기념탑은 오늘날까지 내려오고 있더라'라는 식의 문장을 여럿 대하게 되었습니다. 그런데 그 '오늘날'이 저에게 그냥 넘어가지지가 않았습니다. 보통 책이라면 당연히 저자가 책을 쓰는 그때의 오늘날이지, 책을 읽는 오늘날이라고는 전혀 생각하지 않았을 것입니다. 그런데 성경이 그냥 책이 아니라, 어제나 오늘이나 영원히 변함이 없는 책이라고 믿는 성경관이 그렇게 쉽게 생각하고 넘어가지 못하게 하였습니다. 이 '오늘날'을 어떻게 생각하고 믿어야 하는가 하는 문제는 당시 저의 수준으로는 풀기 어려운 물음이었으며 상당한 긴장을 유발시켰습니다. 성경은 하나님의 말씀으로 일점일획이라도 변함이 없고, 과거나 오늘이나 영원히 변함이 없는 것으로 가르침을 받고 믿어 왔는데, 그 성경관과 그 구체적인 문구를 과연 어떻게 연결해야 하느냐의 문제였습니다. 당시 저에게는 성경관과 밀접한 관계가 지어지는 것으로 느껴졌습니다.

　당시 저의 일반적인 생각으로는 '오늘날'은 당연히 그 글이 쓰여졌을 때의 '오늘날'로 생각되어졌습니다. 그것은 저의 판단이었습니다. 그런데 그 다음의 물음을 쉽게 넘어가지 못하였습니다. '성경관은 믿음의 기본 중에서도 기본인데, 만약 내가 그 '오늘날'을 그 글을 쓰는 저자의 오늘날로 생각한다면 나는 성경이 과거나 오늘이나 영원토록 변함이 없다는 성경관을 믿지 못하는 것을 의미하는 것이 아니냐? 이것을 목사님과 전도사님께 물었다가 믿음의 기본도 모르는 사람으로, 진정한 그리스도인이 아닌 이단적인 사고를 하는 사람으로 낙인찍히면 어떻게 하나?'라는 물음이었습니다. 얼마나 고민이 되었는지 모릅니다. 그러나 아무에게도 묻지 못하고 마음속에 담아둔 채 끙끙대며 신앙생활을 하였습니다.

　저와 비슷한 고민을 하신 분들도 더러 계실 텐데, 이 고민이 어린 저에게는 보통 심각하지가 않았습니다. 그리고 그 긴장은 저를 상당히 힘들게 하였습니다. 우선 매듭이 안 되니 신앙의 다음 발걸음이 잘 내디뎌지지 않았습니다. 이 문제를 어떻게든 처리해야 했습니다. 문제해결을 위한 차원 높은 사고를 할 수 없는 미성숙한 사람은 자기에게 편한 쪽으로 문제를 처리하게 되어 있습니다. 결국 미성숙한 저는, 그 당시 저에게 편하고 쉬운 미성숙한 처리를 하게 되었습니다. 우선은 물음을 누르고 그냥 내가 사는 오늘날이라고 믿어버리는 것이었습니다. 그러면 당장은 편하기 때문이었습니다.(저의 '살아 있는 생각'을 포기하고 제가 생각하는 그 어떤 틀 — 패러다임 — 에서 나오는 생각을 나의 생각으로 삼았던 셈이지요.)

저는 중고등부를 다닐 때만 해도 신앙이라는 것은 '그 체계를 주입받아 이의를 제기하지 않고 따르는 것'으로 생각하였던 것 같습니다. 저라는 한 인간의 존재에서 나오는 정당하고 적절한 물음도 있어서는 안 된다고 생각하였습니다. 물론, 신앙의 기본에 대해서는 분명하게 배웠지만, 신앙은 기본에 머무르는 것이 아니라 훨씬 더 깊고 풍요로운 내용을 가지고 있다는 것에 대해서는 잘 배우지 못했거나 깨닫지 못했던 것 같습니다. 신앙은, 주입적이고 암기적인 — 나는 없이 또는 '죽은 나'가 되어 일방적으로 받아들여야 하는 것이 아니라, 살아 있는 인격체로서 하나님께 묻고 그리고 깨달으면서 역동적으로 하나님과 살아 있는 관계를 맺는 것임을, 점진적으로 더 깊은 관계 속으로 들어가는 것임을 몰랐습니다. 물론, 질서('창조주-피조물', '구원자-구원을 받은 자, 아버지-아들)가 있는 가운데 상호 교통적이라는 것에 대해서도 생각이 미치지 못했습니다. 물음이 있으면 물을 수 있는 자유가 있음을 몰랐습니다. 묻는 마음을 불신의 마음 또는 말씀을 받아들이기 어려운 강퍅한 마음으로 스스로 취급하였던 셈입니다. 또 남들도 그렇게 판단할 것으로 여겼었습니다. 스스로 그렇게 지레짐작하여 저의 마음을 닫아 놓았던 셈이지요.

하나님께서 원하시는 것은, 하나님께 대한 바로 '나의' 반응이라는 것을 잘 몰랐습니다. 나 있는 그대로의 수준에서 정직하게 하나님께 나오기를 바라시는 하나님에 대해 잘 몰랐습니다. 신앙의 주요 요소 중 하나가 '하나님 앞에서의 정직'이라는 것에 대해, 중고등부 시절에는 거의 (실제로 배웠는데 제가 깨닫지 못했거나, 배워서 깨달았는데 기억을 못할 가능성이 있음을 전제로 하면서) 배우지 못했고 깨닫지 못했던 것 같습니다. 신앙이라는 것은 하나님과의 인격적 교제에서 자라가는 생명을 가진 것임을 말입니다. 그저 주입받고 암기 하고 그냥 믿고(?) – 신앙이 그런 것인 양 알았다고 할 수 있습니다.

'오늘날'에 대한 물음은 지속되었습니다. 그 물음을 해결한 것은 아마도 대학부를 졸업하고도 한참 후였던 것으로 추측이 됩니다. 그 '오늘날'이 어떤 오늘날이냐고요? 아마 묻고 싶은 분들이 적지 않을 것입니다. 물론, 답은 당연합니다. 그런데 사실 우리에게 중요한 것은 어떤 구체적인 물음에 대해 구체적인 형식으로 답을 아는 것이 아니라, 우리에게 생기는 물음이 도대체 어떤 영역들에 걸쳐 있는 문제인지를 파악하는 것과 그 문제를 풀어가는 과정을 바르게 밟아가는 사고를 훈련하는 것이라 생각합니다. 이렇게 하여 문제해결능력 자체를 키우지 못한다면, 우리는 다른 물음을 가질 때 답을 듣기 위해서는 또 누군가에게 의존하여야 하기 때문입니다. 그러나 문제에서 해결에 이르는 과정을 바르게 밟아가는 훈련을 잘 받는다면 스스로 문제를 해결할 수 있는 성숙이 깃들게 될 것입니다. 사실 '오늘날'에 대한 물음에 걸쳐 있는 것들이 많이 있습니다. 간단하다면 간단하지만, 복잡한 면을 본다면 한없이 복잡할 수 있는 문제입니다. 그것이 계속 물음으로 남아 있는 분들은 교회 지도자들에게 물어보시기를 권합니다.

저는 '오늘날'에 대해 가지고 있었던 저의 신앙의 태도를 당연히 바꾸어 지내오고 있습니다. 그렇게 저 개인 안에서 전에 믿었던 것들을 새롭게 바꾸어 온 것들이 참 많이 있음을 봅니다. 잘못 알고 믿었던 것도 있지만, 꼭 잘못이라 할 수는 없어도 부분적으로 미숙하게 알고 믿었던 것들도 있었습니다. 많은 물음들을 해결하였고, 버리고 새롭게 가지게 된 것들이 많이 있습니다. 앞으로도 '새롭게 깨닫고, 버리고 새롭게 가지는' 과정을 하나님을 뵈올 때까지 계속할 것으로 예상하고 있습니다.

이는 인간인 우리들이 한계를 갖는 상대적인 존재이기 때문에 피할 수 없는 것이라 할 수 있습니다. 물론, 우리의 신앙의 내용이 전부 개인인 자기 안에 갇히는 상대적인 것이라는 주장은 결코 아닙니다. 우리의 신앙은 우리가 그리스도인임을 증명하는 이미 절대적인 내용들을 가지고 있습니다. 예를 들어, 사도신경의 내용과 같은 것입니다. 제가 말씀드리고 싶은 것은 우리는 이미 그리스도인이지만 그리스도인으로서 계속하여 변해야 하는 내용―상대적 내용―들을 지니고 있다는 것입니다. 변해야 할 부분에서 변하지 않음으로써 기독교 진리의 더 깊은 내용이 길어 내어지는 것을 방해하는 어리석음을 최소화시키는 일들이 일어나기를 바라는 마음 간절합니다.

그렇습니다. 기독교의 신앙에 의해 개인이 영향을 받기도 하지만, 개인에게 있어서 신앙의 수준은 그 개인(의 수준)에 의해 영향을 받게 됩니다. 그렇기 때문에 나 자신의 수준을 높이는 노력이 필수적으로 요청된다고 하겠습니다. 초등학생은 그 사고의 수준이 있기 때문에 이해하여 받아들일 수 있는 것에 아주 협소한 한계를 가지게 됩니다. 마찬가지로 복음의 깊은 내용이 담길 수 있으려면 우리의 사고가 그만큼의 깊이가 있어야 하는 것입니다. 사고훈련을 하는 것은 신앙적인 것 같아 보이지 않지만, 잘 생각해보면 얼마나 신앙적인 부분인지 깨닫게 됩니다. 사고의 수준 때문에 하나님의 복음의 깊이 있는 내용들이 길어지지 못함을 볼 때 안타까운 마음을 금할 수 없습니다.

우리가 지금 다루고 있는 병에 대한 태도는 사회적인 측면에서의 기독교의 상대적 내용을 이해하는 데 도움이 될 것입니다. 성경, 특히 예수님에 대한 기록을 통해 우리는 인간이 병든 상태에 계속 머무르지 않고 건강하게 되기를 바라시는 예수님 그리고 하나님의 마음을 읽을 수 있습니다. 그렇기에 그 당시의 의학으로는 어찌 할 수 없었던 병들을 많이 고쳐주셨습니다. 시간이 많이 흘러 다른 학문과 마찬가지로 의학도 놀라운 발전을 거듭하여, 전에는 전혀 손을 쓸 수 없었던 질병들이 많이 치료되게 되었습니다.

이렇게 의학을 통해 인간이 질병의 상태에서 건강한 상태로 옮겨지는 것이 하나님께서 원하시는 것이라는 데에는 누구도 이의를 달지 않을 것입니다. 의학을 발전시킬 수 있는 능력은 하나님께로부터 온 하나님의 은혜입니다. 그 능력을 가진 인간이 하나님으로부터 나왔기 때문입니다. 인간은 그렇게 하나님께서 원하시는 (모든 것이 아니라) 어떤 것을 할 수 있는 은혜를 입은 존재입니다. 결국 의학을 통한 치료는 다름 아닌 하나님에게서 온 것입니다. 치료가 꼭 하나님으로부터 직접 와야 하는 것은 아닙니다. 그런 경우는 신앙적인 것이고 의학의 도움을 받는 경우는 반신앙적인 것이 결코 아닌 것입니다. 둘 다 하나님께로 온 것이고, 그렇기에 둘 다 하나님적인 것이고 신앙적인 것이라 하겠습니다.

하나님, 하나님의 마음, 하나님의 뜻, 하나님의 나라, 하나님께서 지으신 세계―그 중에서도 인간 등등에 대해서 그리스도인은 역사를 통해 끊임없이 더 넓게 그리고 깊게 알아가게 될 것입니다. 우리는 계속적으로 열려질 하나님의 세계에 대해 겸허하게 그러나 기대를 가지고 임해야 할 것입니다. 우리가 이미 알고 있다는 것으로 열려질 세계를 가로막아서는 안 될 것입니다. 지금까지의 발전으로 가지게 된 부분적인 지식으로 전체적인 지식을 향한 발걸음을 제한하여서는 안 될 것입니다. 우리가 믿고 있는 상대적 내용들에 대해서도 그러한 적용을 할 수 있어야 할 것입니다.(물론, 무엇이 상대적이고 절대적 인가하는 분별의 문제는 또다른 문제이므로 여기서 다루지는 않을 것입니다.)

믿음은 '바라는 것'과 '보지 못하는 것'들에 관한 것입니다(히 11:1). 이미 가지고 얻은 것과 이미 보고 있는 것들은 어떤 의미에서 믿음의 대상은 아니라 할 수 있습니다. 인간에게 이미 사실로 확인된 것에 대해서는 '믿는다'라는 말을 사용하기가 어려울 것입니다. 하나님, 하나님의 마음, 이 세상과 인간 등에 대해 계속적으로 밝혀지고 있는, 하나님의 역사의 진행 속에 살고 있는 우리에게는 과거에 믿음의 대상의 영역에 속한 것들이 모두 지속적으로 그 자리에 남아 있게 되는 것은 아닙니다. 아직 몰랐던 때, 아직 보지 못했던 때에는 믿음의 눈을 가지고 보아야 했겠지만 말입니다. 그렇게 새로이 발견되는 것들에 의해 믿음의 영역에서 사실의 영역으로 이행이 되는 것들이 있습니다. 그렇기 때문에 그리스도인은 자기 개인을 떠나 지금 사회에서 어떤 발견들이 일어나고 있는지에 대해서도 주의를 기울여야 할 것입니다. 모두가 그렇게 할 수는 없겠지만, 최소한 신앙의 지도자들과 각 학문의 전문가들은 그리 하여야 할 것입니다.

이미 사실의 영역으로 넘어온 것을 믿음의 영역에 있는 것으로 알고 고집한다면 복음을 가리울 수 있는 가능성이 있다 하겠습니다. 믿음의 영역뿐 아니라, 사실의 영역도 하나님의 세계입니다. 어떤 것이 믿음의 영역에서 사실의 영역으로 넘어왔다 하더라도 여전히 하나님의 세계 안에 있는 것이지요. 그렇기 때문에 우리는 '신앙적'이라는 용어가 좀더 넓은 의미를 지니고 있다는 점을 생각할 수 있어야 하겠습니다. 아마도 삶의 모든 영역에 걸쳐 있는 것이라 할 수 있을 것입니다. 그렇기 때문에 저는 의학의 도움을 받는 것은 훌륭한 신앙적 태도라고 생각합니다. 왜냐하면 그러한 태도를 지니고 있어야만, 하나님께서 궁극적으로 그리스도인들에게 기대하시는 것으로 우리가 진정 힘써야 하는 신앙적 인격의 영역에 제대로 집중할 수 있기 때문입니다.

다시 앞의 얘기로 되돌아가 보겠습니다. '의학적 도움을 받는 것은 반신앙적 태도이다'라는 부분이 잘못되었기 때문에, 위에서 함께 상고하였던 위암에 대한 '신앙적 태도-반신앙적 태도'라는 이분법적 도식은 잘못되었다는 것을 쉽게 알 수 있게 되었습니다. 곰곰이 생각해보면, 이 잘못된 도식은 다분히 감정적인 반응에 의한 측면이 깊이 관여되어 있다고 할 수 있습니다. 무엇이 신앙적이고 무엇이 반신앙적인가에 대해 냉철하게 따져보는 과정을 결여했기 때문입니다. 하나님께 의존하여 온 것을 의학에 의존하라고 하는 것은 우선은 감정적으로 받아들여지기가 어려울 것입니다. 그러나 우리의 감정이 그렇게 움직인다고 하여, 그러한 감정적 반응이 꼭 옳음으로 연결되는 것은 아닌 것이지요. 감정적 반응은 때때로 진리를 거역하는 길을 가기도 합니다. 우리는 감정을 존중하되 그것에만 의존하지 않고 지성을 적절하게 활용하는 능력을 계발하여 바른 판단을 내리는 데에까지 이르러야 할 것입니다.

교회사를 보면 하나님께서 지으신 세계-인간을 포함하여-에 대해 새롭게 알아진 것들이 많이 있음을 봅니다. 새롭게 알아진 것들을 기독교 세계 속으로 안는 과정에서 갈등과 분란, 잘못된 정죄, 신체적이고 영적인 살인 등 엄청난 과오를 범했던 역사를 보게 됩니다. 최소한 정신병에 대해서는 중세뿐 아니라, 지금도 동일하게 무지에 의해 귀신들림으로 판단하여 엄청난 죄를 저지르고 있는 - 신학교 교수 등의 지도급에 있다고 하는 사람들을 포함하여-그리스도인들이 우리 주위에 많다는 것이 너무 분하고 원통하고 안타깝습니다. 그리스도인의 사고의 세계가 그 당시 학문의 수준을 크게 넘어서지 못함으로써 과오를 범했던 부끄러운 역사적 사실들을 우리들은 잘 배우고 잊지 않아야 할 것입니다. 그리고 거기서 교훈을 얻어야 할 것입니다.

그렇지 않으면, 점점 엄청난 속도로 변화하고 있는 사회 속에서 낙오자가 되어 복음을 가리우는 과오를 양산하는 어리석음을 반복하게 될 것입니다. 그리스도인은 진리를 따르는 사람들입니다. 진리, 사실의 발견은 하나님께서 만드신 세계에 대한 새로운 발견으로 하나님께서 원하시는 것임을 기억하여야 하겠습니다. 그렇기 때문에 앞으로 여러 학문의 발달로 인해 열려질 하나님의 세계-인간을 포함한-에 대한 발견들에 주의를 기울여야 할 것입니다. 그리고 새로 발견되는 사실들에 대해 늘 깨어 있고 그리고 먼저 깨어 있을 수 있도록 '진리, 사실들에 대한 사고의 개방성'이 높아져야 하겠습니다.

그리스도인은 절대적 진리를 믿는 자이기 때문에 그 절대적 진리를 지키고자 하는 가운데 어느 정도 보수적 경향이 자리 잡는 것을 피하기가 어렵게 되어 있습니다. 그런데 그 보수적 태도가 절대적 내용에만 머무르지 않고 상대적 내용에까지 연결되는 데서 문제가 발생하게 되는 것입니다. 이 고리를 지혜롭게 풀어나가는 지혜가 요구된다고 하겠습니다. 물론, '절대성-상대성'의 문제에는 늘 만만하지 않은 긴장이 있습니다. 이 긴장을 인정하고 의식하는 가운데 긍정적인 유연성을 견지하면서 하나님께서 지으신 세계를 온전히 알아 가는 노력을 쉬지 않아야 할 것입니다.

■ '영적'이라는 용어 사용에 대해

이왕 내친 김에 한 가지 중요한 것을 더 생각하고 다음으로 넘어 가도록 하겠습니다. 앞에서 괴질에 대한 얘기를 하였습니다. 그 괴질의 원인에 대한 생각 또는 태도에 관한 것입니다. 어떤 사람들은 그 괴질은 인간이 그 당시의 의학적 수준으로는 이해할 수 없는 어떤 병인으로부터 왔을 것이라고 생각하였을 것입니다. 그러나 다른 한 편의 사람들은 그렇게 생각하지 않고, 사탄이 일으키는 것이라 (스스로) 믿는 사람들이 있었을 것입니다. 그래서 사탄, 귀신을 내쫓아야 한다며 열심히 축사 기도를 드렸을 것이며 신체적인 학대도 상당히 하였을 것입니다. 우리 그리스도인들에게는, 인간에게 나쁜 것인데 그 원인을 알 수 없는 경우, 그 원인을 사탄 또는 귀신으로 돌리는 경향이 있습니다. 그렇기 때문에 교회사를 보면 많은 중대한 오류들이 일어났음을 보게 됩니다. 결국 원인을 '영적인 것' 으로 돌리는 것이라 하겠습니다.

우리 그리스도인들 사회에서는 어떤 현상에 대해, 누군가가 영적인 것이라 '먼저' 주장하면 다른 가능성을 '다음으로' 제기하기를 어려워하는 경향이 있습니다. 다른 가능성을 제기하는 사람은 영적인 세계를 인정하지도 않고, 영적인 것에 대해서는 전혀 모르는 - 심할 경우는 복음을 모르는 사람으로 판단해 버리는 손가락질이 있기 때문입니다. 무조건 영적(?)인 것이라고 얘기하는 사람들이 마치 믿음의 높은 수준에 올라 있는 것같이 느껴지는 분위기가 있는 것입니다. 참으로 안타까운 현상입니다. 그런 분위기에서는 전체적인 안목에서 바르게 균형을 잡아 정직하고 객관적으로 접근하려는 사람들이 부당하게 매도당하게 되기 때문입니다. 신앙은 기본적으로 무엇이 옳은가에 대해 진지한 성찰을 하는 마음 위에 기초하는 것인데 말입니다.

정신의학의 역사를 통해 재미있는 교훈을 얻을 수 있을 것입니다. 정신병에는 정신분열증이라는 병이 있습니다. 사실 그 용어는 그 병에 대해 잘 몰랐을 때 붙여진 것이기에 다른 것으로 대치되어야 하는데, 아직까지도 여전히 사용되고 있습니다. 여하튼, 처음에는 정신병을 거의 다 정신분열증이라고 생각하였습니다. 뇌에 대한 연구는 전혀 이루어질 수 없는 시기였기 때문에 도대체 무엇이 무엇인지를 알수가 없었던 것이지요. 원인적으로 분류될 수 없었던 것입니다. 그래서 정신분열증이라는 진단은 상당 기간 동안 정신의학계에서는 '쓰레기통wastebasket'과 같이 사용되게 되었습니다. 정신적으로 이상한데 잘 모르면 그냥 정신분열증이라는 진단을 붙인 것이지요.

그러다가 점차 정신의학이 발달되면서 (원인이 아니라) 증상을 객관적으로 잘 살피면서 분류하는 작업이 진행되었습니다. 그러면서, 많이 다른 증상을 보이는 일단의 집합군을 다른 진단명으로 빼내게 되었습니다. 조울증, 정신병적 우울증 등 아주 많은 새로운 진단명들이 그렇게 해서 생겨나게 되었습니다. 정신분열증이라는 쓰레기통에 버려진 것들이 새로운 이름을 가지게 되면서 연구의 대상이 되었습니다. 그래서 지금은 정신분열증이라는 진단을 받는 것이 초기에 비해 아주 많이 줄어들게 되었습니다. 빠져나갈 것은 많이 빠져나가서 그 속도는 다소 더디게 되었지만, 지금도 정신분열증이라는 진단에서 다른 진단명을 가지고 빠져나오는 것들이 있습니다. 뇌에 대한 연구는 앞으로도 더욱 발달될 것이므로 더 정확한 분류작업이 진행될 것입니다.

저는 '영적'이라는 용어가 기독교계에서 다소간 정신분열증이라는 용어와 같이 쓰레기통과 같은 용도로 사용되는 측면이 있다고 생각합니다. 무엇인가 이상하고 나쁜데 자기 수준에서 이해할 수 없으면, 바로 사탄 또는 귀신과 연결 지으면서 '영적' 현상이라 규정짓듯이 말입니다. 그런 사람들은 영통한 것이 아니라, 암시를 잘 받는 사람들일 가능성이 높습니다. 자기에게 들어오는 인상impression에 자기 스스로 영향 받는 것입니다. 그런 사람들은 쉽게 얘기하고 쉽게 단정 짓습니다. 다른 사람들의 말은 잘 듣지 못합니다.(여기서 '잘 듣지 못한다'라는 말은 상대방이 무슨 얘기를 하든지 적극적으로 귀 기울여 듣지 않는다는 것을 의미합니다. 말은 들으나 마음은 듣지 못한다고도 얘기할 수 있겠습니다.) 어떤 분들은 귀신들린 사람들은 어떤 현상을 보일 것이라는 기준을 자기 나름대로 가지고 있습니다. 그래서 그 기준에 기초하여 현상적으로 비슷하면 귀신들린 것으로 때려잡기도 합니다.

(저는 성경에서 명백하게 '귀신들린 사람들은 이러이러한 현상을 드러

낸다' 라고 애기하는 곳을 찾을 수 없습니다. 다만, 귀신들린 사람이 보이는 현상을 언급한 곳은 더러 있으나 그것으로 일반화하기는 어려움이 있다고 생각합니다. 어느 신학교에서 강의를 했을 때 학생들에게 귀신들렸다고 생각하는 사람들이 보이는 증상에 대해 자기가 생각하고 있는 것을 적어오라는 과제를 내준 적이 있습니다. 학생들이 적어온 증상들의 거의 대부분은 정신분열증환자가 보이는 증상이었습니다. 그들이 그러한 견해를 갖게 된 근거에 대해서도 적어보라고 하였습니다. 대개의 경우 선배 목사, 동료들의 애기, 성경 사례의 일반화, 나름대로의 경험, 드물게 매스컴이나 책에서 얻은 것들이었습니다. 귀신들린 사람들(이 보이는 증상)에 대해 그들의 지식이 얼마나 허구적인 데 기초하고 있는지요!)

　어떤 목사님 가정에 정신박약의 아이가 태어났습니다. 주위에서 소위 능력 있다고 하는 사람들과 신앙의 지도급에 있다는 사람들이 귀신들렸다고 판단합니다. 아이가 당연히 정상적인 반응을 보일 수 없고, 비정상적인 반응을 보이니 자기네들에게는 쉽게 영적인 것으로 판단이 되는 것입니다. 정신지체 자체 또는 그것의 증상과 원인에 대해 전혀 무지하기 때문입니다. 그러면서 축사 기도를 드려야 한다고 주장하면서 목사님 내외의 진정한 동의 없이 거의 강제적으로 축사 기도를 드리고, 좋아지지 않으니까 부모에게 믿음이 부족하다거나 죄가 있어서 그렇다고 정죄를 하기도 했습니다. 자기네들이 문제가 있는데, 그것은 보지 못하고 엉뚱한 사람에게 문제가 있다고 투사를 한 것이지요. 그런 사람들은 자기 잘못의 가능성에 대한 자기성찰의식이 거의 없는 사람들이 대부분입니다. 귀신들렸다고 하고 축사 기도를 했는데, 낫지 않으면 그 사람에게 문제가 있어서 낫지 않는다고 하고 가버리지요. 자기에게 혹 잘못된 것이 없나 하며 자기를 반성하기가 어려운 사람들입니다. 자기성찰능력이 없어 다른 사람들에게만 책임을 전가하는 것 때문에 능력 있게 보여지는 경우도 적지 않은 것 같습니다. 무식하여 용감한 것이 어떤 사람들에게는 권위가 있는 것으로 보여지기도 하기 때문입니다. 그런 사람들은 무조건 세게 나가고 보는 것입니다. 그만하겠습니다. 저도 좀 흥분한 것 같습니다.

신앙의 세계 안에서 형제자매라는 사람들로 인해 당한 수모와 멸시가 참으로 얼마나 심했던지요. 오히려 같이 아파하면서 어떻게 짐을 같이 나눌까를 생각해도 그 분들의 마음을 위로하기가 힘들텐데 말입니다. 정신박약 아이를 낳았을 때, 그 사실을 알고 얼마나 마음이 참담했겠습니까? 미래의 일들이 어떻게 생각되어졌겠습니까? 한 순간이라도 눈을 팔면 안될 정도로 늘 같이 붙어서 아이를 돌봐주어야 하는 일이 무엇을 의미하는지, 보통 사람들은 상상하기가 어려울 것입니다. 그 일을 당해보지 않은 사람은 그것이 어떠한 무게의 아픔이요 고난이며 고독인지를 모릅니다. 그런데 그러한 부모의 마음은 전혀 헤아리지 않고 생각없이 마구 '사탄, 귀신' 그리고 '성령', '하나님' 등을 갖다 붙이는 행위라니요! 과거에 괴질이라 불리었던 많은 질병들 – 정신병, 간질, 정신박약, 뇌성마비 등 – 을 앓았던 참으로 나약한 사람들이 얼마나 심한 영적 학대를 받고 살다 죽어갔을는지요! 마음이 아프다 못해 분한 것은, 지금도 이런 데서 크게 벗어나지 못하고 있는 사람들이 적지 않다는 것입니다. 소위 신학교에서 가르치고 있는 분들 중에도 그러한 생각에서 크게 벗어나지 못한 사람들이 적다고 할 수 없을 정도니 말할 것이 없지요.

정신의학계에서 정신분열증이라는 쓰레기통에서 다른 진단들을 붙여 빼내는 작업은 쉽지는 않지만, 그렇게 어렵지도 않습니다. 지성을 사용하여 객관적이고 합리적으로 생각하고 대화하여 합의를 이루어 가는 것이기 때문입니다. 그런데 우리는 '영적'이라는 통에서 잘못된 것을 빼내오기가 왜 그리도 어려운지요? 왜 그리도 싸움이 있고 영적 학대와 살인이 있게 되는 것인지요? 진리를 알고 소유하고 있다고 하는 사람들이 무서울 때는 정말로 무섭게 변합니다. 자기가, 그리고 자기 생각이 곧 진리라 생각하기 때문입니다. 우리는 하나님께서 사용할 수 있는 지성을 주셨으니 우리의 한계 내에서 충실하게 사용할 수 있어야 하겠습니다. 그래야만 하나님께서 의도하신 그 차원에 걸맞은 삶이 가능할 것입니다. 그리스도인들은 자기의 무지의 가능성에 대해 늘 겸허하게 마음과 생각을 열어놓고, 대화를 하면서 삶을 사는 자들이 되어야 할 것입니다.

저 개인적으로 생각할 때, 앞으로 여러 학문이 발전되면서 그리스도인들이 전에는 영적인 영역에 있는 것으로 판단하였던 것들이 영적이지 않은 영역에 속한 것들로 밝혀지는 일들이 계속 진행될 것이라 생각합니다. 지금 그러한 과정을 밟고 있는 것이라 생각되는 것 중 하나는 동성애에 대한 것입니다. 동성애의 경향을 전달하는 유전자가 거의 밝혀져 가고 있는 것으로 알려지고 있는데, 만약에 그것이 과학적으로 확인이 된다면 동성애에 대한 생각이 옛날과 같이 단순할 수만은 없다고 생각합니다. 전에는 동성애의 경향을 보이면 그 사람 개인에게 문제(죄)가 있는 것으로 보았는데, 그렇게 하기가 어렵게 되는 것이지요. 유전자에 의해 동성애의 경향을 가지고 태어난 것을 갖고 그 개인에게 잘못이 있다든지 죄가 있다고 정죄할 수 없다는 것이지요. (보편적 인류의 죄 때문이라고는 할 수 있겠지만요.) 그런 사람에게서는 동성애의 경향과 동성애의 행위는 분명하게 구분이 되어야 할 것입니다. 성경은 동성애적 행위는 분명 죄라 선언하고 있습니다.(물론, 생물학적인 유전과 관계없이 스스로 그 경향을 발전시켜 나가는 사람은 다른 경우입니다.)

다시 한 번 반복하여 강조하면, 그렇기 때문에 그리스도인들은 변화하여 가는 세상의 흐름, 특히 각 학문영역에서의 발전에 의해 세상과 인간에 대해 어떠한 새로운 발견들이 있어지고 있는가 하는 것에 대해 주의를 기울여야 한다는 것입니다. 그리고 그것들이 낳게 되는, 성경에서 구체적인 가르침을 찾기가 어려운 새로운 문제들(예를 들면, 뇌사 등에 대한 죽음의 정의 등)에 대해서도 그러하여야 할 것입니다. 모두가 그렇게 할 수는 없겠지만, 최소한 지도급에 있는 사람들은 그러해야 하는 의무가 있다고 생각합니다. 거기에서 뒤처진다면, 계속하여 열려지는 하나님의 세계에 대해 충실해야 하는 진리의 기독교를, 자기가 이미 알고 있다고 생각하나 사실은 무지 또는 부족한 지식에 가두어 놓는 우매한 행위를 하게 될 것이기 때문입니다.

　기독교의 신앙이라는 것이, 고정된 것이 아니라 생명력이 있어 계속 움직여야 하는 것임을 함께 나눌 수 있었으면 좋겠습니다. 신앙의 세계에 들어오는 것은 어떤 면에서는 쉽다고 할 수 있습니다. 자기의 노력에 의해서가 아니라, 하나님의 은혜로 말미암기 때문입니다. 그러나 중생(重生)은 시작에 불과합니다. 그 다음의 과제인 더 성숙한 신앙의 단계로 하나씩 하나씩 올라서는 것은 하나님께서 은혜로 다 해주시는 것이 아니라, 하나님의 은혜 안에서 우리가 적극적으로 참여해야 하는 성격의 일이기 때문에 결코 쉽지 않습니다. 현재적 단계에서 더 나은 성숙의 단계로 나아가고자 하는 긴장을 마다하지 않고, 하나님께 의뢰하는 믿음을 기본으로 하면서 자기성찰을 쉬지 않는 노력을 지속하여야 할 것입니다. 그 가운데서 자기의 무지의 세계를 줄여가면서 새로운 자기로 날마다 변화할 수 있도록, 자기수정에 늘 깨어 있도록 준비되어 있어야 할 것입니다. 그저 로봇같이 자기 의지의 행사 없이 단순하게 살아가는 존재가 아니라, 인간이 자유하면서도 책임을 추궁당할 수 있고, 의지를 행사할 수 있고, 그런 복잡한 차원의 존재로 지음을 받았다는 것이 얼마나 감사한지 모르겠습니다.

　(물론, '영적'이라는 바구니에는 진짜 영적인 것들이 당연히 들어 있습니다. 제가 일부 부정적인 면을 확대하여 애기한 느낌을 받으신 분이 많

을텐데, 그런 측면이 있음은 사실입니다. 다소 무리를 하였음을 인정합니다. 그렇게 한 이유는 우리가 이 분별의 작업을 성실하고 냉철하게 하지 않으면 진짜 '영적' 인 진리들이 가리움을 당하게 되어 있기 때문입니다. 진짜 영적인 것을 영적인 것으로 바로 분류하자는 데 저의 진정한 의도가 있다는 것을 이해하시고, 저의 지나침을 양해해 주시기 바랍니다.)

2. 책임적 존재로서의 인간

사례 가 **중환자실에서 회복실로**

수년 전 병원에 근무하던 중 어느 오후에 한 가정주부로부터 전화를 받았습니다. 전혀 알지 못하는 분이었는데, 대번에 "선생님, 제가 중환자실에서 이제 막 회복실로 옮겨졌습니다."라고 아주 들뜬 기분으로 말하였습니다. 저는 무슨 일 때문에 전화를 하였는지 궁금해 하면서 "무슨 병으로 입원하셨습니까?"라고 물어 보았습니다. "선생님, 제가 어디가 아파서 입원한 것이 아니라요, 저의 마음의 상태가 그렇다는 의미입니다. 선생님의 책 <나누고 싶은 이야기>를 절반 정도 읽고 있는 중인데, 우선 전화로 감사의 말을 전하고 싶었습니다."라고 하면서 자신에 대해 설명을 하였습니다.

그분은 결혼하였는데, 이유 없이 남편에게 냉담하게 대하게 되는 자신으로 인해 어려움을 겪었다고 하였습니다. 남편이 자신에게 특별히 잘못하는 것이 없는데도 – 자신이 생각하기에도 부당하게 느껴질 정도로 – 남편을 냉대하였다고 합니다. 그리스도인인 그분은 이로 인해 깊이를 더해 가는 죄책감을 가지게 되었다고 합니다. 원수까지 사랑하라시는 예수님의 말씀은 차치하고서라도 가장 가까운 남편조차 사랑할 수 없는 자신을 받아들이기가 어려웠습니다. 그것도 특별한 잘못이 없는 남편을 타당성

없이 차갑게 대하는 자기를 계속하여 참아내기가 어려웠을 것입니다.

'내가 진정 그리스도인인가?' 라는 신앙의 정체성에 대한 회의가 일어나기 시작하였다고 합니다. 그리스도인이 어떻게 이유 없이 남편을 몰인정스럽게 대할 수 있겠는가라는 생각을 하게 되었던 것입니다. 원수까지 사랑해야 하는데 말입니다. 그러나 살펴보면 자기는 분명 그리스도인이었습니다. 그분은 자기문제를 하나님께 가져갔습니다. 남편을 따뜻하게 사랑할 수 있게 해달라는 기도를 시작하였다고 합니다. 열심히 기도하였다고 하였습니다. 그것이 벌써 수년이 지났습니다. 그러나 남편에 대한 자기의 태도에는 변화가 없었고, 관계는 악화되었다고 합니다. 그러한 과정을 거치면서 죄책감이 깊어지고 다시 신앙의 정체성에 대한 회의가 깊어지게 되었고, 남편과의 관계가 회복될 것이라는 미래의 희망을 전혀 기대할 수 없는 상태에 빠지게 되었습니다. 그렇게 되면서 무력함과 희망 없음이 자기를, 그리스도인으로서는 상상하기도 어려운 이혼 그리고 자살에 대한 생각으로 이끌어갔다고 합니다. 부인은 자기의 그러한 상태를 '중환자실' 에 비유하였던 것입니다.

전혀 희망을 가질 수 없는 중환자의 상태에서 저의 첫 번째 책 <나누고 싶은 이야기>를 대하게 되었다고 하였습니다. 중간 정도를 읽어 갔을 때, '전치 또는 전위' 라는 방어기제를 설명하기 위해 든 예를 읽으면서 자기문제의 원인을 발견하게 되었고 그러면서 남편을 사랑할 수 있다는 희망을 가지게 되었다고 합니다. 그래서 책을 마저 다 읽기도 전에 너무나 기뻐, 그 기쁨을 저자인 저와 나누고 감사의 말을 전하기 위해 전화기를 들었다고 하셨습니다.

남편에 대한 알 수 없었던 냉대에는, 이전에는 전혀 연결 지을 수 없었던 친정아버지가 관계되어 있다는 것을 그분은 알게 되었습니다. 가장으로서 역할을 제대로 감당하지 못하면서 이유 없이 어머니와 자녀들을 학대하였던 아버지에 대한 분노가 어려서부터 있었지만, 표현하지는 못하고 마음속에 쌓아 두기만 하여 왔었습니다. 어린이가 부모(또는 어른)에 대해 부정적인 마음을 가지게 될 때는, 모든 면에서 자기보다 우월한 힘을 가지고 있고 또 자기의 생존을 의존하고 있는 부모에 대해 대항할 수 없기 때문에 자기의 마음을 억제 또는 억압하게 되어 있습니다.

그러나 억압된 분노 또는 증오의 마음은 저절로 없어지지 않습니다. 마음 깊은 곳에 자기도 의식하지 못한 채 자리 잡게 되어 있습니다. 그 분노의 마음을 바로 보고 해결한 후 결혼하였으면 좋았을 텐데, 그것은 이미 자기가 의식할 수 없는 마음의 영역에 자리 잡고 있어서 어떻게 접근을 할 수가 없었습니다. 그런데 불행히도 남편이 아버지와 비슷한 특징을 몇 가지 가지고 있었습니다. 그러면서 '아버지와 비슷한 특징'을 대할 때마다 자기도 모르게 닫힌의식의 세계에서 '아버지'가 연상되었고, 연상된 아버지는 '아버지에 대한 억압된 분노의 감정'을 자극하게 되었습니다. (열린의식과 닫힌의식에 대해서는 제2장에서 설명하고 있습니다.) 그리하여 아버지에게 가야 할 분노가 아버지와 비슷한 몇 가지 특징을 가지고 있는 '엉뚱한 사람인 남편'에게 가게 되었던 것입니다.

부인은 그렇게 자기에게 자기도 몰랐던 – 의식할 수 없었던 – 닫힌의식의 세계가 존재함을 깨닫게 되었고, 사정의 전말을 이해하게 됨과 동시에 남편에게 정말 잘못하였음을 진심으로 깨닫게 되었습니다. 원수까지 사랑해야 하는 그리스도인으로서, 이유 없이 자기에게서 냉대를 받는 남편에 대해 미안한 마음을 가지려 노력하였던 이전과는 전혀 성격이 다른 미안한 마음이었습니다. 이유를 모르고 잘못을 하는 자기로서, 의무적으로 가지려 하는 미안한 마음에는 진정한 감정이 따라오기가 어려웠을 것입니다. 그러나 자기가 왜 잘못하게 되었는가에 대해 자기 마음의 흐름을 바르게 이해하게 된 경우에는 진정으로 잘못을 애통하고 회개하면서 용서를 구하고자 하는 마음이 생겨날 수 있었을 것입니다. 자기 잘못에 대해 정확히 알고 그에 따른 적절한 감정을 가진 다음에야, 우리 인간은 진정으로 자기를 설복시킬 수 있게 되어 있습니다.

그렇게 사람은 자기의 선하고 건강한 마음을 진정으로 만나게 될 때, 치유의 길을 걸을 수 있게 됩니다. 그럴 때 힘을 느끼게 됩니다. 선한 것을 지향하는 능력입니다. 그 능력이 점차 자라게 됨에 따라, 선한 지향적 발걸음을 내딛는 데 맞이할 수 있는 어떠한 역경도 피하지 않으려 하고, 죽음까지도 안을 수 있게 되는 수준으로 성숙되어지게 되어 있습니다. 이제 희망은 자연적으로 따라오는 귀결이라 할 수 있습니다.

"선생님, 그 동안 아무런 이유 없이 저로부터 미움을 받아온 남편에게 너무 죄송합니다. 남편이 너무 안됐습니다. 원인을 깨달은 것으로 문제가 전부 해결되는 것은 아니라고 하셨는데, 남편에 대한 마음이 전혀 달라지는 것을 느낍니다. 이제는 남편을 미워하지 않고 사랑할 수 있을 것 같습니다. 그 마음이라도 가지게 된 것이 얼마나 감사한지요. 희망이 보입니다. 이러한 기회를 가지게 해주셔서 감사합니다."

그러한 희망의 마음 상태를 그분은 '회복실'로 비유하였습니다. 자기에게서 진정한 마음이 회복이 되니 이제 악화된 남편과의 관계에 희망을 느끼게 되는 것입니다. 거기서 전체 삶에 대한 희망이 피어올랐을 것입니다. 그분과 통화는 단 한 차례뿐이었습니다. 그 다음의 소식은 듣지 못했습니다. 문제의 원인에 대한 지적인 깨달음이 문제 해결을 위해 가장 기본적이고 중요한 발걸음을 내딛게 하였음에는 틀림없지만 실질적인 변화가 일어나는 데에는, 사람에 따라 다르지만 아마도 상당한 우여곡절을 겪는 오랜 시간 경과의 과정 time-consuming process 을 겪으실 것으로 예상됩니다.

부인은 처음에는 자신의 '현재의 문제'에 대해 자기가 생각할 수 있는 것으로 대처하고자 하였습니다. 자신이 알고 있는 자기의 세계-열린의식의 세계-안에서 원인을 찾고 해결책을 모색하려고 하였습니다. 그렇게 대부분의 사람들은 자기가 알고 있는 세계가 자기 세계의 전부인 것으로 대하게 되어 있습니다. 물론, 열린의식의 세계 안에 원인이 있을 때는 문제해결의 실마리를 찾을 수 있습니다. 그러나 자신이 알지 못하고 있는 세계-닫힌의식의 세계-에 원인이 있을 때는 우리가 알고 있는 세계를 아무리 뒤져 문제해결을 찾아보려 해도 할 수가 없습니다. '현재의 문제'라고 해서 그 원인이 꼭 현재에 있는 것은 아니기 때문입니다. 원인은 우리가 잊고 있는 또는 알 수 없는 먼 과거에 뿌리를 두고 있을 수 있습니다. 아니, 문제의 많은 경우가 그러하다 하겠습니다.

그 분은 자기의 문제에 대해 수 년 동안의 기도와 함께 여러 신앙적 활동을 통해 해결해 보려고 노력을 해왔습니다. 그러나 시간이 지나도 자신의 문제에는 아무런 해결의 징조가 보이지 않았고, 오히려 더 악화만 되어 갔습니다. 숱한 어려움과 고통을 경험하였으며, 문제에 대한 원인을 깨닫게 되었을 때에야 해결의 실마리가 보이기 시작하였던 셈입니다.

그렇습니다. 인간에게 있는 문제의 대다수는, 자기에게 있는 원인을 알게 됨으로써 해결을 위한 발걸음을 내딛게 된다고 할 수 있습니다. 어떤 문제에 봉착하였을 때 그 문제가 어디에서 오게 되었는지에 대해 자신을 먼저 돌아보지-자신에게서 먼저 문제의 원인을 찾아보지-않고, 문제 자체를 하나님께서 해결해 주시기를 바라는 것은 그리스도인으로서 바람직하지 않은 태도일 가능성이 높다고 하겠습니다. 하나님께서는 인간을 그렇게 저급한 존재로 지으시지 않으셨기 때문입니다. 하나님께서 원래 의도하신 고급한-상당 부분 자기 삶에 책임을 져야 하는-존재인 인간으로서, 자기를 정직하고 진지하게 대하는 자세가 필요하다 하겠습니다. 우리가 짐승에게 얼마만큼이나 책임을 물을 수 있겠습니까? 생각할수록 인간은 자신의 삶에 상당부분 책임을 져야 하는, 차원 높은 존재로 지음을 받았다는 사실이 감사합니다.

그렇기 때문에 인간이 해야 하고 그리고 할 수 있는 것들은 우리가 해야 합니다. 해야 할 것을 하지 않고 무조건 하나님께 의뢰한다는 것은 하나님께서 귀하게 창조하신 인간존재성에 걸맞지 않는 행위가 되는 것으로 하나님께서 기뻐하시지 않으실 것입니다. 물론, 우리가 해야 할 영역과 하나님께 의뢰해야 하는 영역을 바르게 분별한다는 것은 그리 간단하지 않은, 평생의 과제가 된다고 할 수 있습니다. 그러나 그러한 긴장을 지니고 자기 자신을 살피면서 인생여정을 걸어간다면, 시간이 지나면서 하나님께서 궁극적으로 기대하시는 온전한 성화의 모습이 우리들 안에 점진적으로 자리 잡게 되는 것을 보게 될 것입니다.

원칙적으로 얘기한다면, 위의 자매님은 하나님께 문제해결을 의뢰하기 전에 자신을 살펴보아야 했습니다. 그래야 했지만 그러하지 못했습니다. 그분의 성품으로 보아 할 수 있었다면 하였을 것입니다. 그러나 그러하지 못했습니다. 왜냐하면 그 문제의 원인이 닫힌의식 안에 있었기 때문입니다. 닫힌의식 안에 있는 것에 대해서는, 이에 대해 아는 바가 없는 대부분의 사람들은 접근하기가 아주 어렵다고 할 수 있습니다. 그렇기 때문에 자매님과 같은 문제를 안고 있는 분들을 무조건 비난하는 것은 무리가 있다고 하겠습니다. 닫힌의식의 세계에 접근하려는 노력 자체가 불가능하기 때문입니다.

정신의학은 주로 개인적 인간을 연구하는 학문입니다. 이에 의해 인간에 대한 귀중한 사실들이 많이 발견되어 오고 있습니다. 그중에서도 닫힌의식(보통은 무의식으로 알려져 있으나 그 용어의 사용에 상당한 부작용이 있음을 느끼던 저는 닫힌의식이라는 용어로 대치하여 사용하고 있습니다. 이에 대한 설명은 졸저 <나누고 싶은 이야기>에서 간단히 다루고 있습니다)에 대한 발견은 개인적 또는 내면적 인간을 이해하는 데 있어서 필수적인 개념이라 할 수 있습니다. 저는 이 책에서 상당 부분을 통해 닫힌의식세계에 대한 이해의 나눔을 시도할 것입니다.

제**1**장

인간은 역사를 가지는 존재이다

사례 나　남성적 특징이 강한 여성

　　항상 짧은 머리에 바지만 입고, 화장을 전혀 하지 않으며 심하게 남성적인 말투를 보이는 24살의 자매가 있었습니다. 그녀와 구체적으로 일을 함께 하지는 않았지만, 같은 모임에서 일을 하고 옆에서 보고 지내는 시간이 많았습니다. 그러면서 점차 그러한 특징들을 보게 되었고 그러면서 궁금해지기 시작하였습니다. 그러한 특징을 갖게 한 무엇인가가 그녀의 역사 속에 있을 테니까 말입니다. 많이 궁금하였지만 그녀와 개인적인 친분관계를 맺지 못했기 때문에 함부로 물어 볼 수가 없었습니다. 그러던 중 그녀가 모임을 떠나게 되어서 저도 잊고 지내게 되었습니다.

　　몇 년 뒤에 그녀에게서 전화를 받게 되었습니다. 친구들과 함께 저를 찾아보고 싶다는 내용이었습니다. 저는 그녀에게서 그러한 전화를 받게 된 것을 다소 의외로 여기면서, 예전의 궁금증을 되살리게 되었습니다. 몇 년이 지났는데 "한 번 찾아가 뵙고 싶습니다."라는 얘기를 할 정도라면 저에 대한 신뢰감이 어느 정도는 형성되었을 것이라고 생각하였습니다. 같은 모임에 있으면서도 함께 일을 해본 적은 없지만, 옆에서 보면서 그리 나쁜 사람은 아니라는 평가를 내렸을 것이라 짐작하였습니다. 그런 정도의 신뢰감을 저에게 주고 있다면, 그녀의 개인적 역사에 대해 물어 보아도 큰 무리는 되지 않을 것이라 판단하였습니다.

사실 저는 단순한 호기심 때문이 아니라, 그녀를 돕고자 하는 마음이 있었습니다. 모임에 같이 있을 때 보니 마음은 아름다운 사람인데, 남성적인 특징을 강하게 지니고 있었기 때문에 남성으로부터 전혀 호감을 받지 못하고 있었습니다. 그녀의 여성적인 모습이 발현되는 데 있어서 그 무엇인가로부터 방해를 받고 있고, 또 여성적 정체감feminine sexual identity : 여성으로서 자기를 어떻게 보는가 하는 자기 견해가 다소 왜곡되어 있을 가능성이 높을 것으로 예상되었습니다. 그래서 혹 왜곡된 부분이 있다면 바로잡아, 자신의 원래의 여성스러움을 잘 드러낼 수 있도록 돕고 싶은 마음이 있었던 것입니다. 그러나 그녀를 돕고자 하는 나의 마음이 일방적으로 기선을 잡아 대화를 이끌어가게 내버려 두어서는 안 되므로, 만나서 대화를 나누면서 그녀의 반응을 살핀 이후에 궁금한 부분에 접근을 할 것인가 그렇지 않을 것인가를 결정하기로 하였습니다.

그녀는 아주 친하다고 하는 친구와 함께 왔습니다. 둘이서는 아주 허물없는 사이였습니다. 아주 반갑게 만났습니다. 식사를 마친 후 얘기를 나누는데, 무엇이든 열심히 들으려 하는 자세였습니다. 그래서 얘기를 꺼내도 되겠다는 판단을 하게 되었습니다. 저에게 비친 그녀의 앞서 언급한 특징들을 얘기하면서, 그러한 모습들은 대부분의 또래 여성들과는 거리가 있는 것들이라고 얘기하였습니다. 그런 특징들로 인해 여성적인 아름다움이 가려지는 것 같다는 저의 개인적인 생각도 용기를 내어 전했습니다. 개인적인 생각을 덧붙인 것은 그녀와 공간적으로 멀리 떨어져 있기 때문에 다시 만난다는 것이 어려울 것이라 판단하여, 동기부여를 위한 문제제기를 위해 무리라고 할 수도 있는 접근을 한 셈입니다. 그리고 아마도 바로 거기에는 그럴 만한 역사가 있을 것인데 그 역사를 알아가 보자는 제의를 하였습니다. 그녀는 많이 당황하는 모습을 보였습니다. 그러한 면들을 처음으로 지적받았다고 하였습니다. 자기는, 자기에게 그런 모습이 편하여 원래 그러한 특징들이 '선천적으로' 어울리는 사람쯤으로 생각하여 온 것 같다고 했습니다.

여성스러움에 대한 저의 판단적 언급에 다행히도 특별히 불쾌해 하지는 않았습니다. 저에게서 그러한 지적이 나온다는 것은 자신을 위한 상당한 고려의 마음에서 오는 것이라는, 저에 대한 신뢰감이 어느 정도 형성되어 있었기 때문일 것입니다. 또 역사를 함께 알아가 보자는 제의에 대해 비교적 긍정적으로 받아들였습니다. 놀라면서도 기분 나빠하지는 않았던 것입니다. 오히려 그러한 자기의 특징을 인정하면서, 혹 그 원인을 알 수 있지 않을까 하는 기대감을 표현하였습니다. 제가 특히, 정신과 전문의였기 때문일 것입니다. 그 정도의 진행이 된 것으로 보아 그녀에게 동기motivation가 적절하게 생겨난 것으로 판단하였고 그녀의 역사를 물어가게 되었습니다.

그녀는 딸만 셋인 가정의 장녀였습니다. 부모님들, 특히 아버지는 아들을 그렇게 원했습니다. 그녀를 임신했을 때 아들에 대한 기대로 인해 아들 이름을 지어 놨습니다. 유아용품들도 모두 아들을 위한 것으로 사 놓았습니다. 그런데 딸을 보게 되었습니다. 아버지의 낙심이 말이 아니었습니다. '딸을 얻었다'는 쪽으로는 거의 마음이 가지 않고, '아들을 얻지 못했다'는 쪽으로만 마음이 쏠려 딸에 대해서 적절한 관심을 기울이지 못했습니다. 그녀에게 이미 지어 놓은 남자이름을 그냥 주었습니다. 옷도 장난감도 그렇게 하였습니다. 아버지는 운동을 좋아하시는 분으로 딸을 아들삼아 운동을 같이하는 시간을 많이 가졌습니다.

몇 년 뒤에 어머니가 임신을 하게 되었습니다. 첫째가 딸이었던 것에 대해 실망이 컸던 아버지는 다시 아들에 대한 기대를 한껏 부풀렸습니다. 그런데 둘째 역시 딸이었습니다. 만약 둘째가 바라는 아들이었다면, 그동안 남자같이 키웠던 첫째 딸에 대한 아버지의 태도에 결정적인 변화가 일어났을 가능성이 높습니다. 바라던 아들을 얻었으니, 이제 딸은 딸로 볼 수 있게 될 것이기 때문입니다. 그렇게 되면 그녀를 딸로서 양육하는 아버지의 태도가 원상회복될 수 있었을 것입니다. 그런데 둘째도 딸이니 둘째에게는 관심도 두지 않고, 아들같이 키웠던 첫째 딸에게만 관심을 두면서 계속하여 남자같이 키우게 되었습니다. 아니, 거기에다 셋째도 딸이고 보니 첫째 딸을 남자같이 키우는 아버지의 양육태도는 조금도 누그러지지 않고 오히려 강화되어 갔습니다.

그녀의 아버지는 남자들이 하는 운동을 시키기 위해 그녀에게 항상 머리를 짧게 자르게 하고, 바지만 입게 하였습니다. 그녀는 운동하는 것이 그리 싫지 않았고 또 비교적 잘하였습니다. 두 여동생들보다 자기에게 더 관심을 가져 온 아버지를 실망시켜 드릴 수 없을 뿐더러, 기쁘시게 해주기 위해 더욱 노력하였습니다. 남자들이 하는 운동을 많이 하면서 목소리는 자연히 걸걸하게 되었습니다. 자기의 생활이 그러하니 자기의 여성스러움에 대한 의식이 찾아들기가 어려웠을 것입니다. 그러니 화장에 대한 관심이 제대로 키워질 수 없었을 것이고, 당연히 화장을 안 하는 것이 아니라 못하는 것이 되었을 것입니다. 그녀는 실제로 여성스러움에 대해 잘 모르고 있었으며 '여성적-남성적'이라는 개념 자체를 부인하여 왔다고 하였습니다.

그녀의 역사를 함께 추적해 가면서 그녀는 자기의 현재적 모습이 자기가 전혀 의식하지 못했던 자기역사와 그렇게 밀접하게 연결이 되어 있다는 것을 깨닫게 되면서 당황하는 모습을 보였습니다. 자기는 원래 선천적으로 이러저러하게 태어났기 때문에 현재 이러저러한 특징들을 가지게 된 것으로 생각하였는데, 선천적인 것이 아니라 후천적인 환경 중 중요한 부분인 아버지에 의해 자기가 그렇게 형성되게 되었다는 사실에 의해 자기정체감self-identity에 대한 혼란을 경험하였던 것입니다.

저는 그렇게 설명해 주었습니다. 인간은 자기의 대부분을, 자기의 의도와는 전혀 무관하게 또는 자기의 의도가 없는 가운데 자기가 자란 (인간적) 환경 속에서 '비지향적으로(의도하지 않는 가운데) 형성되게 되어 있는 존재'라고 말입니다. (그 중 가장 중요한 환경은 가정이고, 그 중에서도 가장 중요한 것은 부모이고, 그 중에서도 더 중요한, 그래서 인간세상에서 가장 중요한 영향인자는 어머니입니다) 그러니 인간은 누구나 비지향적으로 형성된 '현재적 자기' 중에서 긍정적인 부분과 부정적인 부분을 분별하여 전자는 강화시키고 후자는 걷어내려는 노력이 있어야 할 것입니다. 그리하여 창조주 하나님께서 원래 그에게 심어 두신 '본래적 자기'를 회복하여야 하는 노력을 '현재로부터' 기울여야 한다고 설명하였습니다. 이제부터는 비지향적 자기에서 떠나 본래적 자기를 찾아나서는 '지향적 자기'를 세워야 하는 것입니다.

"아마도 당신이 의식하지 못하는 당신의 '닫힌의식의 세계'에서는 여성스러운 아름다움을 추구하고자 하는 욕구가 있을 것입니다. 다르게 표현하자면, 당신이 알고 있는 (열린의식의) 자기가 아니라, 당신이 모르고 있는 닫힌의식의 자기를 포함하는 '전체적 자기'는 여성스러움을 지향하고 있을 것입니다. 내가 보니 당신은 머리를 기르는 편이 훨씬 아름다울 것으로 보입니다. 여자가 꼭 치마를 입어야 한다는 것은 없지만 쑥스럽더라도 한번 치마를 입어보는 시도를 하여 보기를 권합니다. 화장도 해보고요. 그러는 가운데 그 동안 닫혀 있었던 여성으로서의 당신의 본래적 모습이 점차 제자리를 찾아가게 될 것입니다."라고 그녀에게 다소 강한 직접적 권유를 하게 되었습니다.

첫 번 만남에서 이렇게 강하게 직접적으로 권유를 하게 된 것은, 대화가 진전되면서 저에 대한 그녀의 신뢰감이 비교적 강하다는 확신이 들었고, 다시 만나기가 어려운 일회적 만남이기 때문이었습니다. 물론, 치마를 입고 화장을 하고 머리를 길러보라는 것은 그 자체가 여성적인 것이니 해보라는 것을 의미하는 것은 결코 아닙니다. 그녀는 그때까지 여성이 경험할 수 있는 영역을 상당히 제한하며 살아왔다고 하겠습니다. 그렇기 때문에, 경험이 가능한 다른 영역을 경험하게 함으로써 혹 그녀 안에 있는 여성으로서의 어떤 숨어 있는 가능성을 활성화시킬 수 있지 않겠는가 하는 바람에서 그러한 권유를 하였던 것입니다.

그렇습니다. 현재 자기가 알고 있는 자기가, 자기의 전부가 아닌 것입니다. 전체자기는 태어났을 때부터 현재까지 자라오면서 경험한 그 모든 것을, 기억하든 못하든 자기 정신세계 안에 가지고 있는 자기인 것입니다. 우리가 자기라고 알고 있는 (현재적) 자기란 자기 존재의 전 시공간 속 경험의 연장으로서의 자기인 것입니다. 그렇기 때문에 현재적 단면만 보고 사람을 판단하는 오류를 범하지 않아야 할 것입니다.

인간은 어쩔 수 없이 언어의 한계를 경험할 수밖에 없는데, 인간 또는 인간의 정신세계에서는 시간이 꼭 과거와 현재로 나누어지는 것은 아닙니다. 그렇게 되어져야 하는 것이 옳다 그르다는 것을 떠나서, 그것이 사실적인 현상이라는 것입니다. 인간이 그렇게 되어져 있는 것입니다. 어떤 측면에서는 과거와 현재로 결코 나누어지지 않는 모습을 나타냅니다. 열린의식의 세계와 닫힌의식의 세계를 포함하는 '전체적 인간'에 대한 깨달음을 전제로 하는 것이지만, 인간존재 속에는 언제든 그의 과거가 죽어 사라져 버리지 않고 살아 있어 현재와 함께 어우러져 있기 때문입니다.

그렇게 '인간은 역사를 가지는 존재입니다.'

(기독교는 인간을 현재적인 존재가 전부인양 다루지 않습니다. 처음 인간인 아담으로부터 시작된 역사성 속에서 다룹니다. 내 안에 하나님을 만족시킬 만한 선한 삶이 불가능하다는 존재적 절망이, 바로 인간존재의 시작이었던 아담의 타락에서 왔다는 성경의 설명을 믿는 것입니다. 바로 오늘날 개개인의 모든 인간에게는 먼 옛날의 아담의 타락이 현재적으로 살아 있어 영향을 주고 있다는 것입니다. 아담이 먼 과거의 사람으로 현재의 나와 전혀 관계가 없는 것이 아니라, 나의 존재의 본질에 결정적인 관계를 가진다는 것이지요.

신학적 관점에서 본 인간도 (인간 보편적) 역사를 가지는 존재인 것과 같이, 개인적 관점에서 본 인간도 (개인의) 역사를 가지는 존재입니다. 그렇기 때문에 인간은 역사를 알 때 자기를 변화시킬 수 있는 길을 발견하고 또 변화시킬 수 있는 힘을 가지게 된다고 하겠습니다.)

간략한, 너무 간략하지만 그녀의 역사탐방을 통해 느끼셨을텐데, 남성적이라 할 수 있는 그녀의 특징들 속에는 이미 오랜 시간이 경과된 아버지의 양육태도가 미치는 영향이 생생하게 살아 있다고 해야 할 것입니다. 그리고 거기서 끝나지 않고 그녀의 여성적 정체감에 현재까지도 엄청난 영향을 주고 있는 것입니다. 과거와 현재가 단절되어 나누어지는 것이 아니라, 아주 강한 끈으로 연결되어 있어 '과거-현재'라는 언어적(인위적) 구도가 전혀 의미를 갖지 못한 것입니다. 그렇기 때문에 인간을, 그 개인적 역사의 전체적 연결성 가운데서 이해한다는 것이 아주 중요하다 할 것입니다.

그녀는 다행히 저의 권고를 긍정적이고 감사하는 마음으로 받았습니다. 자기의 여성스러움에 대해 관심을 가지고 생각해보겠다고 하였습니다. '머리를 기르고, 치마를 입어보고……' 라는 저의 권고를 당장 실천에 옮겨보겠다고 하였습니다. 긍정적이고 적극적으로 받아들이는 그녀의 모습이 아름다웠습니다. 그녀에게서 외면적인 여성스러움뿐 아니라, 내면의 여성스러움이 이미 그 본래적 모습을 회복하여 가고 있는 것으로 느껴졌습니다.

(사례에 대한 전체적 설명이 목적이 아니고, 어떤 개념을 설명하기 위해 사례분석 중 아주 간략한 부분만 거의 도식적으로 설명을 하고 있음을 이해하고 글을 읽어 주시기 바랍니다.)

- 상대방의 준비됨을 확인하여야

위에서 문제에 직접적으로 접근하기 전에 여러 가지를 확인하였던 저의 모습을 보셨을 것입니다. 그렇습니다. 자기에게 다른 사람들의 문제가 보인다고 해서 상대방의 마음의 준비 여부를 확인도 하지 않고 상대방에게 직접적으로 접근하는 것은 금물입니다. 자신이 아무리 좋은 의도를 가지고 있다 하더라도, 상대방이 준비가 되어 있지 않으면 받아들이기가 어렵기 때문입니다. 무엇보다도 먼저 상대방이 나에 대해 어느 정도의 신뢰감을 가지고 있는지를 확인하여야 합니다. 신뢰감을 쌓는 작업을 하지 않고 조언을 주려 한다든지 상담을 하려 하는 것은 오히려 해를 끼칠 가능성이 높다 하겠습니다. 그리고 상대방이 함께 자기의 문제를 나누고자 하는 마음의 준비가 되어 있는지(동기부여)의 여부도 꼭 확인하여야 할 것입니다.

오래 전에, 어느 곳에서 열 몇 가정들과 함께 생활을 할 때였습니다. 시간이 지나면서 정신과 전문의인 저의 눈에 각 가정들의 문제가 하나 둘씩 보이기 시작하였습니다. 도움을 줄 수 있는 전문가로서 문제를 알고 그냥 지내는 것이 무책임한 일로 느껴졌습니다. 부부 문제는 너무 예민하기 때문에 피하였지만, 아이들 양육 문제를 언급하는 것은 비교적 잘 받아들여질 것이라 생각하였습니다. 물론 부모가 먼저 상담을 청하는 경우도 있었지만, 돕고자 하는 마음으로 제가 먼저 얘기를 꺼낸 경우도 있었습니다. 모든 경우가 그렇지는 않았지만, 몇몇 분이 "왜 나를 가르치려고 하느냐?"라고 하면서 심하게 면박을 주어 아주 혼이 난 적이 있었습니다. 그런 경우는 얘기를 꺼내지 않은 것보다도 훨씬 좋지 않은 결과를 낳게 됩니다. 그 분들의 마음을 상하게 하여, 향후 다른 사람이나 자기 자신에게 문제를 꺼내어 보이려고 하는 마음 자체를 강력히 피하게 만드는 결과를 낳을 가능성이 높기 때문입니다.

그것은 전적으로 저의 잘못이었습니다. 상대가 준비되어 있는지 살피지 않고 거칠게 접근한 것입니다. 그것은 성숙한 전문가는 범하지 않는 어리석은 행동이었습니다. 결국 문제를 더욱 악화시키는 쪽으로 가게 한 셈이 되었습니다. 사람을 돕는 것은, 마구잡이로 하여 도움을 받을 사람은 도움을 받고 그렇지 않을 사람은 그렇지 않게 되는 식이 되어서는 안 됩니다. 훨씬 섬세하고 사려 깊어야 합니다. 여러분 중 혹 상담에 관심이 있는 분이 있다면, 먼저 상대방이 준비되었는지 꼭 확인하여야 한다는 점을 잊지 마시기 바랍니다.

사람은 단순하지 않은 존재입니다. 접근하기가 쉽지 않지요. 사실적으로 얘기한다면 분명 문제를 가지고 있지요. 사람이 지적인 존재이기만 하다면, '문제가 있다'는 것을 지적받을 때 받아들이고 해결하려고 노력할 것입니다. 그러나 그렇지 못한 경우가 대부분인 것 같습니다. 사람은 그렇게 지성을 통해 합리적으로 움직여지지만은 않습니다. 물론, 성숙한 만큼 합리적일 것입니다. 그러나 대개의 경우 먼저는 '감정의 문'이 열려야 합니다. 그 다음에 지적이고 의지적인 문이 열릴 수 있습니다. 그런데 이 감정이라는 것이 아주 예민하고 단순하지 않기 때문에 감정의 문을 잘 통과한다는 것이 만만하지가 않습니다. 많은 경험에서 나오는 깊은 지혜가 필요하다고 하겠습니다.

하나 더 나누고 싶은 것이 있다면, 안타까운 마음을 접어두고 살아가야 하는 경우가 적지 않은 것이 인생이라는 것입니다. 문제가, 그리고 불행하게 될 것이 분명히 보이는데도 어떻게 할 수 없는 가운데서 나오는 안타까운 마음입니다. 쉽게는 따뜻한 사랑을 필요로 하는 고아들이 있는데 그들을 다 돌아볼 수 없고, 정신적으로 또는 신체적 장애를 가지고 있어서 주위의 도움을 받아야만 하는 사람들이 많은데 그들을 다 돌아볼 수 없는 가운데서 그저 아픈 마음을 가지고 살아가야 하고······.

저 같은 정신과 전문의의 눈에는 자녀들에게 부정적인 결과를 낳을 일을 계속적으로 범하는 부모들, 자신들의 문제를 상대방의 문제인 것으로 투사projection하는 부부들, 왜곡된 자기상self-image으로 인해 계속적으로 불행한 삶을 자초하는 사람들 등등이 보이게 되나, 상대방이 자기의 문제를 인정하고 문제를 해결하려고 하는 마음에서 진지한 시간을 가지기를 원하지 않는다면 제가 문제를 아무리 정확히 본다 하더라도 전혀 도움을 줄 수가 없습니다. 상대방이 원하지 않으니 도대체 어떤 구체적인 접근도 할 수가 없는 것입니다.

그런 경우 점점 불행의 늪으로 깊이 빠져 들어가는 것을, 그저 옆에서 보면서 안타까운 마음을 쓰다듬을 수밖에 없습니다. 상대방이 손을 내밀지 않으면 저는 그에게 거의 아무런 의미가 없는 존재일 수밖에 없습니다. 도움이 될 수가 없습니다. 너무 안타까워서 어쩔 수 없이 제가 먼저 접근하는 경우들이 있기는 합니다. 그러나 역시 대개는 긍정적인 결과를 얻지 못합니다. 아주 드물게 제가 내미는 손을 붙잡으려 하는 경우를 경험하기는 하지만 말입니다. 물론, 저보다 더 성숙한 분이 손을 내밀 때는 저의 경우보다 긍정적인 결과를 얻게 되는 경우가 더 많을 것입니다. 여하튼, 안타깝고 아픈 마음을 접어두고 살아야 하는 경우가 많은 것이 우리네의 인생인 것 같습니다.

피상담자가 준비되어 있어야 한다는 것과 함께 지적하고자 하는 것은 상담을 하는 자도 잘 준비되어 있어야 한다는 것입니다. 상담은 그저 좋은 얘기를 들려주는 것이 아닙니다. 그리고 피상담자가 처해 있는 경우와 비슷한 경우에서 자기가 경험한 좋은 사례를 얘기해 주는 것이 아닙니다. 그런 경우는 어쩌다가 짝이 맞는 사람에게 도움이 될 수 있는 것이지, 대개의 경우는 자기 얘기에 그칠 가능성이 훨씬 높습니다. 그것은 그냥 일반 사람들이 하는 것입니다.

상담은 상담자 자신을 얘기해 주는 것이 아닙니다. 피상담자를 우선 감정적으로 공감하면서 있는 그대로 받아주고, 그의 얘기를 능동적으로 또는 적극적으로 들어주는 것 active listening 으로 시작이 됩니다. 그리고 그에게 적절한, 그를 위한 얘기를 나눌 수 있어야 합니다. 깊이 들어가면 한이 없으니, 이 면에서는 이쯤에서 마치겠습니다. 상담자는 간혹 드물게, 아주 드물게 혼자서 책을 읽고 생각하는 가운데 깨우쳐서 되는 사람도 있을 수 있겠지만, 거의 예외 없이 좋은 기관에서 자격 있는 사람에게서 훈련을 받아야 한다는 것을 기억하시기 바랍니다.

또 상담자는 자기가 개인적으로 준비가 되었을 때 상담에 임해야 합니다. 이러저러한 일들로 감정이 안정이 되어 있지 않다거나, 마음이 바쁠 때는 지혜로운 미룸이 필요합니다. 상담자 자신이 적절히 준비되어 있지 않으면 피상담자의 문제를 다루는 것이 아니라, 상담 중간에 자기의 문제가 튀어나올 가능성이 높기 때문입니다. 상담은 피상담자에 대한 배려요, 그를 위한 시간이어야 합니다.

> **사례 다**　다른 사람들에게는 부드러운데 왜 아내에게는 차갑게 대하는지 모르겠어요

한 사람의 모습이 다른 모든 사람들에게 똑같이 나타나지 않는다는 것은 재미있는 현상이지만, 한편으로는 인간의 연약함을 보는 것이기에 마음이 아프기도 합니다. 물론, 성숙한 사람일수록 상대방에 따라 큰 차이가 없는, 성숙한 만큼 한결같은 모습을 보일 것입니다.

그는 주위의 사람들에게 성실하고 능력 있고 부드러운 사람으로 인정을 받고 있는 전문직종에 있는 사람이었습니다. 대인관계가 아주 좋은 사람인데, 결혼한 지 얼마 되지 않는데 이상하게도 다른 사람들과 달리 부인에게는 다소 퉁명스럽고 그리고 이유 없이 차갑게 대하는 자신을 보게 되었습니다. 생각해보면 부인에게 차갑게 대할 만큼, 부인이 자기에게 잘못하는 게 없다는 것이었습니다. 원인이 부인에게 있는 것이 아니라, 자기에게 있을 것이라고 생각하면서도 어떻게 해결을 하지 못하고 있던 중, 궁금증을 가지고 스스로 저를 찾아오게 되었습니다. 참 성숙한 자기성찰의 사람이지요. 이런 사람을 만나는 것은 즐거운 일입니다. 이런 사람들에게 있어서 문제해결은 아주 빠르게 일어납니다.

비교적 성숙한 사람이었습니다. 자기를 넓혀가는 데 마음이 많이 열린 사람으로, 배우는 데 있어서 아주 적극적인 사람이었습니다. 부인은 그를 무척 사랑하며 따랐습니다. 아내로서 남편 대하는 것을 최소한 평균 정도는 할 것으로 예상이 되었습니다. 아니, 그 이상으로 잘했을 가능성이 높다고 하겠습니다. 그래서 그러한 부인에게 비교적 성숙한 사람이 이유를 알 수 없이 차갑게 대하는 것이 궁금해졌습니다. 그리고 무엇인가 중요한 역사가 그의 내면세계에 도사리고 있을 것으로 예상이 되었습니다.

부인의 말에 의하면, 남편은 주위 사람들에게는 아주 좋은 평가를 받는다고 하였습니다. 자기에게도 그렇게 나쁘게 대하는 것은 아니지만, 그래도 다른 사람들에게 대하는 만큼 잘 대해 주지는 않는 것 같다고 하였습니다. 그리고 가끔씩 이유를 모르게 다소 침울하면서 혼자의 세계로 빠져

드는 듯한 모습을 보이는데, 평상시의 그에 비하면 상당히 낯설게 느껴지는 모습이었다고 합니다. 한 사람에게서 서로 다른 모습이 나타나는데 그 모습들 간의 거리가 멀면 멀수록, 그의 내면세계에는 그 거리만큼 중요한 또는 영향력이 있는 '마음의 응어리complex'가 자리 잡고 있다고 보아도 무방하다 하겠습니다. 그에게도 그럴 가능성이 높다고 하겠습니다.

자꾸 반복이 되겠지만, 개인적 인간이해는 개인의 역사이해로부터 시작이 됩니다. 그의 주요한 역사를 알아보도록 하겠습니다. 그의 아버지는 그가 어렸을 적부터 알코올 중독자라 할 수 있는 수준에 있었던 분이었습니다. 제대로 가정을 돌볼 수가 없었습니다. 심할 때는 제정신이라 할 수 없을 정도였는데, 이유 없이 어머니에게 폭언과 폭행을 하곤 하였습니다. 다행히 어머니께서 일을 하셨기 때문에 살림이 겨우 꾸려질 수 있었습니다. 어머니는 가정의 경제를 위해 일을 하시면서 살림을 하셨어야 했습니다. 거기에다 폭군이나 다름없는 아버지의 시중을 들어야 했습니다. 그렇게 애쓰시는 어머니를 위하시기는커녕 아버지는 심심찮게 어머니를 정신적으로 육체적으로 괴롭혔습니다. 그는 어렸을 적부터 그런 아버지의 모습을 보고 자라면서 아버지에 대한 분노를, 표출하지는 못하고 마음속에 쌓아두게 되었습니다.

아버지를 생각하면 분노, 증오심 등의 감정들이 복받쳐 올라 마음의 평안을 유지할 수가 없었습니다. 때때로 불쌍하시다는 생각도 해보지만, 그런 생각은 엄청난 부정적인 감정의 파도 앞에서 흔적조차 없이 사라져 아무런 반전을 줄 수 없었습니다. 학년이 올라가면서 좋은 대학에 가기 위해 공부를 해야 했는데 아버지에 대해 부글부글 끓는 감정이 활화산같이 타올라 집중을 할 수 없었습니다. 그는 굴복하지 않았습니다. 무엇인가 살 길을 찾아야 했습니다. 그대로 삶이 결정되게 내버려 두어서는 안 되었습니다.

결국 자기가 살 길을 찾게 되었습니다. 자기의 정신세계에 방을 하나 마련하였습니다. 그래서 아버지와 관계된 모든 감정은 그 방으로 집어넣기로 하였습니다. 정신적으로 셋방을 준 셈이지요. 방에만 있게끔 하였습니다. 그 방에서 나와 온 정신세계를 휘젓고 다니지 못하도록 단단히 가두어 놓았습니다. 이를 심리학적으로 격리isolation라 합니다. 그러고 나니 어느 정도 마음의 여유와 함께 공부에 집중할 수 있는 평안을 얻게 되었습니다. 아버지에 의해 집안이 소란해져도 그때의 감정을 그 방에 집어넣을 수 있어 어느 정도 마음의 평안을 유지하며 공부에 집중할 수 있었던 것입니다. 높은 지능의 머리를 가지고 태어난 사람이라 사람들이 바라는 명문대학에 무난히 들어갈 수 있었습니다.

아버지의 알코올 중독과 그로 인한 문제는 더욱 심각해져 갔습니다. 그리고 잘 버티시던 어머니께서 병을 얻어 예전같이 일하시기가 어렵게 되었습니다. 대학에 들어간 그가 아르바이트를 하면서 살림을 도와야 했습니다. 위로 누나가 하나 있었지만, 고등학교를 졸업한 후 직장을 다닌 지 얼마 되지 않아 연애를 하여 결혼을 일찍 했기 때문에 집에 도움을 줄 수 있는 사정이 되지 못하였습니다. 아래로 남동생만 둘이 있는데, 나이 차가 많아 아직 중학교와 초등학교에 다니고 있었습니다. 그에게는 대학교수가 되고자 하는 꿈이 있었습니다. 그래서 대학에 들어가면 학업에 열중하고자 하였습니다. 그러나 가정 사정으로 아르바이트를 몇 개씩 하여야 했기 때문에 좋은 성적을 얻는 것은 어느 정도 포기해야만 했습니다. 자기의 꿈을 접으면서까지 집을 도왔습니다. 그는 자기 개인보다 가족들의 삶을 우선하여 생각하였습니다.

워낙 열심히 사는 사람이라 졸업 후 좋은 직장을 얻게 되었습니다. 그런데 어머니의 병환은 크게 차도가 없이 누워 지내야 하는 상태였습니다. 나이가 들면서 아버지를 상대하는 사람은 어머니에서 그로 바뀌게 되었습니다. 매형이 하던 사업이 잘되지 않아 이혼을 하느니 안하느니 하는 누나를 다독거리는 일도, 어린 두 동생의 학업을 돌봐주어야 하는 것도 그의 일이었습니다. 그러다가 소개로 현 부인을 만나 교제를 하다가 결혼에 이르게 되었습니다.

그의 중요한 역사를 간단히 소개하였습니다. 어떻습니까? 그의 내면의 정신세계가 어떠할 것인가 그림이 조금 그려지는지요? 그러한 역사가 부인을 차갑게 대하는 것과 어떻게 연결이 될 것 같은지요? 한번 시간을 가지고 생각을 해보시기 바랍니다.

제가 정신과 레지던트였을 때 실습 나온 학생들을 지도했던 적이 있습니다. 위와 같이, 아니 그보다는 훨씬 더 자세한 역사를 주고, 그 사람의 현재의 특징적 모습들이 그의 역사의 어떤 부분들과 어떻게 연결이 되는지, 시간의 흐름을 따라 어떻게 발전되어 왔는가에 대해 연구 역동구성: dynamic formulation를 해보라고 학생들에게 시킵니다. 그러면 학생들은 거의 대부분 사실과 아주 동떨어진 하나의 소설과 같은 역동구성을 해오게 됩니다. 상급 레지던트 때 1년차 레지던트가 구성하는 것을 보면 역시 소설과 같은 수준을 크게 벗어나지 못하는 것을 보고 이 훈련이 간단하지는 않구나 하는 것을 절감하게 됩니다.

돌아보면 제가 그러했던 거지요. 레지던트 때 사례발표를 할 때가 되면 얼마나 긴장이 되었는지요! 사례발표를 할 때는 꼭 역동구성을 하게 되어 있습니다. 그런데 아무래도 연결이 안 되니 소설과 같은 허구적 비약을 집어넣지 않을 수 없게 되었던 것입니다. 결국 소설을 쓴다고 많이도 혼났습니다. 그때는 '내가 이렇게 모를 수 있는 사람인가?' 라는 비하감을 참 많이 느꼈습니다. 나중에 전문의가 되어서는 비교적 훤히 보이는 (인간 내면의) 길이 그때는 왜 그렇게도 오리무중이었는지요! 그렇게 제대로 구성도 안 맞는, 어색하기 짝이 없는 소설을 얼마나 많이 써왔는지요.

1장. 인간은 역사를 가지는 존재이다 | 61

힘을 내시기 바랍니다. 자료가 아주 빈약하지만, 한번 소설을 써보시기 바랍니다. 얼마나 맞게 역동구성을 하였는가와 관계없이 사고훈련에 도움이 될 것입니다. 특히, 상담가가 되는 것에 대해 관심이 많은 분들은 꼭 이 사고훈련의 통로를 통과하셔야 합니다. 한 시간을 넘지 않는 범위 내에서 생각해 보시기 바랍니다.

많이 생각해 보셨는지요? 그러셨기를 바랍니다. 제 의도는 역동구성에 대해 자세히 다루고자 하는 것이 아닙니다. 다만, 사고훈련을 위한 자료가 있으면 그럴 수 있기를 바라는 마음입니다.

사람은 자기 충족적인 존재가 아닙니다. 예를 들어 사랑에 대해 말한다면, 사람은 스스로 사랑을 창출하여 무한히 다른 사람 또는 다른 존재에게 줄 수가 없습니다. 사랑을 계속하여 받지 못하고 주기만 한다면, 언젠가는 사랑의 우물이 바닥을 보이게 되어 있습니다. 물론 성숙한 사람은 성숙한 만큼 깊은 우물을 가지고 있어서 오랫동안 깊은 사랑을 퍼낼 수 있을 것입니다. 그렇게 사람은 자기 밖의 어디에선가부터 사랑을 공급받아야 하는 존재이기 때문에 사랑-사랑받음-에 대한 욕구를 가지게 되고, 실지로 적절하게 공급받아야 합니다. 사랑의 공급이 부족하면 부족할수록 갈증은 그만큼 심해지면서, 자기에게 사랑을 줄 수 있는 미래의 어떤 사람에 대한 기대감이 그만큼 커지게 된다고 할 수 있습니다. 시간이 지나면서 갈증과 기대감은 닫힌의식 안에 자리 잡으면서 당사자가 의식하지 못하는 가운데 그의 삶에 있어서 여러 선택과 태도 등등에 영향을 주게 되어 있습니다.

그는 한마디로 사랑을 자기 안에서 퍼내어 다른 사람들에게 주기만 하는 삶을 오랫동안 지속해 왔다고 할 수 있습니다. 그러면서 공급은 제대로 받지 못하였습니다. 그는 어릴 적에 아버지의 사랑을 제대로 받지 못하였습니다. 아니, 사랑을 받지 못했다기보다는 오히려 상처를 받았다고 하는 것이 옳을 것입니다.

그래도 어머니의 희생적 사랑으로 자기를 지켜왔는데, 어머니마저 병환으로 고생을 하면서는 실제적으로 온 가족을 돌봐야 하는 책임을 감당하여 왔습니다. 그렇게 그는 주기만 하여 왔습니다.

아마도 그의 마음—열린의식과 닫힌의식 모두를 포함하는—속에서는, 자기에게로 향하는 가족으로부터의 사랑의 공급에 대한 기대는 포기가 되었을 것입니다. 이제 그에게 남은 사람으로 유일하게 사랑을 공급해 줄 수 있는 사람은 누구일까요? 어떤 아이디어가 떠오르는지요? 맞습니다. 그의 '미래의 아내'일 가능성이 높습니다. 그녀가 이제 그의 인생에서 마지막 기대를 걸 수 있는 유일한 인물이 되는 것입니다. 자기도 모르는 사이에 내면의 세계에서 '미래의 아내'에 대해 사랑의 공급에 대한 기대가 높아져 갔을 것입니다. 현실의 삶에서, 그 중에서도 가장 중요한 가족들로부터 기대되는 것이 포기가 되면 될수록 미래의 아내에 대한 기대감은 더욱 커졌을 것입니다. 이런 정신적 과정은 닫힌의식에서 일어나기 때문에 자기가 그렇게 되어지고 있음을 의식한다는 것은 자기성찰이 여간 뛰어난 성숙한 사람이 아니고서는 거의 불가능하다 하겠습니다. 그는 자기 마음속에서 아주 높아져 있는 아내에 대한 기대감을 의식하지 못한 채 결혼에 이르게 되었습니다.

아내는 자기에게 나쁘지 않은 평균 이상의 사람이었습니다. 아주 성숙한 사랑을 보이는 사람은 아니었지만, 특별히 흠잡을 데가 없었습니다. 그러나 자기도 모르게 이미 높아져 있는 기대감을 채우려면 특별한 사랑을 줄 수 있는 사람이어야 했습니다. 평균을 조금 넘는 아내의 사랑으로는 심각하게 고갈된 그의 사랑의 우물을 채우기가 벅찼습니다. 엄밀한 의미에서 그는 '자기의 닫힌의식 속에 기대해 온 아내'와 살고 싶은 것이지,

현실의 아내와 맞추어 살고자 하지는 않았다고 얘기할 수 있습니다. 이는 결혼 초기에 남녀 모두에게서 일어날 수 있는 그리 드물지 않은 현상입니다. 극단적으로 얘기한다면 두 명의 아내와 산다고도 할 수 있습니다. '상상의 아내와 현실의 아내' 와 함께 살면서 왔다 갔다 하는 것이지요. 그러면서 얼마나 힘든 갈등을 겪게 되겠습니까? 닫힌의식 속의 아내상과 현실의 아내 사이에 차이가 심하면 심할수록 갈등의 골은 깊어지게 될 것입니다.

그에게는 오랜 시간을 경과하여 발전된, 기대치가 아주 높은 아내상이 있기 때문에 현실적 아내와의 차이는 클 수밖에 없었습니다. 당연히 내면의 세계에서 만족이 될 수가 없지요. 그러니 자기도 알지 못하는 불만이 쌓이게 되고 그 불만은 터뜨리기가 가장 쉽고 가까운 아내에게 표현이 되는 것이었습니다. 부부지간에는 자기의 인격이 숨겨질 수 없기 때문에, 다른 사람들 앞에서는 긴장을 하며 드러나지 않게 잘 간수해 둘 수 있는 부정적인 감정과 마음을 쉽게 풀어놓게 되는 경향이 있습니다. 사람은 자기가 드러나지 않게 무한정 긴장할 수가 없습니다. 그런 경우 대개는 집 밖의 다른 사람들에게 갔어야 하는 것들까지도 배우자 앞에 ('배우자에게'가 아니라) 내놓기 때문에, 배우자가 그것을 자기에 대한 것으로 생각하여 생기는 오해와 그로 말미암은 불행한 일들이 참으로 많이 일어납니다. 성숙한 부부일수록 이를 잘 분별하여 상대방을 지혜롭게 대하게 될 것입니다.

그가 가지게 되는 불만은 아내에게 원인이 있는 것일까요? 마치 그렇게 표현이 되지만, 사실 그 불만의 원인은 부인에게 있는 것이 아니지요. 이제는 잘 이해하시겠지만, 불만은 과거에 오랫동안 그의 가족들과 가져왔던 역사에 기인하는 것입니다. 그렇기 때문에 결혼하기 이전에, 아무 책임이 없는 미래의 부인에게 불만을 표현할 가능성을 이미 안고 있었다고 얘기할 수 있습니다. 이런 일들은 우리가 의식할 수 없는 닫힌의식에서 일어나기 때문에 어떻게 예방하기가 참으로 어렵다고 하겠습니다.

그런 식으로 하여 부부싸움이 시작되는 경우가 빈번하다고 하겠습니다. 부인의 입장에서는 자기가 특별히 잘못한 것이 없는데도 남편이 자기에게 불만을 가지니 화가 날 수밖에 없지요. 그래서 부인도 화를 내게 됩니다. 그러면 이미 화가 나 있는 남편은 강도를 더하여 화를 내게 됩니다. 그렇게 되면서 악순환을 이어가게 되지요. 너무나도 뻔히 예상되는 그림입니다. 그렇기 때문에 상대방에게서 자기가 생각하기에는 전혀 '이유 없는' 또는 '납득이 안 가는' 행동이 나올 때는 그냥 맞받아치지 말고, 무엇인가 그럴 만한 이유가 상대방의 닫힌의식세계 안에 있을 것이라 예상하는 것이 지혜롭다고 하겠습니다. 그런 다음에 상대방의 역사를 알아가는 작업을 시작하는 것이지요.

우리는 이러한 주된 해석을 통해 대화를 가졌습니다. 그가 의식 못한 채로 형성되어 온 '닫힌의식의 아내상'에 대해 얘기를 나누었습니다. 그리고 닫힌의식 속의 높아진 기대감으로 인해 낮게 평가되는 부인의 태도를, 사실적으로 적절하게 평가하도록 노력하기를 권했습니다. 부인은 최소한 평범한 사랑은 하였습니다. 그것은 사실적으로 인정되어야 하는 것입니다. 그는 지적으로는 받아들였습니다. 이제 앞으로 감정이 적절하게 뒤따라올 수 있도록, 과거의 역사에 근거한 닫힌의식에서 나오는 '과거적인 것'이 '현재적인 것'을 훼방하지 못하도록 의지를 행사하여야 하는 것에 대해 얘기를 나누었습니다. 일례로, 부인의 사랑에 현재적으로 적절한 반응을 보이도록 노력하기로 하였습니다. 이는 '닫힌의식의 아내상'과 진짜 아내를 분별해 가는 과정이라 할 수 있습니다. 당연히 진짜 아내를 선택해야 하지요. 이 과정을 빨리 앞당기는 것이 괜한 시간적, 정력적 낭비를 피하는 길이라 하겠습니다.

실상 현실을 잘 받아들이지 못하고, 닫힌의식적 상상의 세계 속에서 살아가는 사람들이 적지 않습니다. 아니, 정확히 얘기한다면 현실보다 닫힌의식적 상상의 세계에 더 많이 거하는 사람들이라 하여야 할 것입니다. 누구든 닫힌의식적 상상의 세계나 현실의 세계에서 100% 사는 사람은 없다고 볼 수 있으니까요. 그렇기 때문에 얼마나 신속하고 진지하게 현실에서 자기의 삶을 일구어 가느냐 하는 것이 성숙의 정도를 잴 수 있는 척도가 된다고 할 수 있습니다. 주로 상상의 세계에서 사는 사람과 같이 산다는 것은 참으로 견디기 어려운 것이지요. 그러한 사람들의 생활은 엄밀한 의미에서 인간적 삶이라 할 수 없다고 생각합니다. 우리는 철저하게 현실을 딛고 지향하는 세계를 향해야 하는 존재이기 때문입니다.

인간의 마음은 닫힌의식을 통하여 우리의 삶을 '현재적인 것'과 사실상 관련이 없는 '과거적인 것'을 '현재적인 것'과 연결시키려는 쪽으로 작동함으로써 인간을 불행하게 만드는 소지를 낳기도 합니다. 내버려두면 이 불행한 연결은 끊임없이 계속될 것입니다. 결국 인간을 현재에 살지 못하고 과거에 사는 존재로 추락시키게 됩니다. 그러면 당연히 미래는 소망이 없게 되지요.

여러 번 반복하여 강조하겠지만, 인간의 정신은 자연적으로 선한 쪽으로 또는 자기 자신을 진정으로 위하는 쪽으로만 움직여지지 않습니다. 그렇기 때문에 우리가 해야 할 일이 있는 것입니다. 우리의 삶과 인생에 대해 가져야 할 책임이 있는 것입니다. 그것은 마음의 작동원리를 바르게 알아, 가능한 범위 내에서 마음의 움직임을 통제하여 그 움직임이 악한 (자신을 불행하게 하는) 쪽으로 움직이지 않고 선한(자기의 행복을 위한) 쪽으로 향해 갈 수 있도록 책임적으로 자기의 의지를 행사하는 것이라 하겠습니다.

['가능성이 높다'와 같이 가끔씩 '가능성'이라는 용어를 사용하는 것을 그냥 지나치시지 않기 바랍니다. 우리의 언어사용은 '있다-없다', '그렇다-그렇지 않다', '된다-안 된다', '……이다 - ……아니다'라는 식으로 중간지대를 설정하지 않고 양 극단의 경우만을 언급하는 경향이 높습니다. 예를 들어, '남게 될 가능성이 높습니다' 대신 '……남게 됩니다'라는 식으로 말입니다. 그렇게 얘기해야 분명한 것같이 느껴지고, 그렇지 않으면 무엇인가 불분명한 것이 있는 것같이 느껴지기 때문입니다. 그러나 인간의 삶에서 일어나는 것들은 둘 중의 하나가 아니라, 그 중간에 있는 것이 되는 경우가 대부분이라 하겠습니다. '남게 됩니다' 보다는 '남게 될 가능성이 높습니다' 가 사실적입니다. 그렇기 때문에 그것이 분명한 표현인 것입니다. 우리들에게 중간지대에 대해 생각할 수 있는 능력이 계발되기를 바라는 마음 간절합니다.

함께 '대부분, 많게, 적게, 적지 않게, 가끔씩' 등등의 부사사용에도 주의하시기 바랍니다. 가능하면 저는 좀더 사실에 부합하도록 하기 위해 적절한 부사를 사용하도록 노력하고 있습니다. 또 '……입니다', '……일 것입니다', '……그렇습니다', '……그럴 것입니다' 같은 어미 사용에도 주의하시기를 바랍니다. 역시 가능하면, 저의 수준에서 생각하기에, 정확한 표현이 되도록 주의를 기울이면서 어미를 선택하고 있습니다. 아무 생각 없이 어떤 때는 이렇게 쓰고 다른 때는 저렇게 쓰는 것이 아니고, 제가 생각하기에 사실적 표현에 가까운 것을 선택하도록 애쓰고 있다는 것을 말씀드리고 싶습니다.

대화를 하다보면 저는 틀림없이 '……(어떤 것)일 수 있습니다' 라고 가능성을 얘기했는데, 상대방은 "김진 선생이 '……이다' 라고 얘기를 했다" 라고 단정 지어 얘기한 것으로 잘못 전달하는 경우를 참 많이 경험합니다. 그렇게 되면서 많은 오해와 왜곡들이 생기게 되지요. 우리의 언어습관에는 자기의 하나 또는 몇 가지의 경험을 통해 일반화시키는 경향이 꽤 깊이 자리 잡고 있습니다. 특별히 주의해야 하는 것이라 생각합니다. 그리스도인들에게는 특히, 간증할 때 조심해야 하는 언어습관이지요. 사실적으로 얘기하는 것인지 추측적으로 얘기하는 것인지, 전체가 그렇다는 것인지 부분이 그렇다는 것인지, 일반적으로 그렇다는 것인지 몇 가지 사례가 그렇다는 것인지 , 가능성을 얘기하는 것인지 단정적으로 얘기하는 것인지 등등에 대해 자기에게 가능한 범위 내에서 정확성을 기하려고 하는 노력이 있어졌으면 참 좋겠습니다. 저는 저의 수준에서 그러한 노력을 기울이면서 책을 쓴다는 점을 기억하면서 읽어 주시기를 부탁드립니다.]

사례 라 모든 것에 원인이 있다는 것이 신기해요

인간에 대한 이해에 관심이 있는 사람들이 많을 것 같은데, 사실 경험적으로 보면 그리 많지는 않은 것 같습니다. 때때로 그러한 관심이 있어 대화하기를 원하는 사람들을 만나게 됩니다. 그러한 마음을 가지고 있는 사람들은 이미 마음의 준비가 되어 있기 때문에 자기의 개인적 역사를 얘기하는 것을 주저하지 않는 경우가 대부분입니다. 사실 함께 시간을 가질 때, 타인의 경우만 가지고 얘기한다는 것은 진정한 이해를 위해서는 한계가 있다고 하겠습니다. 자기의 경우를 가지고 이해하여야 그 깨달음이 진정 자기 것으로 남게 될 가능성이 높다고 할 것입니다. 그렇기 때문에 저는 그러한 대화를 나눌 때 상대방이 얼마나 마음을 열어놓고 있는가를 보면서, 가능하면 그 사람의 것을 듣고 그것을 가지고 얘기하려고 합니다.

인간이해에 대한 관심이 높은 몇 명의 사람들을 만나 시간을 가지게 되었습니다. 아마도 인간은 역사를 가지는 존재라는 것에 대해 얘기가 진행되었던 것 같습니다. 대화 도중, 한 자매가 스스로 자기의 얘기를 내놓게 되었습니다.

그녀는 지하철을 타면 보통 사람들이 하는 것같이 손잡이를 잡고 가는 것이 아니라, 항상 뒤를 창가에 붙인다고 합니다. 그렇게 되면 다른 사람들과 얼굴을 맞대고 보게 되는 자세가 되기 때문에 얼마나 불편하겠습니까? 그러나 그렇게 하지 않으면 무엇인가 불안하고 불편하기 때문에 그리 안할 수가 없다고 합니다. 그런데 왜 그렇게 되게 되었는지에 대해서는 알 수가 없었다고 하였습니다. 그리고 나서 생각해보니 길을 걷다가 뒤에서 사람이 오면 불안해져서, 그 사람이 지나가도록 서 있다가 다시 걸어가곤 했던 것도 기억이 났습니다. 그런 경향들이 그녀를 얼마나 불편하게 만들었을까요!

그녀는 인간이해에 있어서 어느 정도 훈련이 되어 있었던 사람이었습니다. 함께 생각을 해가는 과정 속에서 결국 스스로 자기의 '현재적' 경향의 원인이 되는 사건을, 잊어버린 과거 속에서 찾아낼 수 있었습니다.

생각을 더듬어 올라가 보니 뒤에 사람이 오면 불안해졌던 것은 사춘기인 중학교 때부터 시작되었던 것 같다고 하였습니다. 그러다가 중학교 초에 어머니가 자기에게 해준 한 마디의 말을 생각해 내게 되었습니다. 그 한마디가 그리도 오랫동안 자기에게 심한 불편을 일으키면서 고통을 주는 경향을 만들 것이라고는 본인은 물론, 그 말을 하신 어머니 역시 꿈에도 생각해보지 못했을 것입니다. 15년이 넘은 지금까지 말입니다. 물론, 어머니는 그렇게 만들 의도가 전혀 없었을 것이고 그저 단순히 아무 생각 없이 하셨던 말이었을 테니까요.

아마도 중학교에 들어간 지 얼마 되지 않았을 때 같았다고 합니다. 하루는 스타킹을 신는데 곁에 계셔서 보시던 어머니께서 무심결에, 우스개 소리로, "얘, 네 종아리 참 굵구나."라는 한마디를 던지고 지나가셨다고 합니다. 그런데 이제 막 신체적 아름다움에 관심을 갖게 되는 사춘기 여중생인 그녀에게는 그냥 지나칠 수 있는 말이 아니었습니다. 즉각 자기 종아리를 거울에 비추어 보게 되었습니다. 전에는 아무런 의식 없이 그냥 넘어갔었는데, 이제는 그렇게 되지 않았습니다. 자기의 종아리를 유심히 쳐다보게 되는 것이었습니다. 그곳에 주의가 집중이 되는 것이지요. 어린 아이의 마음에 어머니의 말씀은 쉽게 무시될 수 있는 것이 아닐 수 있습니다. 아이에게 어머니는 권위자authority figure로 서게 되기 때문입니다. 그리하여 '그녀에게 권위자로 서 있는 어머니'의 지나가는 소리는 그녀의 마음속에는 하나의 '사실적' 묘사로 자리 잡을 수도 있고 그렇지 않을 수도 있었는데, 그녀의 마음속에는 불행하게도 '내 종아리는 굵다'라는 사실적 묘사로 자리 잡게 되었습니다.

사실적으로 받아들여진 '네 종아리는 굵다'라는 어머니의 말씀은 그녀에게는 하나의 '마음의 눈'으로 형성되게 되어 있습니다. 그렇기 때문에 전에는 다리가 굵다는 생각이 전혀 없었는데, 사실과는 관계없이 이미 '내용을 가지고 있는 그 마음의 눈'으로 인해 자기의 다리는 당연히 굵게 보이게 되는 것이지요. 그것은 신체적 아름다움과 매력을 핵심인자 중 하나로 삼는, 여성으로서의 전체 신체상body image의 형성에 당연히 부정적인 영향을 끼쳤을 것입니다.

남자는 남자로서, 여자는 여자로서 성적 정체감sexual identity을 가지게 됩니다. 즉, 여성적 정체감feminine identity과 남성적 정체감masculine identity을 말합니다. 신체상은 이것들을 형성하는 데 간여하는 주요 인자들 중 하나가 됩니다. 물론, 여성적 정체감은 신체상만으로 이루어진다고 얘기하는 것은 절대 아니지만, 신체상이 여성적 정체감에 주는 영향은 대개의 경우 남성에 비해 훨씬 크다고 하겠습니다. 또 나이가 어릴수록, 그리고 나이로는 성인이 되었으나 정신적 성숙이 미숙하면 미숙할수록, 성적 정체감을 가지는 데 있어서 신체상으로부터 받는 영향이 그만큼 크다고 할 수 있습니다. 어린 나이의 그녀가 그럴 경우에 해당될 가능성이 높다고 하겠습니다. 종아리를 부끄러워하는 것에 그치지 않고, 자기도 의식하지 못하는 가운데 어느 정도는, 여성으로서의 자기를 부끄러워하는 데까지 나아가게 되는 것입니다. 더욱 안 된 것은, 성적 정체감은 전체 자기에 대한 정체감identity을 구성하는 중요한 인자들 중 하나가 되는데, 결국 자기 자신을 부끄러워하는 데까지 이를 수 있게 되는 것입니다.

마음의 눈에 의해 굵게 보여, 그녀의 마음은 온통 종아리로 집중 되게 됩니다. 이제 집을 나서서 길을 걸어갑니다. 뒤에서 사람이 옵니다. 갑자기 부끄러워집니다. 뒤에서 오는 사람이 자기의 아름답지 않은－마음의 눈에 비치기에는－종아리를 쳐다볼 것이라고 생각되기 때문입니다. 실제로 그 사람이 그녀의 종아리를 쳐다보든 보지 않든 상관없이 말입니다. 이미 마음의 눈이 형성되었기 때문에 그렇게 그녀의 생각은 외길을 가게 되어 있습니다. 계속 그 사람이 뒤따라오면 자기의 못난 다리를 계속 보게 될 것이라는 생각에 부끄러워 더 이상 발걸음을 내딛지 못하게 됩니다. 결국은 자기를 부끄러워하는 것이지요. 뒤에 오는 사람이 자기를 지나쳐 가서, 뒤따라오면서 자기의 다리를 쳐다볼 사람이 없어야만 길을 갈 수 있게 되었다고 합니다. 마음이 많이 열린 사람이었습니다. 상당히 수치스럽게 느낄 수 있는 것도 기억이 날 때 내놓았습니다. 이제 그녀가 지하철을 탈 때, 왜 창에 뒤를 대고 타게 되는지 충분히 이해하시겠지요.

거기에 제가 관찰한 것을 덧붙였습니다. 함께 생각해 보겠습니다. 치마를 입을 때, 그녀는 어떤 치마를 입겠습니까? 바로 다음 글을 읽어가지 마시고 한번 알아맞혀 보시기 바랍니다. 만약 세미나를 한다면 어느 정도 시간을 두고 생각해보기를 권할 것입니다. 생각해보셨습니까? 너무 쉽나요? 너무 쉬웠으면 좋겠습니다. 네, 늘 긴 치마를 입었습니다. 무릎 위로 올라가는 치마를 입었던 적이 아주 드물었습니다. 그녀는 긴 치마와는 연결하여 생각하지 못했다고 하였습니다. 다만, 자기에게는 긴 치마가 어울린다고 느꼈기 때문에 선택했던 것 같다고 하였습니다. 그러나 그녀의 긴 치마는 그녀의 (마음의 눈으로 보기에) 못난 종아리를 가려주는 역할을 하였던 것이지요. 그렇게 우리의 닫힌의식은 우리의 선호, 선택, 언행 등에 상당한 영향을 주면서 우리도 모르게 우리 위에 군림하기도 하는 것입니다.

그런데 말입니다. 사실 그녀의 종아리는 굵지 않았습니다. 그런데도 '사실 여부와 관계없이' 영향을 받아 사실이 아닌 것을 사실로 알아, 얼마동안 '그렇게 살 이유가 전혀 없는 생활'을 살아오게 되었던 것입니다. 실제 그녀의 종아리는 조금, 아주 조금 통통하다고 할 수 있었습니다. 좀 어색한 표현이 될 수도 있을 텐데, 보기에 매력적이라고 느낄 수 있었습니다. 저는 그렇게 얘기해 주었습니다. 그리고 '사실에 맞게' 자신의 종아리를 대해 주라고 하였습니다. 긴 치마에 싸여 어두움 속에 갇혀서만 지내왔던, 매력적일 수 있는 종아리를 이제 빛의 세계로 나오게 해주라고 하였습니다. 이는 내면적으로는 어머니의 사려 깊지 못한 말 한 마디로 인해 빚어진 '왜곡된 여성적 정체감'의 그늘에 가리워 어둠 속에서만 지내야 했던 그녀의 '본래적 여성적 정체감'에게 빛을 주는 것과 연결되는 작업이라 할 수 있습니다.

앞에서도 잠깐 언급이 되었지만, 여성적 정체감은 신체적인 것으로만 구성되는 것이 아닙니다. 더 중요한 것은 정신적인 내용이라 하겠습니다. 그녀는 정신적 측면에서는 여성적인 아름다움을 가지고 있는 사람이기 때문에 왜곡된 신체적 이미지가 제대로 회복이 된다면 그 둘로 구성되는 여성적 정체감은 점차 제자리를 찾아갈 것입니다. 열린 마음의 소유자인 그녀는 아마도 자신의 '본래적 여성상'을 그만큼 빠르게 회복하여 갈 것입니다. 그녀는 저와의 대화를 마치면서 다음과 같이 말하였습니다.

"선생님, 모든 것에 원인이 있다는 것이 신기해요."

- **'사실여부와 관계없이'**

　사람은 처음부터 완성자로 또는 자기의식이 분명한 성인으로 인생을 시작하지 않습니다. 자기의식이 없는 상태에서, 그리고 인간과 인생에 대해 전혀 모르는, 전적으로 타인에게 의존해야 하는 존재totally dependent being로 태어나서 나이를 먹어가면서 점진적으로 자기를 형성하게 됩니다.(이점에 대해서는 앞으로 더 자세히 다루게 될 것입니다.) 주로 자기보다 어른인 사람들을 하나의 창window으로 삼아 인간과 인생에 대해 구경하면서 자기를 형성하여 갑니다. 이때 특히 자기에게 가깝고 중요한 어른들이 '권위자'로 서게 되는데, 이 권위자들의 말과 행동은 '사실 여부와 관계없이' 아주 결정적인 영향을 끼치게 되어 있습니다. 이는 물론, 사실적인 영향도 있지만, 사실은 아닌데 사실과 같이 느껴져 영향을 받을 수도 있다는 의미입니다.

　예를 들어, 항상 1등만 한 부모님 밑에서 자라는 아이, 4등의 성적표를 가지고 오면 '이 바보야 4등도 등수니? 머리가 얼마나 나쁘면 그럴 수 있냐?' 라는 얘기를 들을 수 있습니다. 부모로부터 그러한 얘기를 반복적으로 듣게 되면 아이는 자기 머리가 나쁘다고 생각할 가능성이 높습니다. 최소한 자기가 가지고 있는 자기의 객관적인 능력보다 훨씬 떨어지는 능력을 가진 아이로 생각할 가능성이 훨씬 높다고 하겠습니다. 물론, 매번 1등을 하는 사람과 비교해서 '비교적으로 나쁘다'라는 의미로 한 것이라고, 한 열 발자국 물러서서 이해 할 수는 있습니다. 그러나 아마도 그렇게 '비교적으로 나쁘다' 라고 얘기하는 것이라고 의식하면서 얘기하는 부모는 거의 없을 것입니다. 여하튼 권위자의 말과 행동은 아이에게 '사실성' 그리고 '정확성'의 여부와 관계없이 '사실같이' 영향을 줄 수 있다는 것을 명심하시기 바랍니다. '사실 여부와 관계없이'라는 말은 아무리 강조하여도 충분히 강조하였다고 할 수 없는 아주 중요한 개념입니다. 앞으로 자세히 다루게 될 것입니다.

■ 마음의 눈

다른 동물은 어떠할지 모르겠지만, 인간은 신체적인 눈과 함께 어느 의미에서 마음의 눈을 가진 존재라 할 수 있습니다. 이 눈은 신체적 눈과 달리 날 때 가지고 태어난다고 하기보다는, 자라면서 형성하게 되는 것이라 할 수 있습니다. 그것이 왜곡된 것이든 사실적인 것이든 관계없이 말입니다. 그리고 신체적인 눈과 달리, 마음의 눈은 여러 요인들로 구성된 관점을 가지고 있다고 할 수 있습니다. 예를 들어, 대개의 경우 부모들은 객관적으로 다른 사람들이 인정하는 것과 관계없이 자기의 자식이 예쁘고 잘생겼다고 느끼게 됩니다. 이는 부모로서 자기 자식에 대한 애정이 아이에 대한 부모의 마음의 눈을 구성하는 데 가장 강력한 요인이 되기 때문입니다. 진정한 사랑을 하는 청년의 눈에는 자기의 애인이 가장 아름답게 보이게 됩니다. 이 역시 사랑이라는 요인이 지대한 영향을 미쳤기 때문입니다. 도둑질한 사람에게는 경찰만 보면 마치 자기를 붙잡으러 오는 것같이 느껴집니다. 그의 죄책감이 마음의 눈에 영향을 주기 때문입니다.

마음의 눈은 신체적인 눈이 볼 수 없는 것을 보게 하여 주기도 합니다. 예를 들어, 인격적으로는 상당히 성숙한데 외모는 그리 매력적이지 않은 처녀가 있다고 해보지요. 그런 경우 상당수의 남자들은 첫눈에 보아 외모가 매력적이지 않기 때문에 그녀에 대해 관심을 가지지 않을 수 있습니다. 우리가 사람을 처음 만날 때 볼 수 있는 것은 신체적인 것에 그칠 가능성이 많습니다. 신체적인 것 이상은 보기가 어렵습니다. 특히, 젊은이들이 선을 볼 때 그러하지요. 그런데 높은 성숙의 수준에 있는 아주 괜찮은 청년이 이상하게도 그녀와 오랫동안 데이트를 하더니 결혼에 이른 것이었습니다. 다들 이해할 수 없다는 식이었습니다.

그러나 그는 사람의 내면의 세계를 중요시하는 마음의 눈을 가지고 있었습니다. 그래서 첫 만남에서 외모가 그리 매력적이게 느껴지지는 않았지만, 몇 번 정도의 만남을 통해서는 신체적인 것을 넘어서 정신적인 것을 보기가 어렵다는 것을 알고 만남을 지속하였습니다. 그러면서 그녀의 인격의 아름다움을 보게 되었습니다. 상대방의 인격의 아름다움을 경험하게 되면 사랑하지 않기가 어려운 것이 인간입니다. 결혼은 자연스러운 귀결이지요. 마음의 눈은 그렇게 신체적인 눈이 보지 못하는 것을 보게 하여 줍니다. 그렇기 때문에 마음의 눈을 바르게 계발한다는 것은 우리에게 있어서 귀한 책임이라 할 수 있습니다.

사람의 아름다움에는 신체적인 것과 인격적인 것이 있다고 할 수 있습니다. 신체적인 아름다움은 모든 사람의 신체적인 눈에 보이기 때문에, 어린아이를 포함하여 누구든 언급할 수 있습니다 그러나 여러 사람들에 의해 많이 언급된다고 해서 그것이 진정 중요한 것이 되는 것은 아닙니다. 인격의 아름다움을 볼 수 있으려면 상당한 시간과 상당한 깊이의 사귐이 있어야만 가능합니다. 그렇기 때문에 인격의 아름다움은 그렇게 많이 경험될 수가 없습니다. 결국 우리들의 대화에서 자주 언급되기가 어렵다고 하겠습니다. 언급되는 경우가 적다고 해서 중요하지 않고 의미 없는 것이 되는 것은 결코 아닙니다. 인간의 궁극적인 아름다움은 인격의 아름다움으로 완성된다고 할 수 있습니다. 인간은 그저 신체적인 것에 머무르는 수준의 존재가 아니기 때문입니다.

외모가 아름다운 사람을 볼 때, 사람들은 단순히 아름다움을 느끼는 것에 그치지 않습니다. 외모의 아름다움과 함께 우리의 마음속에 서는, 우리가 의식하지 못하는 가운데 닫힌의식에서, 그 사람의 내면의 세계도 그렇게 아름다울 것이라는 기대감이 생기게 됩니다. 그래서 높아진 기대감을 가지고 사귀게 됩니다. 그렇기 때문에, 만약 불행하게도 외모의 아름다움에 비해 인격의 아름다움이 떨어지는 사람이라면, 그만큼 실망도 크게 됩니다. 그런 경우 오히려 외모의 아름다움이 아름답기보다는 그만큼 추하게 느껴질 수 있습니다. 인간은 신체적인 아름다움에 의해서만 갇히는 그렇게 천한 존재가 아닙니다. 결단코 아닙니다. 사귀면서 상대방의 인격의 아름다움을 보게 되는 경우보다 더 기쁜 경우가 있을까요?

(혹 화장에 대해 여성으로부터 질문을 받는 경우가 있으면 저는, "자기 내면의 아름다움의 수준에 맞추어 화장하는 것이 지혜롭다고 생각합니다."라고 답합니다. 자기 내면의 아름다움에 미치지 못하게 화장하지 않았으면 좋겠습니다. 여자나 남자는, 하나님께서 아름답게 지으신 여성의 아름다움을 통해 신체적 아름다움을 넘어선 일반적 아름다움에 대한 마음을 발전시킬 수 있기 때문입니다. 자기 내면의 아름다움보다 과대하게 화장하는 일도 줄어들었으면 좋겠습니다. 우리는 겉과 속이 일치하지 않는 모습을 볼 때 인간의 추함에서 오는 역겨움을 느끼기 때문입니다. 그러나 여성의 화장은 여러 다양한 역할을 하는 것이기 때문에 이렇게 간단하게 언급하는 것이 결코 전부를 얘기하는 것이 아님을 인정합니다. 다만, 내면의 아름다움에 관한 부분을 다루고 있기 때문에 그 점에 국한된 언급임을 기억하여 주셨으면 좋겠습니다.)

그렇게 소중한 인격미는 신체적인 눈으로 볼 수 있는 것이 아닙니다. 그렇기 때문에 아무에게나 보이지 않습니다. 그것을 볼 수 있는 마음의 눈을 가진 사람만이 볼 수 있습니다. 그런 마음의 눈은 좋은 교육과 좋은 경험을 통해서만 가질 수 있는 것이라 하겠습니다. 자라면서 한 번도 성숙한 인격의 소유자를 만나지 못한 사람이 어떻게 사람들에게서 인격의 아름다움을 알 수 있겠습니까? 인격미가 있는지도 모를 것입니다. 있는지도 모르기 때문에 보려고 할 수가 없을 것입니다. 혹 경험은 없다 하더라도 그러한 것이 있다는 것에 대한 교육을 받은 사람은 최소한 기대를 할 수는 있을 것입니다. 기대감은, 그 기대감에 따르는 마음의 눈을 어느 정도 형성해 준다고 할 수 있습니다.

마음의 눈은 키워지는 것입니다. 어린 사람들, 특히 자녀들에게 어떤 마음의 눈이 키워지게끔 할 것인가를 생각하면서 언행에 주의를 하는 것이 필요합니다. 위의 자매의 경우를 보지요. 그녀는 어머니의 사려 깊지 못한 말 한 마디에 의해, '나의 종아리는 굵다' 라는 마음의 눈을 가지게 된 것이라고 할 수 있습니다. 그것이 그녀의 그 이후의 인생에 얼마만한 영향을 미쳤는지요! 15년이 넘게 계속 부정적인 영향을 주었던 것입니다. 동일한 대상에 대한 평가에 있어서 마음의 눈은 신체적인 눈을 압도하여 영향을 줄 가능성이 높습니다. 예를 들어, 사실은 굵지 않은 종아리를 굵다고 보게 되는 것이지요. 특히, 어린아이들 또는 미성숙한 사람일수록 신체적인 눈과 마음의 눈이 주는 괴리를 인지하지 못하고 마음의 눈에 의해 좌지우지되게 됩니다. 극단적인 경우 '식욕부진증'의 사춘기 여학생은 자기의 몸매가 객관적으로 보아서는 피골이 상접했다고 할 정도인데도 뚱뚱하다고 보아 먹을 것을 극도로 제한합니다. 그녀가 생각하는 뚱뚱하다는 것은 보통사람들이 생각 하는 것과는 다른 의미이지요. 그녀의 마음의 눈에 비치는 뚱뚱함이니까요.

마음의 눈에 대한 얘기를 진행시키다 보니 자꾸만 지면을 많이 차지하게 됩니다. 그것에 대해 다루는 것이 본론은 아니기 때문에 여기서 멈추도록 하겠습니다. 다만, 한 가지 언급하고 싶은 것은 '변경될 수 없는 것'에 대해 농담을 한다거나 별명을 붙인다거나 부정적으로 언급하는 것은 주의하여야 합니다. 예를 들어, 어린 자녀들의 신체적인 특징에 대해 언급하는 것을 주의하셔야 할 것입니다. '눈이 작다', '엉덩이가 크다', '손이 못생겼다', '여자 같다', '남자 같다' 등등입니다. 만약 그런 얘기를 듣고 자란다면, 그런 아이들은 어떤 눈을 가지게 되고 어떤 구체적인 결과를 가지게 될 것인지에 대해 한 번 생각해 보시기 바랍니다. 또 여러분 자신들은 어떤 말들을 들었는데 그것이 그 이후로 어떻게 자기에게 영향을 주었는지에 대해 생각해보시기 바랍니다.

그렇다고 과대적으로 좋다고만 하는 것도 문제가 있습니다. 허위적인 것은 그 사람으로 하여금 그 사람에게 맞는 삶을 살아가지 못하게 할 뿐더러, 언젠가는 밝혀지고 깨닫게 되기 때문입니다. 가능하면 진실에 가까운 언급이 필요하나, 미래적으로 계발이 가능한 것들에 있어서는 소망을 가지게 하는 것이 계발에 대한 동기를 부여하게 하는 데 큰 도움이 될 수 있습니다. 그렇기 때문에, 긍정적이고 미래-소망적인 격려를 해주는 것이 지혜로운 태도라 할 수 있습니다. 이런 경우는 가능성의 여부를 엄밀하게 평가한 후에 행해져야 할 것입니다. 또 비록 부족한 것이 있다 하더라도 그 쪽으로만 마음이 흘러가지 않고, 잘할 수 있는 것에 마음을 둘 수 있도록 도와야 할 것입니다. 그렇게 하여 자기의 능력을 충분히 발휘할 수 있도록 도운 뒤, 전체적인 균형을 잘 잡아갈 수 있도록 부모가 능동적으로 마음을 쓰는 것이 절실히 요청된다고 하겠습니다.

- **그렇게 살 이유가 전혀 없는 생활**

인간의 삶에는 자기의 의도와는 관계없이 맞이해야 할 이유가 하나도 없는, 억울한 삶을 맞이하게 되는 경우가 적지 않은 것 같습니다. 인간의 불행한 모습 중 하나라 할 수 있습니다. 위 사례의 자매는 사실과 관계없이 자기 종아리에 대한 잘못된 마음의 눈의 형성에 의해 자기의 여성적 정체감에 부정적인 영향을 받아 살아오게 되었습니다. 얼마나 불편하였을 것이며, 나아가 남성을 만나고 결혼문제를 대하는 데까지도 적지 않은 영향을 미쳤을 가능성이 높다고 하겠습니다. 그렇게 자기도 모르게 닫힌 의식 속에 자리 잡게 된 잘못된 마음의 응어리complex가 악순환을 반복하면서 처음의 내용(단순한 언급)보다 상당히 확대되고 진전된 왜곡된 결과(왜곡된 자기상, 자존감, 정체감 등)를 낳게 되지요. 그러면서 '그렇게 살 이유가 전혀 없는 왜곡된 그리고 불행한 생활'을 살아오게 되었던 것입니다.

'그렇게 살 이유가 전혀 없는 생활 또는 삶'에 주목할 필요가 있습니다. 엄마 뱃속에서 나와 전적으로 의존적인 존재로 삶을 출발한 인간은 자기가 접하게 되는 환경을 통해 알게 모르게 보고 배우고 취하여 자기를 형성하게 됩니다. 어릴수록 자기 안으로 들어와 자기를 형성하게 되는 것들에 대해 조절하는 기능을 하지 못하게 된다고 하겠습니다. 무엇이 들어오면 좋으니 받아들이고, 어떤 것은 나쁜 것이니 들여보내지 않는 검문 screening작업을 못한다는 것이지요. 그냥 보고 듣는 대로 자기 것으로 삼게 됩니다.

"어쩌면 인상 찡그리는 것이 지 아비와 똑같냐! 피는 못 속이는구나!"라고 감탄(?)하시면서 말씀하시는 어느 할머니가 기억납니다. 그러나 피 때문이 아니지요. 태어나서 아버지의 얼굴을 얼마나 자주 보았겠습니까? 그 얼굴에서 찡그리는 인상도 수없이 보았을 것입니다. 아버지는 아이에게 인생에 대해 배우게 되는 아주 중요한 모델이지요. 아이는 아버지가 찡그리는 것을 따라하게 되어 있습니다. 따라 하기를 얼마나 하겠습니까? 수없이 반복하였을 것입니다. 그러면서 그대로 자기의 것이 되어 버리는 것입니다.

그러한 가운데 사실과 전혀 관계가 없는 잘못된 것들이 들어와 자신을 형성하는 데 중요하게 관여하게 되기도 하는 것입니다. 인간은 자기형성 과정에서 그러한 것을 크게 벗어나지 못하는 존재인 것입니다. 누구나 필연적으로 아이의 시기를 통과하여야 하는 것입니다. 인간이 그러한 것이지요. 내 자신이 그러한 존재라는 것을 알아야 합니다. 그래야만 잘못 들어와 불행한 것을 낳고 있는 것들을 추적하여 내 안에서부터 쫓아낼 수 있는 가능성을 가지게 됩니다. 그것은 본래적 우리를 찾아가는 데 아주 중요한 과업이라 할 수 있습니다. 그리하여서 '그렇게 살 이유가 전혀 없는 생활'에서 조금이라도 벗어나 진정 각자가 살 수 있고, 살아야 할 좋은 삶에 좀더 가까운 삶을 살아갈 수 있게 되기를 바라는 마음 간절합니다.

제**2**장

닫힌의식의 세계

1. 사람의 정신세계에는 자기도 모르는 '닫힌의식의 세계'가 존재한다

이제 본론인 닫힌의식의 세계에 대해 다루어보도록 하겠습니다. 우리는 위에서 여러 사례들과 또 이러저러한 개념들에 대해 조금씩 다루어 오면서, 닫힌의식의 세계로 들어오기 위해 이미 상당한 준비를 하였다고 할 수 있습니다. 앞의 글을 어느 정도 이해하셨다면 여러분들은 이미 닫힌의식에 대해 어느 정도의 지식을 갖추게 되었다고 할 수 있습니다. 이제는 본격적으로 닫힌의식의 세계로 들어가겠습니다.

사례 마 겨울은 싫고 여름은 좋은 여학생

닫힌의식이 존재한다는 것을 잘 이해할 수 있도록 사례를 더 들어 보도록 하겠습니다.

고등학교에 다니는 여학생이었습니다. 그녀는 신경증적인 문제로 입원을 하게 되었는데, 그녀의 글과 그림에서는 겨울이 늘 부정적으로 그려져 있고 대화시에도 겨울에 대한 얘기가 나올 때는 늘 부정적이었던 것이 인상적이었습니다. 겨울이 가까워 오면 왠지 모르게 우울해질 정도였다고 합니다. 반면 여름에 대해서는 항상 긍정적이고 희망적이었습니다. 여름이 가까워 올수록 기분이 좋아지는 것을 경험한다는 것입니다. 저는 면담 중에 그러한 경향을 발견하고 궁금해졌습니다. 그녀는 자신이 왜 그러한 경향을 가지게 되었는지에 대해 알지 못했으며, 그녀 역시 궁금해 하였습니다.

면담의 횟수를 더해 가면서 그녀의 역사에 대해 알게 되면서 그러한 경향을 가지게 한 원인을 발견하게 되었습니다. 그녀의 집은 아파트와 병원 사이에 있는 초라한 판잣집이었다고 합니다. 아버지는 연탄가게를 하고 계셨는데, 따로 살림집을 두지 못하고 가게 안채에 살았습니다. 그녀는 집을 출입할 때마다 판잣집인 연탄가게를 드나들 수밖에 없었습니다. 그러던 중 언젠가부터 주위가 온통 시커먼 연탄 가게에서 나오고 또 그곳으로 들어가는 '자기를 의식' 하게 되었을 것입니다. 그녀는 그 정확한 때를 기억하지 못했습니다. 초등학교 5, 6학년쯤부터는 그러한 자기가 다른 사람에게 노출될까봐 집을 출입할 때마다 불안하였다고 하며, 본격적으로 사춘기가 시작되는 중학교 때부터는 더욱 심해졌다고 기억하였습니다.

그런 자기의식이 생긴 그녀는 등교시 시커먼 가게문을 나오기 전에 밖에 사람—특히, 자기 또래의 남녀 학생이 있나 없나를 살피게 되었습니다. 자기를 볼 것으로 예상되는 사람이 있으면 기다렸다가 없을 때 나오는 일을 반복하게 되었습니다. 수업을 마치고 집에 들어 올 때도 마찬가지였습니다. 그러다가 아이디어가 하나 떠올랐습니다. 등교하는 시간을 많이 앞당기고 하교시간을 많이 늦추면 자기의 출입을 다른 학생들에게 들킬 염

려에서 해방될 수 있다는 생각이었습니다. 그래서 그때부터 등하교 시간을 30분 정도 앞당기고 늦추게 되었습니다.

'……제시간에 등교하면 언니와 내가 판잣집에서 나오는 모습을 등교하는 많은 학생들이 보기 때문이었다. ……집에도 늦게 왔어야 했다. 언니는 30분 정도 교회에 숨어 있다가 친구들이 띄엄띄엄 보일 때쯤이면 집으로 달려 들어갔고 나는 놀이터나 시장, 아파트의 옥상에서 시간을 때운 뒤 집으로 들어왔다. ……정말 제 시간에 등하교하는 것이 꿈이었고 간절한 소망이었다."(그녀의 글에서)

그런데 문제가 생겼습니다. 아침에 일찍 등교하고, 수업을 마치고 다른 곳에서 머물다가 늦게 귀가하는 것이 여름이나 그래도 가을까지는 괜찮았는데, 겨울이 되면서는 어려움이 있었기 때문입니다. 겨울에 30분 정도 일찍 학교에 가면 아무도 없는 상태에서 혼자만을 위해 난로를 피울 수가 없었기 때문에 추위에 떨고 있을 수밖에 없었습니다. 하교시에도 마찬가지였습니다. 어디선가 돌아다니다가 들어가야 하는데 추운 겨울에는 그것이 만만하지가 않았던 것이지요. 돈이나 여유가 있었다면 달랐겠지요.

'……특히 겨울이면 바깥에서 추위와 싸워야 하는 고통은 너무나 괴로웠다. 반면 여름은 좋았다. 그 때문인지 다른 사람들은 더운 것을 짜증내지만, 나는 덥고 땀이 흐르는 것에 대해서는 무척 안락한 기분이 드는 편이다."(그녀의 글에서)

그런 생활을 얼마 동안 반복하면서, 추위로 고생을 한 겨울은 싫어지는 계절로, 문제가 없는 여름은 좋아지는 계절로 그녀의 마음속에 자리 잡게 되었을 것입니다. 그러한 역사를 가진 그녀에게는 많은 사람들에게 낭만적으로 느껴지는 겨울의 눈이 낭만적일 수 없게 되는 경향이 생기게 된 것이죠. 예를 들어, 그녀는 따뜻한 쪽을 선호하게 되어 남쪽으로 이사를 하는 것에 대해 긍정적일 수 있습니다. 그렇게 이제는 과거가 되어 버린 자기의 역사는 그냥 없어져 사라져 버리는 것이 아니라, 자기가 기억하지 (의식하지) 못하는 닫힌의식의 세계 안에 어떠한 경향, 특징, 또는 관점을 형성하여 현재의 생활에 직접적으로 영향을 미치게 되어 있는 것입니다.

(그녀가 왜 겨울을 싫어해야 합니까? 4계절 모두 좋아하고 각각을 즐길 수 있는 것이 인간의 큰 즐거움 아닌지요? 그러나 그렇게 진정한 의미에서는 싫어져야 할 것이 아닌데 우리의 경험에 따라 어떤 것은 싫어지게 되는 일들이 일어납니다. 우리의 정신은 그렇게 자기가 모르는 사이에 인생을 왜곡하는 일들을 진행시키기도 합니다. 그렇기 때문에 우리의 정신활동을 감시하여야 합니다. 왜곡을 풀고, 왜곡이 일어나는 것을 방지하여야 할 것입니다.)

어떻습니까? 인간 안에 닫힌의식이 있다는 설명이 잘 이해가 되는지요? 앞으로 상당한 설명을 사례들을 통해 할 것인데, 그 사례들을 접하면서 닫힌의식에 대해 더욱 명료한 그림이 들어오게 될 것이니 기대하시고 읽어 가시기를 바랍니다. 위에서 설명한 바와 같이 현재의 나를 잘 이해하기 위해서는 나의 과거를 잘 알아야 하는 것이 필수적이라 할 것입니다. 닫힌의식을 잘 이해한다면, 인간의 내면은 '과거-현재'라는 시간적 분리가 통하는 세계가 아니라는 것을 어렵지 않게 인정할 수 있게 될 것입니다. 과거라고 하는 것이 지나가 버려 현재의 나와 아무런 관계가 없는 것이 아니라, 아주 긴밀하게 연관을 맺으면서 상당한 영향을 바로 지금도 행사하고 있기 때문이지요. 좀더 지혜로운 사람들은, 내면의 세계에 대해서는 시간적 개념의 틀에 맞추어 과거-현재로 나누지 않고, 하나인 전체로 고려하는 자세를 가지게 될 것입니다.

■ 자기의식

'자기의식'이 생긴다는 것은 우리의 삶에 변화를 일으키는 아주 중요한 계기가 됩니다. 막 태어난 아이가 엄마 품에 안겨 연탄가게를 드나드는 것을 부끄럽게 생각하여 불안해지지는 않을 것입니다. 한두 살의 아이도 그러할 것입니다. 그렇게 '연탄가게를 출입하고 있는 자기에 대한 의식'이 없는 자기에서부터 언젠가 의식하게 되는 자기로의 변화를 맞이하게 됩니다. 자기가 어떠어떠하다는 '자기에 대한 의식'은 생기게 된 그 순간부터 우리 자신들에게 상당한 영향을 미치게 되어 있기 때문에 자기 안에 이미 자리 잡고 있는 자기의식에는 어떤 것들이 있나를 살펴보는 것이 자기를 이해하는 데 많은 도움이 된다고 하겠습니다.

자기의식에는 수없이 많은 유형들이 있다고 하겠습니다. 예를 들어 '키가 크다, 작다', '얼굴이 예쁘다, 귀엽다, 못생겼다', '그리스도인이다, 불교도인이다', '우리나라는 선진국이다, 개발도상국이다', '어느 대학에 다닌다', '공부를 잘한다, 못한다' 등등.

■ 이미 형성된 경향에서 자유할 수 있는가?

겨울을 싫어하는 여학생에서 생각해보고 싶은 것이 있습니다. 만약에 계속하여 그 경향이 남아 있다면 나중에 그녀와 연애를 할 남자는 겨울에 데이트를 신청할 때 그녀는 '자기도 모르게' 또는 '이유도 없이' – 닫힌의식에서 일어나는 반응은 왜 일어나는지를 알 수가 없게 되어 있습니다 – 싫은 기색을 보일 수 있습니다. 그녀는 남자를 좋아한다 하더라도 이미 닫힌의식 안에 자리 잡은 '겨울'에 대한 부정적인 태도가 '겨울에 관계된 모든 것'을 부정적으로 만들게 되기 때문에 '겨울의 데이트'도 꺼려하게 만들 가능성이 높다고 하겠습니다. 그러나 상대방은 그녀의 역사를 통한 닫힌의식의 세계를 알지 못하고서는 '겨울의 데이트'를 꺼려하는 것을 자기를 꺼려하는 것으로 판단하게 될 것입니다. 자기를 꺼려하는 것으로 오해한 남자는 당연히 그녀에 대해 부정적인 반응을 보이게 될 것입니다. 그러면 또 여자는 남자의 부정적인 반응이 어떻게 해서 일어났는지를 이해하지 못하여, 화를 내면서 부정적인 반응을 보이게 될 것입니다. 그렇게 닫힌의식의 세계에 대한 이해가 부족하면 부족할수록 인간관계에서의 오해의 악순환은 계속되면서 관계는 점차 위기를 맞이하게 될 것입니다.

그럼 '겨울을 싫어하는 경향'은 평생 어찌할 수 없는 것인가 하는 물음이 생길 수 있습니다. 대개는 그러합니다. 그러나 변화를 맞이할 수도 있습니다. 만약 그녀가 아주 좋아하고 존경하는 사람이 있어서 그와 겨울에 아주 낭만적인 연애를 하게 된다면, 겨울을 좋아할 수 있는 요인을 가지게 되는 것이라고 할 수 있습니다. 그러면서 이전에 형성된 겨울을 싫어하는 경향이 도전을 받게 되는 셈입니다. 좋아하는 요인이 더해진다면, 겨울에 대한 선호의 경향은 점차 긴장의 관계에 들어간다고 할 수 있습니다. 만약에 겨울을 좋게 기억할 수 있는 사건들을 연속적으로 맞이하게 된다면, '겨울을 싫어하는 경향'은 점차 희석될 것입니다. 전체적으로 보아 좋아하게 하는 요인들의 힘의 합과 싫어하게 하는 요인들 – 예를 들어, 사랑하는 부모님이 겨울에 돌아가신다는 등등 – 의 힘의 합이 닫힌의식 안에서 힘을 겨룬다고 할 수 있겠습니다. 그러다가 힘의 균형이 기울어짐에 따라, 그 쪽으로 경향지어지게 되는 것입니다.

그렇기 때문에 기본적으로 타인에 대한 깊은 '사랑'을 가지고 있으면서 닫힌의식에 대한 '이해'가 깊은 사람들은 상대방을 대하는 데 특징이 있습니다. 그들은 상대방에게 좋은 영향을 주는 인자들이 오랜 시간 지속적으로 축적될 수 있게끔 만남을 가져갑니다. 좋은 인자들이 닫힌의식 안에서 충분히 축적되어 스스로 긍정적인 힘을 발휘하기까지는 일정 시간이 필요한 것을 알기 때문입니다. 그래서 조급해하지 않고 그 자연스러운 때를 기다리는 여유를 그들은 가지고 있습니다. 그렇지 않으면 부작용이 있을 수 있습니다. 좋은 요인을 하나 넣었다고 생각하면서, 좋은 결과가 빨리 나타나기를 기대하는 것입니다. 물론, 드물기는 하지만 아주 강한 요인으로 인해 결과가 비교적 빨리 나타나는 경우가 있을 수 있습니다. 예를 들어, 하나님을 또는 예수님을 만나는 영적 중생과 같은 사건이 그렇습니다. 남다른 깊이의 사랑을 가진 사람과 충분한 나눔의 만남을 가졌을 때도 그럴 수 있습니다. 그러나 대부분은 좋은 요인들이 지속적으로 축적되어감으로써 점진적으로 좋은 결과가 나타나게 된다 하겠습니다. 꼭 '일정 시간'과 '지속적 축적'을 기억하시기 바랍니다.

인간은 자기가 경험한 것을 다 기억하면서 살아갈 수는 없게 되어 있습니다. 대부분을 잊어버립니다. 한 살 때의 기억을 하시는 분이 있을는지 모르겠습니다. 아마도 거의 없을 것입니다. 여러 곳에서 강의를 하면서 청중들에게 물어보았지만, 그 수천 명 가운데 한 살 때의 기억을 가지고 있다는 분을 딱 한 분 만나게 되었습니다. 그러나 저도 그렇게 생각하지만 그 분도 자기의 기억이 진짜 한 살 때의 기억인지 자신할 수 없다고 합니다. 그러면 한 살 때의 일 년 동안 살아온 경험들은 어디로 갔을까요? 그냥 없어졌을까요? 그렇지 않습니다. 우리가 경험한 그 모든 것들은 우리의 정신세계 깊은 곳에 침전되어 자리를 잡게 되는 것으로, 단지 기억을 하지 못할 뿐입니다. 한 살 때의 경험이 사라진 것이 아니라, 우리 안에 남아 있고 또 남아 있어서 영향을 준다고 믿어지시는지요? 잘 믿어지지 않는 분들이 대부분일 것입니다. 예를 들어 설명을 해보도록 하겠습니다.

이제 막 엄마 뱃속에서 태어난 아이를 상상해 보도록 하겠습니다. 배가 고플 때 아이들은 어떻게 하지요? 네, 울지요. 아이가 배가 고파서 웁니다. 그런데 엄마가 다른 일을 하고 있기 때문에 엄마 젖꼭지든 우유병이든 빨리 물리지 않습니다. 계속해서 웁니다. 상당 시간이 흘렀는데도 오지 않습니다. 아이가 어떻게 생각할지 우리는 알 수 없지만 상상을 해보도록 하겠습니다. 아이가 생각한다면 어떻게 생각할 것 같습니까? 아마도 이렇게 생각할 것입니다. '인간세상이라는 낯선 곳에 태어나게 되었는데, 배가 고파도 먹을 것이 주어지지 않는데 아, 앞으로 한평생 인간세상을 이렇게 배고프게 살아가야 하나? 아니 배고파하다 죽게 되는 것은 아닐까?' 하면서 이 세상에 대해 부정적인 인상을 받게 될 것입니다. 또 '아니, 이렇게 배가 고파 죽겠는데, 도대체 엄마라는 분은 어디 간 거지? 야, 엄마도 이런데 이 세상에서 믿을 사람 누가 있겠는가?' 라고 생각하면서 사람들에 대해 신뢰의 마음이 아니라 깊은 불신의 마음을 형성하게 될 것입니다.

그러나 배가 고파서 막 울려 하는데 엄마가 '애가 배가 고플 때가 됐을 거야.' 하면서 때맞추어 젖을 물려줄 때, 아이는 '와, 울지도 않았는데? 그냥 가만히 있어도 제때에 먹을 것이 척척 들어오는구나. 신나는 세상이구나' 라고 생각하면서 앞으로 살아갈 새로운 세계에 대해 신뢰감과 안전감을 가지고 기대하는 마음으로 맞이하게 될 것입니다. 또 '우와, 이렇게 제때에 젖을 주시다니 우리 엄마 정말 최고다' 하면서 엄마를 통해 자신이 만날 사람들에 대한 신뢰감을 구축하게 될 것입니다.

신뢰를 구축해 가는 쪽으로 얼마만한 경험을 하였고, 불신을 구축해 가는 쪽으로 얼마만한 경험을 하였는지에 따라 영향을 받아, 세상과 사람에 대한 아이의 신뢰의 태도는 결정되어 갈 것입니다. 이해에 도움이 되었는지요?

기저귀에 대한 예를 하나 더 들어보겠습니다. 대변이나 소변을 봐서 기저귀가 축축해져 아이가 울게 된 경우를 상상해 보도록 하겠습니다. 그럴 때 엄마가 제때에 기저귀를 갈아주면 아이는, '와, 시원하다. 이렇게 시원하게 살아간다면 앞으로 이 세상을 한평생 살아가는 것도 괜찮겠구나' 라는 생각을 하면서 세상과 사람에 대해 역시 긍정적인 마음을 가지게 되는 쪽으로 영향을 받을 것입니다. 그러나 기저귀를 갈아달라고 오랫동안 울었는데도 아무런 소식이 없다면 아이는, '이거 큰일이다. 냄새도 나고 축축해 죽겠는데 갈아주는 사람 아무도 없네. 앞으로도 평생을 이렇게 살아가야 하나?'라고 생각하면서 세상과 사람에 대해 부정적인 마음을 키우게 될 것입니다.

그렇기 때문에 엄마-또는 엄마에 상당하는 중요한 인물-의 적절하고 사랑스런 돌봄을 받지 못하는 환경에서 자라게 된 사람들은 세상과 사람에 대한 기본적인 신뢰감을 형성하기가 어렵습니다. 그 대신 불신감, 그리고 불신감에 의한 불안감을 가지게 될 가능성이 높다고 하겠습니다. 그런 사람들은 세상과 사람들을 쉽게 믿는다거나 우호적으로 대하지 못하게 됩니다. 세상과 사람들로부터 자기를 우호적으로 돌보아주는 사랑을 충분히 받아보지 못했기 때문입니다. 그렇기 때문에 새로운 사람을 만나 그리 나쁘지 않은 시간을 상당히 보냈음에도 불구하고 상대방에게 적절한 신뢰감을 주기가 어려울 수 있습니다. 그렇게 어렸을 때 경험한 것들은 기억이 나지 않는다고 하여 그냥 없어지는 것이 아니라 의식할 수 없는 곳, 즉 닫힌의식의 세계에 자리를 잡으면서 이후의 생활에 지속적으로 영향을 미치게 되어 있는 것입니다.

이제는 인간의 정신세계 안에 닫힌의식이라는 것이 분명히 있으며, 또 어떻게 형성되는지에 대해서도 어느 정도 이해할 수 있게 되셨는지요? 닫힌의식의 세계에 들어가는 내용에 따라 그 사람의 인격이 형성되는 것이 그림으로 그려지는지요? 그렇다면 이제 앞으로 길을 가다가 엄마 등에 업힌 갓난아이를 볼 때 그냥 무심코 지나치지 않으실 것입니다. 아마도 그냥 스쳐 지나가는 상황이라도 한 번, 아니 할 수 있으면 여러 번 웃어주실 것입니다. 나의 우호적인 웃음이 그 아이에게, 사람과 세상에 대한 긍정적인 신뢰감이 형성되는 데 기여할 것임을 아셨기 때문입니다. 또한 굳은 표정으로 무뚝뚝하게 스쳐 지나가는 어른들을 통해 아이가 어떤 마음을 형성하게 될 것인지에 대해서도 이미 충분한 그림이 그려질 것이라 생각합니다. 그렇게 인간이 아이로 태어나 어떻게 자기와 자기의 인격을 형성해 가는지를 이해하는 데에는 닫힌의식에 대한 이해가 필수적이라 할 수 있습니다.

2. 닫힌의식이란 무엇인가?

앞 글을 통해 닫힌의식이 무엇인가에 대해 어느 정도 짐작하질 수 있을 것입니다. 이제 그것에 대한 정의를 내려보도록 하겠습니다.

닫힌의식 : 자기의 정신세계 중 자기가 현재적으로 알지 못하는 부분

여기서 의식하지 못한다는 의미는 엄밀하게 말하자면 단지 기억하지 못하는 것만을 얘기하는 것은 아닙니다. 기억하지 못하는 것은 당연히 닫힌의식에 속합니다. 그러나 진정한 의미에서 닫힌의식이란 현재의 관점, 더 정확히 표현하자면 현재의 순간에 있어서 의식되지 못하는 것을 얘기한다고 할 수 있습니다. 즉, 지금의 순간에서는 닫힌의식에 있었던 것이 바로 다음 순간에는 열린의식에 있을 수도 있다는 것입니다. 그래서 정확히 정의를 내린다면, '자기의 정신세계 중 자기가 현재 순간에서 의식하지 못하는 부분'이라 하겠습니다. 그래서 닫힌의식은 항상 어느 한 시점에서의 닫힌의식이라 할 수 있습니다.

예를 들어, 사랑(엄밀히 말하면 사랑의 감정적 부분)에 눈이 먼 사람은 상대방을 전체적이고 객관적이고 균형 있게 볼 수 없게 됩니다. 그것은 사랑의 달콤한 감정에 온 주의attention가 집중되어 있어서, 다른 것들은 보이지 않고 의식이 되지 않기 때문입니다. 이런 경우에 사랑에 눈이 멀어

보지 못하는 것들은 닫힌의식에 놓여 있다고 하겠습니다. 또 집을 나서는데 무엇인가 챙기지 못한 것 같습니다. 아무리 생각을 해보아도 그것이 무엇인지를 모르겠습니다. 할 수 없이 집을 나서서 차를 타고 얼마쯤 갔는데, 그때서야 잊어버린 것이 생각이 나는 경우를 여러 번 경험해 보지 않으셨습니까? 이 경우 그것을 생각해 낼 때까지는 의식 밖에 있었던 것으로 역시 닫힌의식에 있었다고 해야 합니다. 그렇게 닫힌의식은 현재적으로 닫힌의식이지 영원히 닫혀 있다는 의미에서 얘기하는 것이 아님을 분명히 아시기 바랍니다.

닫힌의식에는 아무리 기억을 하려고 애써도 알 수 없는 부분과 집중을 한다든지 우연찮은 자극 등으로 인해 의식되는 부분이 있다고 하겠습니다. 양적인 측면에서는 전자가 압도적으로 크다고 하겠습니다. 그러나 처음부터 이렇게 세밀하게 접근한다는 것이 큰 의미는 없으니, 처음의 정의를 기억해 두시기 바랍니다. 그것에 근거하여 글을 전개하여 나가겠습니다. 혹시, 후자의 정의를 꼭 다루어야 하는 곳에서는 후자의 정의를 다루는 것임을 분명히 밝히도록 하겠습니다.

열린의식 : 자기의 정신세계 중 자기가 현재적으로 아는 부분

그런데 의식에는 경험적 부분과 선험적 부분이 있습니다. 먼저 경험적 부분은 인간이 한 생명체로 엄마 자궁 안에서부터 존재하면서 현재까지 경험한 모든 것을 말합니다. 이는 다시 열린의식과 닫힌의식으로 나누어져 속하게 됩니다. 물론, 닫힌의식의 부분이 압도적으로 많다고 할 수 있습니다. 선험적 부분은 본성 또는 선험적 보편성이라 하겠습니다. 이는 나 개인의 경험과 관계없이 인간이기 때문에 태어날 때부터 다른 모든 사람들과 같이 보편적으로 또는 공통적으로 가지게 되는 내용을 일컫는 것입니다. 예를 들면, 인간은 누구나 이유 없이 뺨을 맞게 되면 화를 내게 되

어 있고, 거짓말은 나쁜 것이라는 것을 알고, 사랑받고 싶어 하고……. 이렇게 인간이면 누구나 경험과 무관하게 가지고 태어나는 성질을 말합니다. 선험적 부분은 거의 대부분 닫힌의식 안에 있다고 하겠습니다.

그러면 다음과 같은 등식이 성립하게 됩니다.

(인간의)정신세계 = 열린의식의 세계 + 닫힌의식의 세계
닫힌의식 = 경험적 부분 + 선험적 부분(본성 또는 선험적 보편성)

분명히 해두어야 할 것은, 열린의식에서 우리가 알고 있는 정신이 기능을 하듯, 닫힌의식에서도 우리가 알지 못하게 정신이 기능하고 있다는 것입니다. 이 역동적인 개념을 이해한다는 것이 아주 중요합니다. 즉, 닫힌의식 속에 있는 내용은 우리가 알지 못하는 채로 그냥 그곳에 머무르고만 있는 것이 아니라, 그 세계 안에서 여러 작용들이 일어나 열린의식의 나, 그리고 전체의 나에게 영향을 준다는 것입니다. 닫힌의식을 역동적으로 느낄 수 있다면 정신세계에 대한 깨달음의 수준이 상당한 깊이에 들어서 있다고 할 것입니다. 앞으로 소개되는 사례와, 사례들을 통한 정신세계의 작용원리에 대한 설명을 들으시면서 점차 그렇게 되실 것이라는 기대를 가지고 앞으로 나아가시기 바랍니다.

대부분의 사람들은 자기가 아는 자기―열린의식의 자기―만 자기인 줄 알고 살아갑니다. 또 다른 사람들을 대할 때도 그들의 열린의식의 모습이 그들의 전부인 줄 압니다. 그러한 부분적―전체적 관점에서는 틀린―관점을 가지고 살아가기 때문에, 자기 자신과 상대방을 상당히 왜곡하게 대하며 살아가게 되어 있습니다. 여러분, '자기 전체' 또는 '전체적 자기'는 열린의식의 자기 부분과 닫힌의식의 자기 부분 모두를 포함한다는 것을 기억하셔야 할 것입니다. 인간에 대한 이 포괄적 지평이 열려야 할 것입니다. 또, 닫힌의식의 자기로 일어나는 일들도 '전체적 자기'의 책임 아래

있다는 것을 명심하여야 할 것입니다. 하나님께서 그렇게 책임을 물으시기 때문입니다.

성경에 나와 있는 근거를 살펴보겠습니다. 레위기 4장과 5장 15-19절을 보면 하나님께서는 모르고 지은 죄unaware guilt에 대해 속죄 제사guilt or sin offering를 드려야 한다고 하셨습니다. (이것은 비고의적unintentional 죄와 분명히 구분이 되는 죄입니다.) 자기도 모르고 죄를 지을 수 있습니다. 모르고 짓는 것이지만 죄를 짓는 것은 사실이기 때문에 속죄 제사를 드리라 하시는 것입니다. '자기가 모르는 자기'가 죄를 진 것도 '전체 자기'의 책임 아래 있는 것입니다. 여기서 닫힌의식의 세계unaware world에 대한 성찰의 당위성이 나온다 하겠습니다.

▶ 닫힌의식과 무지와의 관계는?

인간은 본시 자존하는 완전한 존재가 아닌 피조물로서 모든 것에 대한 앎이 가능하지 않게 되어 있습니다. 그렇기 때문에 무지의 세계를 가지게 됩니다. 이는 다음과 같이 나누어진다고 하겠습니다. 인간에게 있어서 현재적 관점에서 자신에게 무지의 세계가 되는 것은 인간존재성 밖에 있는 부분과, 미래에 인간에게 앎이 가능한 부분이 있다고 할 것입니다. 후자의 경우에는 자기의 노력 여하에 따라 알 수 있는 세계라 할 수 있습니다. 즉, 열림이 가능한 세계라고도 할 수 있지요. 우리가 닫힌의식의 세계를 생각하는 목적은 '전체적 인간' 또는 '온전한 삶'을 회복하고자 하는 것입니다. 그렇기 때문에 실제적 유용성의 측면에서, 열림이 가능한 무지의 세계는 닫힌의식의 세계에 속한다고 할 수 있습니다.

인간에게 열림이 가능하지 않은 무지의 세계는 본질적으로 인간적인 것이라 할 수 없을 것입니다. 그것은 인간의 닫힌의식에 속한다고 할 수 없습니다. 닫힌의식은 인간의 정신세계 안에 있는 것이기 때문입니다.

인간존재 너머의 세계, 즉 하나님만의 세계와 영원의 세계는 닫힌의식에 들어 있지 않은 것이라 하겠습니다. 그것은 기본적으로 인간의 노력에 관계없이 인간에게 열리지 않는 세계이기 때문입니다.

<나누고 싶은 이야기>에서 설명하고 있지만, 모든 것을 인간 안에 있는 것으로 보는 무신론적 정신분석학자들이 많습니다. 그들은 인간 외의 타자를 인정하지 않기 때문에, 예를 들면 인간 외의 타자인 하나님을 인정하지 않습니다. 기독교에서 말하는 하나님은 인간에게 고유하게 있는 어떤 부분이 투사되어 만들어진 것이라는 것입니다. 그래서 하나님에 의해 가능한 여러 가지 영적 현상들도 존재하지 않는 하나님에게서 오는 것이 아니라, 인간이 아직 잘 모르고 있는 무의식(의 인간)에서 온다는 것입니다. 그들은 그렇게 무의식의 세계를 한없이 넓혀 놓습니다.

어떻습니까? 그들과 달리 제가 닫힌의식을 인간정신세계에 관련된 세계로만 국한시키는 차이가 이해가 되는지요? 이 부분에 대해서 논하려면 상당히 이론적인 덧붙임이 필요합니다. 이 자리에서 논할 주제가 아니라 판단하여 넘어갑니다. 그러나 인간정신내로 닫힌의식을 제한하는 저의 주장과 신적 존재의 세계에까지 무한하게 무의식의 개념을 넓히는 무신론자들의 주장의 차이는 꼭 기억할 수 있었으면 좋겠습니다.

무지에 의해 우리에게 가능한 온전한 삶이 가리움을 당하는 경우가 얼마나 많은지요. 언젠가 강원도 황지에 있는 예수원에서 특강을 한 다음에, 교회전도사로 중고등부를 담당하고 있는 한 신학생으로부터 다음과 같은 글을 받은 적이 있습니다.

"저는 교회에서 중고등부를 지도하고 있는 사람으로 사역의 침체에 하나님과 사람 말에 실망하고 좌절하던 중(특히, 교사들의 불성실과 무관심) 문제해결을 위해 기도를 하러 이곳에 왔습니다. 그런데 강의를 듣고 깨닫게 되는 것은 제가 기도만 할 것이 아니라는 것이었습니다. 좀더 적극적으로 제가 할 일인 관리와 인간적인 친밀성을 기르는 일에 소홀함이 있었던 것을 깨달았습니다. 기도를 하지 않았던 것이 아닙니다. 제가 할 관리적 직분을 하지 않았기 때문이라는 것을 알았습니다. 감사합니다."

다양한 영역과 차원을 갖는 삶에 대해, 온전한 관점에 더 가깝게 나아가기 위한 몸부림이 우리들에게 있어야 할 것입니다. 우리가 이미 지니고 있는 관점에 주저앉아 있을 수만은 없는 것입니다. 인간은 끊임없이 온전한 성숙을 향해 나아가야 하는 과제를 안고 있는 존재라 할 수 있습니다. 성숙에는 단계가 있습니다. 각 단계에는 그에 합당한 깨달음들이 있습니다. 원래 인간은, 사람마다 차이가 있기는 하지만, 그러한 깨달음의 능력을 배태하고 있다고 볼 수 있습니다. 아직 자기에게 열려지지 않고 있는 깨달음 또는 앎이, 선험적으로(태어날 때부터) 그리고 미래적으로 자기 안에 존재하고 있다고 보는 관점을 필요로 합니다. 즉, 닫힌의식의 세계에 속한다고 보는 것입니다. 그렇기에 그러한 무지의 세계에 대해 겸손히 인정을 하면서, 뛰어들어 알려 하는 모험적 정신은 하나님께서 원하시는 것이라 단언할 수 있습니다. 그것은 인간의 온전성을 회복하여 가는 길이기 때문입니다.

저는 개인적 인간과 많은 만남을 갖는 전문인으로서 인간에게 닫힌의식의 세계에 대한 이해가 자기 자신, 타인, 그리고 인간사회를 이해하는 데 얼마나 중요한가를 깨달아 오고 있습니다. 그러나 부분적이라도 이에 대한 지식을 가지고 있는 사람들이 너무나 적다는 데 큰 안타까움을 느끼고 있습니다. 모든 사람들에게 전달하기는 불가능하겠지만, 최소한 사람들을 지도하는 위치에 있는 사람들, 그리고 '생각하는 사람'들에게는 일정한 수준의 깨달음이 있었으면 하는 바람이 간절합니다. 물론, 자기를 알아 온전한 자기를 찾고자 하는 사람, 타인을 이해하고 돕고자 하는 사람들에게는 필수적인 것이 될 것입니다.

3. 닫힌의식의 의식화

지금까지의 글을 통해 닫힌의식이 인간의 정신 안에 존재하는 것과, 그것이 인간의 전체 정신에 아주 강력한 영향을 주고 있다는 것을 깨닫게 되셨을 것입니다. 특히, 인간정신은 사실적인 검증을 통해 외부에서 들어오는 것들을 적절하게 가린 뒤, 받아들이고 거부하는 작업을 제대로 하지 못하게 되어 있음도 어느 정도 이해하셨을 것입니다. 그렇기 때문에 닫힌의식에는 사실과 다른 아주 왜곡된 내용들이 자리 잡을 수 있음을 알게 되었습니다. 그것이 인간의 삶에 상당히 부정적인 영향을 주는 것에 대해서도 몇 가지 사례를 통해 알아보았습니다.

만약에 인간정신이 '자연적으로' 선한 지향을 가지고 움직이고, 사실적인 것과 허위적인 것을 잘 분별하여 외부의 자극들을 '자연적으로' 적절하게 통제해 줄 수 있다면, 우리는 그냥 살아가면 될 것입니다. 그러나 인간정신은 그러하지 못하게 되어 있습니다. 그렇기 때문에 우리의 정신세계에 대해 우리 자신들의 적극적이고 긍정적인 간섭 또는 중재가 필요하다고 하겠습니다. 이에 대해서 저는 점차 알아가고 있는 중입니다. 제가 깨달아 가는 것들에 대해서는 계속적으로 여러분들과 지면을 통해서든 강의를 통해서든 나누어 가도록 노력할 것입니다. 이를 위해 먼저 해야 할 것이 있다면, 닫힌의식의 내용을 알아가는 작업이라 할 수 있습니다.

한번 닫힌의식 속에 들어간 내용이라고 해서 평생 모르게 되어 있는 것은 아닙니다. 알아내려고 노력을 하면 알아질 수 있는 내용들이 있습니다. 특히, 우리에게 중요한 영향을 주고 있는 경향이나 특징에 관련된 내용을 알아내는 것이 필요합니다. 이러한 작업을 통해 닫힌의식이 우리 삶에 부정적인 영향을 주는 것들을 점차 통제해 나갈 수 있게 될 것입니다. 그렇게 닫힌의식의 내용을 열린의식으로 끌어올리는 것을 '닫힌의식의 의식화'라 부르겠습니다. 몰랐던 자기, 또는 몰랐던 자기 역사에 대해 알아가는 것이라고 말할 수 있습니다. 그럼, 먼저 닫힌의식의 의식화가 왜 필요한지에 대해 살펴보도록 하겠습니다.

1) 닫힌의식은 왜 의식화되어야 하는가

(1) 닫힌의식의 의식화는 전체 자기에 가깝게 '열린의식의 자기'를 넓혀가는 것이다

첫째로는, 전체적 자기에 가깝게 '열린의식의 자기'를 넓혀가는 것이기 때문입니다. 인간은 결국 '열린의식의 자기', '자기가 아는 자기'를 자기인 줄 알고 살아가게 되어 있습니다. (저는 현재로서는, 자기가 원하는 지향을 따라가도록 하는 의지가 행사되는 곳에 핵심적인 자기가 있다고 생각하고 있습니다. 의지의 행사는 열린의식의 자기 안에서 일어나는 것이기 때문에, 결국 열린의식 안에 핵심적 자기가 있다고 보는 셈입니다. 다른 말로는 열린의식의 자기를 핵심적 자기라 본다고 할 수 있습니다. 그렇기 때문에 전체자기로 향한 발걸음은 열린의식의 자기가 담당하면서 점차 전체 자기에 가까워져 가야 한다고 생각하고 있습니다.) 자기 전체를 다 아는 사람은 아무도 없습니다. 그렇기 때문에 모든 사람은 '부분적인 자기'로 살아가게 되어 있다고 하겠습니다. 물론, 사람에 따라서는 자기 전체의 100% 쪽에 가깝게 사는 사람이 있고, 0% 쪽으로 가깝게 살아가는 사람이 있다고 하겠습니다. 성숙한 사람일수록 자기 전체에 가깝게 살아간다고 할 수 있습니다. 그런 관점에서 닫힌의식을 그대로 닫아두

고 산다는 것은 그만큼 자기에 대해 모르고 살아가는 것인데, 그 '부분적인 자기'를 넓히지 않고 그냥 살아가는 것이라 할 수 있습니다.

<사례 나>의 여성을 생각해 보지요. 그녀는 남성적인 특징들을 선천적인 것으로 생각하였기 때문에 그것들에 대해 개선하고자 하는 노력을 전혀 기울이지 못했습니다. 그러나 그것들이 선천적인 것이 아니라, 아버지의 양육 태도에서 기인한 후천적인 것이라는 것을 알게 되었을 때 새로운 자기를 향한 발걸음을 내디딜 수 있었습니다. 자기가 몰랐던 여성적이고자 하는 자기를 찾아내 활성화시킬 수 있게 된 것입니다. 그렇게 닫힌의식의 의식화는 전체적인 자기에 가까운 자기를 회복해 가는 데 상당한 도움을 주게 되는 것입니다.

(2) 닫힌의식의 의식화는 자기에 대한 통제권의 행사를 가능케 해준다

두 번째로는, 의식화하는 만큼 자기에 대한 통제권의 행사를 가능케 하여 주기 때문입니다. 이것은 실제적인 측면에서 중요합니다. 앞에서 설명하였지만, 인간은 자기의 역사를 통해 어떤 특징, 경향, 선호, 관점 등등을 발전시키게 되어 있습니다. 그런데 그것들의 대부분은 닫힌의식 안에 뿌리를 두고 있습니다. 다행히 좋은 것들을 발전시켰다면 문제가 되지 않지만, 부정적인 것인 경우는 당연히 문제가 됩니다. 그런데 닫힌의식 안에 그냥 묻어두게 된다면, 부정적인 것들에 대해 아무런 조치를 취할 수 없게 됩니다.

> **사례 바** '키가 큰 남자에게서 편안함을 느끼는 여성'

한 교회의 청년부에 가서 특강을 한 후에 젊은이들과 함께 질의응답을 하는 시간을 가졌습니다. 나중에는 자기의 개인적 특징이나 경향들을 내어놓으면서 그 원인을 알기를 원하는 분위기로 흘러가게 되었습니다. 한

결혼적령기의 키가 큰 자매가 얘기를 꺼냈습니다. 결혼을 위해 다른 사람들에게 소개를 받을 때, 가장 먼저 따지는 조건이 키라고 합니다. 우선 키가 크지 않으면, 다른 조건이 아무리 좋아도 마음이 내키지 않는다고 합니다. 그 이유에 대해 자기 나름대로 생각한 것이 있냐고 물었습니다. 이유는 모르겠다고 하면서 이상하게 자기는 키가 큰 사람하고 같이 있으면 마음이 편안해진다는 것이었습니다. 반면 키가 작은 사람과는 알 수 없는 불편함이 있다고 하였습니다.

그녀는 키가 큰 조건을 원하는 것에 대해 '2세를 위해', '남자는 우선 키가 커야 멋있으니까' 라는 식의 의식적인 이유를 가지고 있는 사람들과 달랐습니다. 이유를 모르고 키가 큰 남자를 원하게 되는 자기가, 마치 외모에 가치를 두는 사람인 것같이 느껴져 불편한 마음을 가지고 있었던 사람이었습니다. '나는 외모적인 것에 가치를 두는 사람은 아닌데……' 라고 생각하면서도 남자의 키가 큰지를 따지게 되는 것에 대해 이유를 알 수 없기 때문에 방법을 강구할 수가 없었습니다.

제가 어떻게 하였겠습니까? 여러 가지 그런 경향을 낳을 수 있는 경우들을 머리 속에서 생각해 낼 수는 있지만, 어느 경우가 그녀에게 해당하는지에 대해서 점쟁이처럼 알아맞출 수는 없습니다. 그렇기 때문에 여러분들이 예상하듯이 그녀의 역사를 물어갔습니다.

그녀는 키가 큰 집안의 사람이었습니다. 아버지와 오빠들 모두 키가 크다고 합니다. 거기다가 남성들인 아버지와 오빠들과 아주 좋은 관계를 맺어 왔습니다. 그래서 그들과 함께 있는 시간은 늘 편안하고 즐거웠다고 합니다. 그러한 역사를 가진 사람이기 때문에 키가 큰 사람을 만날 때, 닫힌의식에서 아버지와 오빠들과 함께 있었을 때의 분위기를 연상하는 자극을 받게 될 것입니다. 그러면 그때의 분위기가 열린의식으로 올라오게 되어 편안함을 느끼게 되는 것이었습니다. 그렇기 때문에 그녀는 자연적으로 키가 큰 사람을 찾게 되어 있습니다. 당연히 그것은 그녀에게서 하나의 경향으로 자리 잡게 됩니다. (물론, 만약에 그녀가 아버지와 오빠들과 좋지 않은 관계를 가져 왔다면, 키 큰 남자를 선호하는 경향은 분명히 달라지게 되었을 것입니다. 자기 친구들이 혹 '남자는 키가 커야 돼' 라고 말하면, '야, 키만 멀대같이 커서 무엇하냐? 차라리 속이 알찬 사람이 좋지' 라고 말을 받는 식으로 키에 대해 집착하는 마음이 훨씬 떨어지거나 전혀 중요하게 고려하지 않는 사람이 되었을 가능성이 많다고 하겠습니다.)

그렇게 자기의 의사와 전혀 관계없는 경향으로 자리 잡는 데서 문제가 일어날 수 있습니다. 그 경향 밑에는 그것을 받쳐주는 하나의 등식이 있게 마련입니다. '키 큰 사람 = 함께 있으면 편안한 사람, 또는 나를 편안하게 해주는 사람' 이라는 등식입니다. 이 등식이 닫힌의식 속에 굳게 자리 잡고 있기 때문에, 키 큰 사람을 만나기만 하면 틀림없이 편안하게 느끼게 되는 것이라고 설명할 수 있습니다. 그녀에게 그런 등식이 생긴 것을 이해할 수는 있습니다. 키 큰 남자를 찾는 것을 이해할 수 있습니다. 그러면 문제는 어디에서 발생하게 되는 것일까요?

한번 같이 생각해보지요. 우선 등식이 맞습니까? 키 큰 남자는 편안하게 해주는 사람입니까? 아닙니다. 편안하게 해주는 것은 키와 전혀 상관관계가 없습니다. 그 등식은 잘못된 것입니다. 그런데 그녀는 그 잘못된 등식에 의한 경향을 가지고 살아가게 됩니다. 우선 그 경향으로 인해 결혼상대자로 키가 작은 사람은 배제하게 될 것입니다. 결국 키가 작으면서 좋은 사람을 만날 수 있는 기회를 놓치게 된다고 할 수 있습니다. 그것은 인생에서 상당한 기회를 놓치게 되는 것이라고 말할 수 있습니다.

다음으로는 키가 크다는 것으로 편안한 느낌을 가져 다른 것은 별로 자세히 따지고 않고 결혼을 할 가능성이 있습니다. 그리하여 인격 등 중요한 영역에서 문제가 많은 사람과 결혼하게 되는 일생일대의 오류를 범할 가능성이 있다는 것이 무엇보다도 문제가 된다고 하겠습니다. 예를 들어, 남자를 많이 소개받을 수가 없어서 몇 명의 후보자들 가운데서 배우자를 선택해야 하는 상황에 그녀가 있다고 해보지요. 여러 가지 면에서 좋은 사람이 있는데 그는 키가 작았습니다. 반면 전체적으로 그리 좋은 사람이라고는 할 수 없는 키 큰 사람이 있었습니다. 두 사람 모두 그녀를 좋아하였습니다. 그런데 그녀는 두 사람 모두를 깊이 알 수 있는 충분한 만남을 가질 수 없었습니다. 그렇기 때문에 두 사람의 인격적 내용을 알 수가 없었고, 자기에게 둘 다 잘 해주니 두 사람 중 아무나 선택해도 괜찮을 것 같았습니다. 대충 아는 가운데서 선택을 해야 했습니다. 그런 경우에는 대체로 감정에 의존한 선택을 하게 됩니다. 그녀가 가지고 있는 경향은, 키가 큰 사람에 대해 편안하게 느끼게 하기 때문에 그를 선택하게끔 영향력을 행사합니다. 대개는 결국 그렇게 되어 선택을 하게 됩니다. (이는 한 내용을 알기 쉽게 하기 위해 다른 많은 요소들은 생략한 설명이라는 것을 꼭 염두에 두시기를 바랍니다.)

　비교적 역동을 이해하기가 쉬운 경우라 하겠습니다. 여하튼 그녀는 자기의 닫힌의식 안에 자기의 어떤 역사가 담겨 있는지를 몰랐고, 키 큰 남자를 만나기만 하면 편안함을 느끼게 되는 경향을 어떻게 가지게 되었는지에 대해 전혀 알지 못했습니다. 만약 자기의 닫힌의식에 대한 이해의 결여가 계속된다면, 평생 그 경향을 통제하기가 어렵게 될 것입니다. 그렇지만 닫힌의식의 이해를 통해 그 경향에 대한 원인적 배경을 깨닫게 된다면, 성숙의 수준에 따라 차이가 나지만, 그 경향을 어느 정도 통제할 수 있는 힘을 가지게 된다고 말할 수 있습니다.

　예를 들면, 어떤 남자와 선을 보게 되었는데 키가 아주 컸었습니다. 그래서 자기의 마음속에서 편안한 감정이 올라오는 것을 느낍니다. 저절로 또는 그냥 상대방이 좋아지려고 합니다. 이때 다음과 같은 생각을 발전시킬 수 있습니다. '아니다. 이 감정은 저 남자에 대 한 감정이 아니다. 저 남자에 대한 사실적인 감정반응이 아니다. 이것은 아버지와 오빠들과의 관계를 통해 형성된 나의 닫힌의식의 내용에서 올라오는 것이다. 저 남자와는 전혀 관계가 없는 것이다. 이 감정을 마치 저 남자에 대한 사실적인 것으로 오해하여 그른 판단을 하는 실수는 범하지 않아야 하겠다' 라고 말입니다. 우선 이러한 생각을 가질 수 있다는 것이 맹목적으로 경향을 따라가는 것에 대해 어느 정도 브레이크를 걸 수 있게 해줍니다. 그러면 그 자리에서 또는 몇 번의 만남을 통해 쉽게 결정하지 않게 될 것입니다. 대신 상대방을 인격적으로 알아가려고 하는 진지한 노력을 기울일 수 있게 될 것입니다.

한 번 더 훈련을 해볼까요? 이러한 것은 사실 지면을 통해 머리로만 훈련을 한다는 것이 한계가 있지만, 그래도 한 번보다는 두 번 하는 것이 더 도움이 될 것입니다. 키가 작은 남자와 선을 보게 되었을 때를 생각해 봄으로써 닫힌의식의 의식화가 어떻게 자기에 대한 통제권을 행사하게 도와주는지에 대해 알아보도록 하겠습니다.

자, 맞선을 봅니다. 여자의 머리 속에는 어떤 감정이 올라오겠습니까? 우선 그녀는 키가 큰 사람들로 구성된 가족에서 좋은 관계를 가져 왔기 때문에 키가 큰 사람들과 함께 있는 것에 대해 익숙해 있다고 할 수 있습니다. 자연히 키가 작은 사람과 함께 있는 것에는 익숙해 있지 않은 것이지요. 익숙해 있지 않는 것에 대해 인간은 어떻게 반응을 보이게 되는지요? 네, 낯설게 느껴져 피하려 하게 되지요. 그녀는 불편함을 느낍니다. 무엇인가 어색합니다. 키가 큰 사람에게서 느껴지는 편안함이 느껴지지 않으니, 그때와 비교가 되면서 그 분위기가 싫어지는 감정을 느끼게 됩니다. 바로 이때 그녀는 생각할 수 있습니다. '아, 나는 (이러저러하여서) 키가 작은 남자에 대해서는 좀 불편한 감정을 느끼는 경향을 가지고 있지. 지금 느끼는 부정적인 감정은 거기에서 나오는 것이다. 키가 작은 사람들

중에도 나를 진정으로 편안하게 해주는 사람이 있을 수 있을 것이다. 이 사람의 참된 모습을 알기 전에 닫힌의식에 의해 생겨진 '잘못된 경향'으로 말미암은 감정에 따라 결혼이라는 중요한 문제를 결정해서는 안돼' 라는 생각을 하면서 상대방에게서 멀어지려고 하는 자기의 마음을, 그녀가 성숙하게 노력하는 만큼, 다시 제자리에 돌려놓을 수 있게 될 것입니다.

이해가 잘되는지요? 닫힌의식을 의식화함으로써 자기에 대한 통제권을 행사할 수 있게 된다는 것이 머리뿐 아니라 가슴속에서도 받아들여지는지요? 이러한 것은 구체적으로 자기의 것을 가지고 함께 훈련하면 자기화가 잘 이루어지는데 역시 글은 한계가 있습니다. 스스로 노력하시는 가운데, 자기를 구속했던 엉뚱한 경향들로부터 자유로워지는 해방의 기쁨을 누릴 수 있게 되는 분들이 많이 나오기를 기대합니다.

2) 닫힌의식의 의식화가 가져다주는 열매

위에서 닫힌의식의 의식화가 왜 필요한지 두 가지 원리적인 측면에서 살펴보았습니다. 이제 그 두 중요한 원리를 통해 닫힌의식의 의식화가 가져다주는 열매들에 대해 살펴보도록 하겠습니다.

먼저 자기와의 관계에서 얻어지는 열매에 대해 살펴보도록 하겠습니다.

(1) 본래적 자기를 찾아 세울 수 있게 도움을 준다

> **사례 사** 선생님, 이제야 아무것도 보이지 않는 칠흑같이 캄캄한 동굴에 저기 저쪽 멀리 아주 자그마하게 구멍이 열리면서 들어오는 빛을 봅니다.

저의 첫 번째 책에서 잠깐 언급되었지만, 배울 것이 많이 있는 사례이기 때문에 다시 자세히 살펴보도록 하겠습니다. 그녀는 동성애를 하고 있었는데 괴로워하는 가운데 치료의 장으로 오게 되었습니다. 저와 치료를 시작하기 이전에 만났던 정신과 선생님은 다른 진단명으로 약물치료를 하였습니다. 당시 증상은 심각하게 보였지만, 그녀와의 면담에서 그녀에게 건강한 모습이, 숨겨져 있긴 하지만, 분명히 자리하고 있음을 보았습니다. 그래서 이전의 진단은 오진이었다고 판단하였습니다. 약으로 치료를 해야 하는 성질의 문제가 아니라고 말입니다. 나아가 저는 마음속으로 정신의학적인 진단명을 붙이기를 거부하면서 인생 상담이라 할 수 있는 정신치료를 하기 시작하였습니다. 초기의 불안감을 위해 처음 얼마 동안만 약물을 보조적으로 사용하였던 것 외에는 약물을 다 끊었습니다.

그녀는 자기를 선천적 변태성욕자로 생각하고 있었습니다. 스스로는 선천적인 문제이기 때문에 해결되지 않을 것이라는 생각을 가지고 있었습니다. 그녀는 32회째 면담까지는 겉으로 아무런 변화를 보이지 않는 처음의 모습 그대로였습니다. 매번 대학노트 한 장에 자기가 생각하는 증상을 빽빽이 적어 가지고 왔습니다. 그것은 마치 '선생님, 저는 선생님이 생각하는 그런 사람이 아니라 이렇게 문제가 심각한 사람입니다. 저는 선천적으로 이런 사람으로 태어났습니다. 그렇기 때문에 치유 받을 수 없어요. 그런데 선생님은 치유될 수 있다고요? 자 보세요. 안된다는 증거가 여기 있잖아요?' 라는 식으로 시위하는 것처럼 느껴졌습니다.

저는 그 당시 정신치료에 대한 경험이 일천한 상태이고, 동성연애를 하는 사람들에 대한 경험이 거의 없었기 때문에 네 달 가까이를 치유에 아무런 진전이 없는 것으로 느끼면서 깊은 좌절을 경험하였습니다. 제가 할 수 있는 모든 노력을 기울여도 아무런 변화가 일어나지 않는 것으로 느껴졌기 때문입니다. 저를 지도하는 교수님들은 동성애는 고쳐지기 어렵다며 포기하라고 권유하셨습니다. 아마도 저의 정신치료능력의 수준이 많이 부족한 상태였기 때문에 그러한 권유를 하셨을 것입니다. '몇 개월이 지났는데도 아무런 변화가 일어나지 않고 있는데, 계속하더라도 변화가 없는 것이 아닐까? 아무런 도움이 될 수 없는 사람에게 시간과 돈을 허비하게 하는 것이 아닐까? 정말 나를 통해서는 변화하지 않는 것이 아닌가? 최소한 나는 포기해야 하지 않을까?……' 라는 식으로, 정신과의사로서 저 자신에 대한 깊은 회의가 일어났습니다. 사실 저는 시간이 흐르면서 치료의 가닥을 잡아가기는커녕 정신치료시간을 어떻게 이끌어가야 할지 점점 더 막막하게 되어 갔습니다.

그런데 그래도 저는 포기할 수가 없었습니다. 제 수준의 정신과의사로서는 포기해야 했을지도 모르겠지만, 영혼을 사랑하는 하나님의 자녀로서는 그럴 수가 없었습니다. 동성애는 죄이기 때문에, 그리고 쉽게 빠져나오기 어려운 중독성이 있는 죄이기 때문에 제가 포기한다면 그녀는 치료의 마당으로는 다시 들어서지 않게 되어, 동성애 자체뿐 아니라 결국은 하나님의 복음에서 영영 멀어질 것만 같았기 때문이었습니다. 치료를 한다기보다는 그 죄된 생활에서 구출해야 한다는 단순한 사명을 느꼈습니다. 포기할 수가 없었습니다.

그리고 자기 자신을 그렇게 절망적으로 몰아가는 그녀의 마음은 또 얼마나 아팠겠습니까? 차마 표현하기 어려운 증상들을 내보이는 것은 어떻게 할 수 없는, 희망이 보이지 않는 자기 자신에 대한 거듭되는 울부짖음이라 할 수 있을 것입니다. 그녀는 나름대로 얼마나 많은 생각을 하였을 것이며, 얼마나 많은 시도-비록 어떤 변화도 일으킬 수 없을 정도로 나약했을지도 모르지만-들을 하였겠습니까? 그리고 수없는 좌절을 겪은 후에, 아무것도 보이지 않는 칠흑의 절망 가운데 살아오지 않았겠습니까? 저에게도 치유에 대한 불빛이 전혀 보이지 않았지만, 다만 제가 그녀의 미끄러지는 손을 붙잡고만 있으면 하나님께서 어떻게든 간섭해 주실 것으로 기대하며 기다리는 심정으로 만남을 이어갔습니다.

그녀는 자기가 궁금했습니다. 자기를 알고 싶었을 것입니다. 그래서 정신의학책을 찾게 되었습니다. 거기서 자기를 변태성욕자, 그것도 선천적 변태성욕자로 스스로 진단 내리게 되었습니다. 그러나 그녀는 그런 진단을 받을 사람이 아니었습니다. 물론, 그 당시에는 몇몇 그렇게 보이는 특징이 있었던 것이 사실이지만, 그보다 감정, 사고, 그리고 의지라는 중요 영역의 전반적인 상태는 비교적 건강하였습니다. 그녀는 전반적으로 보아 건강한 사람이었습니다. 만약에 그 몇 가지의 건강하지 못한 특징이 그녀의 지적·정서적·의지적 영역에 '전체적으로 상당한' 영향을 행사하고 있었다면 어떤 신경증의 진단을 고려할 수도 있었겠지만, 그녀의 경우는 그렇지 않았습니다.

[비전문가로서 정신의학책을 참고하였다는 것은 안타까운 일입니다. 제가 지금 언급하고자 하는 것은 정신병psychotic disorder이 아니라, 신경증적 장애neurotic disorder나 성격장애personality disorder에 대한 것입니다. 정신의학은 인간의 병리적 부분들을 통해 이해하게 되어 있습니다. 그래서 모든 정신의학은 거의 대부분 표면적으로 나타나는 증상들을 가지고 진단을 내리게 되어 있습니다.

(예를 들어, 신경증적 장애의 증상에는 다음과 같은 것들이 있습니다. '여러 사람과 함께 있을 때 불안해진다', '넓은 빈터에 혼자 있으면 불안하다', '사람을 처음 만날 때 불안하여 눈을 맞추지 못하겠다' 등과 같이 불안에 관계된 것들이 제일 많다고 하겠습니다. 그 다음으로는 '아무 일에도 의욕이 없다', '즐거움을 모르겠다', '죽고싶다' 등과 같은 우울증상이 많으며 '반복해서 손을 씻는다', '방안이 정리정돈이 되어 있어야 마음이 편하다' 등과 같은 강박증상이 다음입니다. 또 충동조절, 적응, 성에

관한 것 등등이 있습니다.)

　대개는 문제가 있는 사람들이 정신과를 찾기 때문에 신경증적인 증상으로 보이는 것을 한두 개 정도 가지지 않는 사람이 없습니다. 어떤 면에서는 저를 포함한 모든 사람들이, 물론 정도의 차이는 있지만, 다소간의 신경증적인 증상의 모습을 가지고 있다고 하겠습니다. 인간은 완전할 수 없기 때문에 어느 누구든 약하게나마 그런 식의 병리적인 요소를 가지고 있다고 하겠습니다. 그렇기 때문에 인간 전체에서 병리적인 요소만 떼어 가지고 생각한다면 정신과적 진단을 붙일 수 있는 사람들이 거의 대부분이라 할 수 있습니다.

　그러나 그런 식으로만 진단을 붙여 나가는 것은 잘못된 접근이라 분명히 말씀드려야 하겠습니다. 왜냐하면 인간은 병리적인 부분뿐만 아니라 건강한 부분을 가지고 있기 때문입니다. 건강한 부분을 함께 고려해야 하는 것입니다. 인간을 이렇게 설명할 수는 없지만, 이해 그 자체만을 위해 도식적으로 예를 들어보도록 하겠습니다. 10%만 병리적이고 90%는 건강한, 상당히 성숙한 사람이 있다고 해보지요. 전체적으로 볼 때 당연히 건강한 사람이지요. 그러나 건강한 면은 전혀 보지 않고, 병리적인 부분만 가지고 그를 생각하게 될 수도 있습니다. 그 사람에게서 병리적인 부분만 떼어 가지고 정신의학적 진단을 붙이려 한다면 붙일 수 있는 진단명이 있을 것입니다. '전체적으로 볼 때' 당연히 건강하고 성숙한 사람인데, 극히 작은 부분인 병리적 모습만을 가지고 판단한다면 그렇게 될 수밖에 없습니다.

　정신과의사들이 진단을 내릴 때는 정신의학책의 진단 기준에는 나와 있지 않지만, 건강한 부분을 꼭 함께 고려합니다. 진단을 내릴 때는 병적인 부분만 보고 결정하는 것이 아니라, 건강한 면이 함께 고려된 인간 전체를 대상으로 하는 작업입니다. 그렇기 때문에 전문가들이 사용하는 것을 일반인들이 그대로 사용하는 것은 조심하여야 할 일입니다. 서 있는 차원이 다르기 때문입니다. 전달이 잘 되었으면 좋겠습니다. 그렇기 때문에 자기의 문제점만을 가지고 정신의학책을 보는 사람은 어쩔 수 없이 자기에게 어떤 진단이든 붙이게 될 가능성이 높다고 하겠습니다. 그 자매가 그런 경우에 해당된 셈입니다. 그녀는 겉으로는 문제가 많아 보이지만 꼭 그렇지만도 않았고, 특히 내면의 세계는 상당히 건강하였습니다. 그렇기 때문에 이전의 정신과의사는 아주 중한 진단명을 붙였고, 같은 정신과의사인 저는 우선 진단명을 붙이지 않으려 했던 일이 일어날 수 있는 것입니다.]

그녀가 그런 진단을 내리는 데에는, 자기의 역사를 살피면서 자기를 형성하는 주된 구성요인을 성sex이라고 생각하였기 때문입니다. 성에 관계된 몇 가지 것으로 자기에게 있었던 일들을 생각해 내었습니다. 그리고 그런 것들을 엮어 현재의 자기를 해석해 왔던 것입니다. 처음에는 변화가 없어서 힘들어 했지만 그녀는 마음이 열려 있는 협조적인 사람이었습니다. 그녀의 역사에 대해 자세히 알아가게 되면서, 그녀의 현재의 문제인 동성애는 성이라는 요인으로 구성되는 역동을 가지고 있는 것이 아니라 사랑이라는 요인에 의한 것임을 깨닫게 되었습니다.

이제 그녀의 역사 안으로 들어가도록 하겠습니다. 저는 정신적 고통을 당하는 사람들을 주로 만나는 정신과의사로서, 우리나라의 남아선호사상에 의해 수많은 한국 여성들이 받는 심각한 피해를 접하면서 화가 치밀어 오르는 경우를 많이 경험하게 됩니다. 그러한 생각을 가지고 아이들을 키우는 부모들은 자신들의 태도가 아이의 인생에 있어서 무엇을 의미하는지를 정말 모릅니다. 그것이 어떠한 불행을 심는 일인지를 모르는 것입니다. 정말 가슴 아픈 일입니다.

그녀가 그러한 가정에서 태어났습니다. 아들이 귀하기도 했지만, 아들에 대한 편애가 심했던 가정에서 자라면서 적절한 사랑을 받지 못하였습니다. (……중략……) 그러면서 자기는 사랑을 받을 가치가 없다는, 무가치한 자기상self-image을 자연스럽게 발전시키게 되었습니다. 그것과 짝을 이루어, 자기는 존중받을 사람이 아니라는 아주 낮은 자존감self-esteem을 가지고 살아왔습니다. 그녀는 자기를, 다른 사람으로부터 사랑받을 수 있는 존재라는 의식을 별로 발전시키지 못하고 성인이 되기까지 살아왔습니다. 그런 가운데 대학교 때 진짜 동성연애자인 여성이 그녀에게 접근을 해왔습니다. 그 여성은 그녀에게, 그녀만을 생명을 바쳐 사랑한다는 식으로 세뇌공작을 하였습니다. 정말 그것은 아주 철저한 세뇌작전이었습니다. 구체적으로 밝힐 수는 없지만, 그 여성에게 들었던 얘기를 전해 들었을 때 몸에 전율이 느껴지면서 언뜻 하와를 유혹하는 창세기의 뱀이 연상되었습니다. 저도 처음 경험하는 내용이었지만, 인간의 사악함이 그렇게도 지혜로운 모습을 하면서 나타날 수 있구나 하면서 아주 놀라워했습니다. 다른 사람으로부터 사랑을 받을 것이라는 기대감이 거의 없는 그녀에게, 상대는 그녀만을 사랑한다고 하면서 아주 무섭도록 집요하게 접근하였습니다. 자기를 사랑한다는, 그것도 생명을 포함한 모든 것을 바쳐 사랑한다는 속삭임은 그녀에게는 엄청난 감동으로 느껴지게 되었을 것입니다. 그것은 어떤 의미에서 물에 빠져 지푸라기라도 잡으려 하는 심정을 철저히 이용한 고단수의 유혹이었습니다. 그녀는 그 지푸라기를 잡았습니다. 그녀로서는 거절하기가 거의 불가능한 일이라 하겠습니다.

 물에 빠진 심정에서 지푸라기를 잡았습니다. 우리 모두는 그 심정을 이해할 수 있습니다. 그러나 지푸라기는 지푸라기일 뿐입니다. 지푸라기는 물에 빠진 사람을 결코 구해낼 수 없습니다. 지푸라기는 잡지 않은 것이나 다름없습니다. 물에 빠졌다고 하여 아무 것이나 잡으려 해서는 안 될 것입니다. 생명이 끝나는 것으로 느껴지는 때일수록 오히려 정신을 바짝 차려 진정으로 자신을 살릴 수 있는 튼튼한 구명 밧줄을 잡을 수 있도록 살피고 또 살펴야 할 것입니다.

그녀는 사랑을 받는 것의 일환으로 성sex을 받았습니다. 그런데 그 성을 주는 자가 동성이었기 때문에 겉으로 보기에 동성애를 하게 되었던 것이지, 그녀가 원래 동성연애자로 동성애를 원하여 받게 된 것은 아니었습니다. 그녀는 자기를 사랑한다는 사람에게 사랑을 주는 것으로, 성을 주었습니다. 그런데 받는 사람이 동성이었기 때문에 겉으로 보기에 동성애가 되었던 것이지, 진정 동성애를 원해서 그 여성과 관계를 가진 것은 아니었습니다. 한마디로 그녀는 동성연애자가 하는 동성애를 하였던 것이 아니었습니다. 사랑을 주고받는 것으로 하여 성을 주고받았던 것인데, 상대방이 동성이어서 동성애같이 보였던 것일 뿐, 동성애 자체가 아니었습니다. 그녀는 동성연애자로, 상대방이 동성이어야 성관계를 가질 수 있었던 그런 사람이 아니었던 것입니다.

그녀의 역사를 깊이 있게 알아가면서 깨닫게 되는 것은 그녀의 삶을 일관되게 꿰뚫고 있는 것은 사랑의 결핍으로 인한 '사랑의 문제'라는 것이었습니다. 저는 그녀에게 그녀의 역사를 사랑이라는 요인을 통해 재구성해 주려고 노력했습니다. 사람에게는 자기에 대한 객관적이고 전체적인 역사구성이 참으로 중요합니다. 그러나 의외로 자기에 대해 아주 왜곡된 역사관을 가지고 있는 사람들이 적지 않다는 것을 발견하게 됩니다. 보통의 사람들은 자기를 잘 아는 사람들과 함께 역사구성의 작업을 해가는 것이 필요합니다. 전문가와 같이 하면 좀더 정확하고 신속하게 그 일이 이루어질 것이라고 할 수 있습니다.

처음에는, 사랑을 주요 요인으로 보는 그녀에 대한 저의 역사관은 성을 결정적인 요인으로 보는 그녀의 역사관과 부딪치게 되었습니다. 이 부딪침은 당연한 것입니다. 자기의 것과 다른 것을 처음부터 쉽게 받아들인다는 것은 아주 극히 드문 경우라 하겠습니다. 초기엔 일주일에 두 번씩 만났는데, 거의 네 달 가까이 두 사람의 역사관이 힘을 겨루었다고 말할 수 있습니다.

저는 그녀가 사랑의 결핍으로 인한 악순환의 결과로 가지게 된, 절망스럽도록 부정적인 자기상self-image과 자기는 아무에게도 사랑받을 수 없다는 지독히도 낮은 자존감self-esteem을 다루어 주는 것이 필요하다고 생각하였습니다. 사실 그녀는 마음과 외모가 상당히 고운 사람이었습니다. 그러한 자기 자신을 볼 수 있도록 노력하였습니다. 정신치료를 시작했는데 오랫동안 외견상으로 아무런 변화를 보이지 않았던 것은, 외견상 그러하였던 것이지 아마도 내면적으로는 여러 부딪침이 있었을 것이라고 생각합니다. 스스로는 아무에게도 사랑받지 못할 사람이라고 간주하고 살아왔는데, 제가 '당신은 사랑받을 수 있는 사람' 이라고 하니 처음에는 그 말이 들어오지 않았겠지요. 그러나 일관되게 대하는 저의 태도로 인해 점차 자기의 생각에 대해 의심을 하게 되었을 것입니다. 자신이 사랑받을 수 있는 존재일 수 있다는 가능성에 대해 생각을 하게 되었을 것이라는 의미입니다.

오랫동안 아무런 변화가 없었을 때, 그리고 앞으로 어떻게 해야 할지를 모를 때 저에게 하나 분명하게 있었던 마음은, '혹 치유의 진전이 없어 그녀가 스스로 치료의 현장을 떠나가게 되는지는 몰라도, 나는 결코 그녀를 떠나지 않으리라' 라는 것이었습니다. 자기를 포기하라는 듯한 그 어떤 이상한 증상들을 적어 온다 하더라도 놀라지 않고 끝까지, 그녀가 떠나지 않는 한 저는 그녀 곁에 있을 것이었습니다. 제가 비록 경험한 것들은 일천하지만, 저를 포함한 인간이 얼마나 추해질 수 있는지 어느 정도는 알 수 있습니다. 또 저를 포함하여 그 어떤 잘못되고 왜곡된 인간이라 할지라도 하나님 안에서는 언제고 온전하게 회복될 수 있고 하나님의 사랑을 받을 수 있는 존재라는 것을, 성경을 통해 충분하게 깨우치게 된 것이 그러한 마음을 가지게 하였습니다.

동성애적 행위 자체에 대해서는 회개하기를 권유하였습니다. 다행히도 그녀는 교회를 다녔던 사람으로 동성애를 하는 것에 대한 죄책감이 아주 강했습니다. 그녀가 느끼는 죄책감은, 동성애를 분명 죄로 아는 가운데 바로 자기가 그 죄를 지었다는 인정에서 나오는 감정인 '진정한 죄책감true guilt feeling'이었습니다. 만약에 동성애를 죄로 여기지 않는 가운데서 사회통념상 받아들여지지 않는 잘못된 것을 했다는 점에서 나오는 감정이었다면 회개를 촉구하지 않았을 것입니다. 그리고 하나님의 용서함에 대해 성경의 예들을 가지고 함께 나누었습니다. 신앙적인 접근이 구체적으로 얼마나, 어떻게 도움을 주었을지는 분명하게 얘기할 수 없으나, 상당한 기여를 하였을 것으로 추정됩니다. 아마도 하나님으로부터 용서받아 하나님에게 받아들여지고 사랑을 받을 수 있다는 깨달음은, 사람들에게도 받아들여지고 사랑받을 수 있다는 깨달음으로 바로 연결되었을 것입니다. 그리고 그녀의 치유의 과정에 아주 중요한 동인으로 작용하였을 것이라 생각합니다.

이 영적인 영역의 중요성은 인간이 분석하는 데에는 한계가 있는 차원의 일이기 때문에 구체적으로 다루기가 어려워서 많이 언급하는 것을 꺼려하는 것이지, 그 중요성이 떨어져서 적게 언급하는 것이 아님을 기억하셨으면 좋겠습니다. 그녀는 동성애를 하지 말라는 저의 말을 듣고부터는 동성애 행위를 하지 않았다고 하였습니다.

그녀는 33회 면담 때, 그전과는 아주 다른 차림의 모습으로 왔습니다. 아마도 처음으로 치마를 입었던 것 같고, 머리손질도 얼굴화장도 처음으로 한 아주 아름다운 모습이었습니다. 특히, 더욱 아름다웠던 것은 처음으로 밝은 미소를 띠었기 때문이었습니다. 그때 그녀는 참으로 인상적인 말을 하였습니다.

"선생님, 이제야 아무것도 보이지 않는 칠흑같이 캄캄한 동굴에 저기 저쪽 멀리 아주 자그마하게 구멍이 열리면서 들어오는 빛을 봅니다."

그 날부터 그녀에게는 외래 간호사들 등 다른 사람들의 눈에도 보일 정도의 변화가 일어나기 시작하였습니다. 그 뒤로도 72회까지 일 년 이상을 더 만났습니다. 저와의 관계에서의 변화가 다른 관계, 다른 영역으로 확장되어 적용되는 것은 순간적으로 이루어지는 것이 전혀 아닙니다. 그것은 아이가 걸음마를 배우듯이 하나씩 익혀 가야 하는 것으로 시간의 경과와 함께 '시도하여 넘어지고 그러나 다시 일어나 재시도하는' 훈련이 필요합니다. 그리고 일정기간 그 과정이 적절히 되어가도록 지켜봐 주며 위로하고 격려하는 사람이 필요합니다. 저는 그 역할을 담당한 것이지요. 그녀의 참 생명이 자라가는 것에 맞추어 점차 일주일에 두 번 만나던 것을 한 번으로, 그리고 두 주 일에 한 번, 나중에는 한 달에 한 번 만나다가 본인이 스스로 설 수 있겠다고 자신한 그 시점에서 만남을 종결하였습니다.

어떻게 치유가 일어나게 되었는가에 대해서는 여러 방향에서 생각할 수 있을 것입니다. 다 다룰 수는 없지만, 제가 중요하다고 생각하는 것을 함께 생각해보도록 하겠습니다. 만남의 횟수를 더하면서 역사를 알아가게 되어 그녀의 역동구성dynamic formation이 점차 윤곽을 드러내게 되었습니다. 그러면서 특별히, 그녀가 자기를 어떻게 형성해 오게 되었는가에 대해 해석을 조금씩 내어놓기 시작하였습니다. 아마도 처음에는 두 사람의 해석이 충돌하면서, 그녀에게는 저의 해석이 별로 마음에 들어오지 않았을 것입니다. 그런데 더 많은 역사자료가 덧붙여지면서, 자기보다 훨씬 합리적이고 논리적인 분석에 근거를 두는 저의 해석이 훨씬 타당할 것이라는 지적인 설득이 점진적으로 이루어지고 있었을 것입니다.

사람에게는 지적인 깨달음이 아주 중요합니다. 그렇지만 감정의 문이 먼저 열려지지 않으면 그것은 전혀 힘을 행사할 수 없게 되어있습니다. 그녀가 처음에 저를 만날 때는 자기 자신에 대해 선천적으로 잘못되어 있다고 생각할 정도로 지독하게 부정적인 자기상을 가지고 있었기 때문에 자기비하감이 심하였고, 저에게서 자기가 받아들여질 것을 기대하지 않았을 가능성이 높았을 것입니다. (그녀의 생각에) 수치스러운 자기는 저에게 거부당할지 모른다는 불안이 마음 한 곳에 내재되어 있었을 것입니다. 그런데 한달 두 달…… 이러 저러한 수치스러운 모습을 내보여도 제가 여일(如一)한 모습으로 자기를 받아주는 것을 통해, 그녀는 저에게 자신이 받아들여진다는 것을 감정적으로 느끼게 되었을 것입니다. 그러면서 그 중요한 감정의 문이 점진적으로 열려갔을 것입니다. 그러면서 외견상으로는 네 달 가까이 아무런 변화를 보이지 않았지만, 아마도 내면적으로는 본격적인 치유를 위한 준비작업이 진행되고 있었을 것입니다. 외견상 변화가 일어나기 훨씬 전부터, 실제적인 치유의 변화가 서서히 일어나고 있었을 것임에 틀림이 없었을 것입니다. 결국은 저의 역사 구성을 자기에 대한 바른 해석으로, 감정적으로 충분히 받아들이게 되었을 것입니다.

그러나 감정적인 부분과 지적인 부분이 만족되었다 하더라도, 변화가 저절로 연속적으로 일어나게 되어 있지는 않습니다. 그 다음으로는 자기 의지의 행사가 덧붙여져야 합니다. 그러려면 그럴 수 있도록 어느 정도 자기 힘이 키워져야 합니다. 갓난아이에게는 어떤 일이든 시키지 않습니다. 그는 그저 먹고 싸고 자고, 먹고 싸고 자는 행위를 반복합니다. 그렇게 엄마로부터 사랑의 공급을 받으면서 점차 기어 다닐 수 있게 되고 앉을 수 있게 되고, 설 수 있게 되고, 걸을 수 있게 되어 갑니다. 사람에게 있어서 정신적 에너지의 자원이 텅 비어 있을 때는 우선 정신적 영양분의 공급이 필요합니다. 그녀의 상태가 그러하다 하겠습니다. 당장의 여러 당위들이 온통 그녀를 둘러싸고 있다고 하더라도, 얼마 동안 그것들의 부담에서 떠나 정신적 에너지를 충전할 수 있는 과정이 꼭 필요하다 하겠습니다. 정신적 에너지가 충전되는 데 가장 중요한 것은, 모든 사람들이 동의하는 것으로, 단연코 사랑입니다. 사랑은 그 어떤 것보다 기본적이면서 가장 강력하게 사람의 마음을 움직이는 힘을 가지고 있다고 하겠습니다.

아마도 여러 요인들이 작용을 하였겠지만 그녀에 대한 저의 일관된 마음—그녀가 자기를 온전하게 회복시키기를 바라며 그것을 위해 노력하는 사랑의 일관된 마음이, 시간의 흐름과 함께 서서히 그녀에게 전달되었을 것이라 생각합니다. 또 그녀가 참으로 어렵고 지독히도 절망스러운 때—자기가 몹시 추하게 느껴져 자기 자신에게 외면당할 때에도, 저는 그녀를 외면하지 않고 바로 옆에 있었습니다. 그렇게 한결같이 그녀와 '함께 있었음being present together'이, 그녀 자신을 닫힌의식 안에 숨겨져 있는 본래적 자기에게 잇닿게 하는 데 결정적인 역할을 하였을 것이라고 생각합니다. 그녀를 존중하며 사랑으로 대하는 저의 마음을 대하면서, 그녀는 자기 자신이 절대 포기될 수 없는 귀하고 사랑받을 수 있는 존재라는 것을 실질적으로 느껴가게 되었을 것입니다. 그러면서 자신도 모르는 가운데 그녀의 정신적 에너지의 창고는 점진적으로 채워져 갔을 것입니다. 에너지의 충전이 어느 수준에 이르게 되면서, 그녀 안에 있는 생명의 힘이 '자연적으로' 기지개를 펴게 되어 역시 자기 의지를 '자연스럽게' 행사하여 본래적 자기를 찾아나서는 길에 서게 되었을 것입니다. 의지는 행사하라고 해서 행사되는 것이 아닙니다. 먼저 의지를 행사할 수 있는 힘이 있어야 행사될 수 있다고 하겠습니다.

하나 더 생각하고 싶은 것은, 그 칠흑 같은 절망의 상태에서도 변화를 위해 치유의 장으로 나올 수 있게 하였던 것은 그녀 자신 안에 기본적으로 치유의 능력이 내재되어 있었다는 것입니다. 사실 그 발걸음은 가장 강력한 치유적 요소라 할 수 있습니다. 그녀와 같은 상황에서는 자기 안에 아주 특별한 치유의 동기를 가지지 않고서는 치유를 위한 발걸음을 내디딜 수 있는 사람이 아주 드물다고 하겠습니다. 그런데 그녀가 치유의 장으로 스스로 걸어 들어온 것은 바로 그녀가 본래적으로 그러한 사람이 아니라는 것을 보여주는 귀중한 대목이라 하겠습니다.

닫힌의식의 본래적 자기는 평생 그냥 숨어 지낼 수만은 없습니다. 생명을 가지고 있기 때문입니다. 아무리 열린의식에서 왜곡된 길을 가더라도, 닫힌의식에서는 그 본래적 자기가 꿈틀꿈틀 생명의 움직임을 나타내게 되어 있습니다. 본래적 자기가 가야 되는 길을 계속하여 걸어가지 않으면, 끊이지 않는 마음의 고통이 언제든 찾아와 소위 말하는 위기를 유발시키게 되어 있습니다. 그녀는 왜곡된 길을 가고 있었지만, 본래적 자기가 꿈틀대며 신음하는 건강한 소리를 들을 수 있었다고 할 수 있습니다. 그리고 그 본래적 자기에 바르게 반응하기에 이르게 되었다고 하겠습니다. 그렇게 우리 모두 본래적 자기에 귀 기울일 수 있었으면 좋겠습니다. 결국 그녀 자신이 자기 자신을 살렸다고도 말할 수 있습니다.

여러분들은 이미 충분하게 이해하셨을 것이라고 생각하는데, 그녀가 본래적 자기를 찾아나서는 것을 돕는 것은, 그녀의 닫힌의식의 세계를 모르고서는 거의 불가능한 일이었다고 하겠습니다. 그녀가 해석한 자기 역사와 다른 역사를 제가 재구성해 주려고 했던 것은 그냥 좋고 바람직한 것이어서가 아닙니다. 자기상 self-image 에 대해서도 그러합니다. 아무런 근거 없이 임의로 생각하는 좋은 자기상을 만들어 주입시키려 했던 것이 전혀 아닙니다. 그냥 좋은 얘기를 나눠 좋은 결과가 있으면 되지 하면서 하는 것이 아닙니다. 정신치료는 그런 식의 만남이 아닙니다. 절대 그럴 수 없습니다.

정신치료는 일종의 만남입니다. 그 만남의 첫 구성요인은 진실이고 정직이어야 합니다. 이를 벗어나서는 정신치료라 할 수 없습니다. 무조건 좋은 얘기를 하며 좋은 사람이라고 하는 것이 결코 아닙니다. 내담자에게 문제가 있고, 혹 그 문제가 악한 것이라면 치료적으로 그 악한 것을 다루어갑니다. 정신치료는 사실에 근거한 진실한 만남이어야 합니다. 사실적 자료가 없으면 정신치료자가 할 수 있는 것이라곤 거의 없다고 하겠습니다. 그렇기 때문에 가능한 범위 내에서 '사실적' 자료를 많이 얻으려는 작업을 합니다. 이를 위해 먼저 역사청취를 하는 것이지요. 그렇기 때문에 열심히 능동적으로 듣게 됩니다. 그렇게 얻은 사실적 자료를 통해서 내담자에 대한 진실을 찾아가는 공동적 작업이라고도 하겠습니다.

저는, 그녀의 역사청취를 통해 얻은 사실적 자료를 통해 그녀의 본래적 모습의 윤곽을 점차 그려갈 수 있었고, 닫힌의식의 세계를 탐험해 갈 수 있게 되었다고 할 수 있습니다. 그리하여 그녀의 본래적 모습에 대한 확신이 분명해짐에 따라 해석을 가하게 되었고, 해석을 통해 그녀와 저는 그녀에 대해 점차 일치되는 마음을 가지게 되면서, 치유의 절정에 조금씩 다가서게 되었다고 말할 수 있습니다. 그렇습니다. 특별한 능력이 있는 사람들은 특별하게 사람을 도울 수도 있겠지만, 저를 포함한 평범한 사람들은 닫힌의식을 의식화함으로써 본래적 자기를 찾는 데 상당한 도움을 줄 수 있게 됩니다. 여러분 모두 닫힌의식의 의식화가 주는 그러한 열매를 많이 맛볼 수 있게 되기를 바랍니다.

그녀는 대학교를 포기한 상태였는데, 복학을 할 수 있었고 학교를 잘 마치게 되었습니다. 졸업 후 취직을 하고 남자를 사귀고 결혼에까지 이르렀습니다. 몇 년 전에 아이를 낳아 가정을 잘 꾸려가고 있다는 소식까지 듣게 되었습니다. 그녀와의 만남은 저에게는 귀중한 선물이었으며, 그녀는 저에게 큰 선생이었습니다. 인생, 사람, 만남, 신뢰, 성, 왜곡과 치유, 소망, 본래적 자기 등등에 대해 다시 한번 생각하게 하였으며, 두고두고 여러 깊은 깨달음을 주고 있는 귀한 경험입니다. 그녀에게 감사함을 전하고 싶습니다. 그녀와의 만남을 허락하신 하나님께 감사를 드립니다.

■ 동성애에 대한 한마디

이대로 글을 닫게 되면 동성애Homosexuality에 대해 오해할 여지가 있기 때문에 덧붙이게 됩니다. 위의 여성의 사례를 통해 동성애에 대해 알게 되었다고 생각하면 안 되기 때문입니다. 사실상 그녀는 동성연애자라 할 수 없는 아주 특이한 경우라 하겠습니다.

우선 동성애는 크게 기질적인 경우와 환경적인 경우로 나눌 수 있습니다. 기질적인 경우는 태어날 때부터 동성연애자가 될 수 있는 가능성을 어느 정도 가지고 태어나 동성연애자로 발전하는 경우를 말합니다. 이는 뇌에 대한 연구가 깊어지면서 동성애의 경향을 가지게 하는 유전자에 대한 연구가 어느 정도 진행이 되는 가운데 주장되고 있는 것입니다. 아직 ─책을 쓰고 있는 이 순간─까지는 동성애의 경향을 전달해 준다는 정확한 유전자에 대한 발표는 없는 것으로 알고 있지만, 그 대략적인 위치까지는 접근한 것으로 알려지고 있습니다. 머지않아 유전자가 발견될 것으로 예상됩니다.

그러나 그 유전자를 가지고 태어났다고 하여 모두가 어쩔 수 없이 동성연애자가 되는 것은 아닙니다. 예를 들어, 당뇨병이나 간질환 같은 질병에 대해 가족적 소인─유전적 또는 기질적 소인─을 갖고 태어났다고 해서 모든 사람이 그 질병을 앓게 되는 것이 아닙니다. 건강에 유의하면서 환경적인 요인을 잘 통제하면 그 소인이 병으로 발전되지 않아 건강하게 살아갈 수 있습니다.

그렇듯이 동성애 유전자를 갖고 태어나 기질적 소인이 있다 하더라도, 어려움이 있겠지만, 당사자의 노력 여하에 따라 동성연애자로 발전되지 않을 수 있습니다. 이에 대해서는 기질적 요인을 강하게 갖고 태어나 동성연애자로 생활을 하다가, 기독교신앙에 따라 그 생활을 버리고 이성을 사귀면서 결혼하여 성공적인 가정생활을 꾸려가고 있는 사람들의 간증들을 통해 증명이 된다고 할 수 있습니다. 미국 같은 곳에서는 그러한 사람들의 모임이 있어서 동성연애자들을 대상으로 활동하고 있는 것으로 알고 있습니다. 물론, 동성애의 경향을 극복하는 것은 결코 쉽지 않습니다. 보통의 노력으로는 어렵다고 하겠습니다. 그들이 잘 극복할 수 있도록 많은 사람들의 이해, 사랑, 그리고 협조가 요청됩니다. 무엇보다 하나님의 은혜의 간섭을 위한 기도의 지원이 필요한 일입니다.

두 번째로는 환경적인 경우입니다. 이 사람들은 태어날 때 동성애적인 기질을 전혀 가지고 태어나지 않습니다. 살아오면서 이성에 대한 관점에 상당히 부정적인 타격을 입는 경우, 성적 욕구가 강하게 일어나는데 이를 해소할 수 있는 이성이 없는 상황에 처하는 경우 등을 통해 발전되는 경우를 말합니다. 즉, 기질을 가지고 태어나지 않았어도, 동성애적 경향과 행위는 환경에 따라 얼마든지 가능하다는 것입니다. 이것도 성적인 행위이기 때문에 당연히 쾌락이 있으며, 마약이나 도박처럼 쾌락을 주는 것에 중독이 되듯 중독이 될 수 있다는 점을 염두에 두어야 하겠습니다. 이러한 환경적 동성애에 대해서는 특별히 예방적인 측면에서 관심을 가지고 연구하여야 할 것입니다.

두 종류의 경우 모두, 동성애의 행위를 하면서 아무런 가책이 없이 즐기는 경우syntonic type와 성적 욕구를 극복할 수 없어 어쩔 수 없이 하기는 하지만 죄책감 등 마음의 불편을 느끼는 경우dystonic type로 나누어진다고 할 수 있습니다. 동성애를 다루면서 하나 더 언급하는 것은 이성과 동성 모두에게 성관계가 가능한 사람들이 있습니다. 이런 경우를 양성적bisexual이라 합니다.

동성연애자들을 임상현장에서 만나는 경우는 많지 않았습니다. 치료를 원하는 사람들이 그만큼 적다는 것이지요. 그러나 그런 사람들을 점차 많이 접하게 되는 것 같습니다. 심지어 그리스도인들 중에서도 동성애의 경향으로 고민하는 사람들을 가끔씩 만나게 됩니다. 동성애적 행위에 이르게 하려는 동성애적 경향에 저항하면서 얼마나 힘들어하는지요! 그들의 애씀이 얼마나 안쓰러운지요! 앞으로 동성애 문제가 한국사회 그리고 한국기독교계에서도 중요한 문제로 등장될 날이 그리 멀지 않은 것으로 예상됩니다. 아니, 벌써 도전이 되고 있지 않습니까? 쉬쉬하면서 지내지만 말고 이에 대한 적절한 대책을 강구하는 일들이 미리 있었으면 좋겠습니다.

■ 본래적 자기

저는 앞의 여러 사례에서 '본래적 자기'라는 용어를 설명 없이 사용하였습니다. 특별한 설명 없이도 여러분들은 대략적으로 어떤 것을 의미하는지 느낄 수 있고, 저는 또 그 정도는 꼭 설명을 하지 않아도 되리라고 생각합니다. 그러나 그 개념은 단순한 의미를 넘어서는 깊이를 가지고 있기 때문에, 어느 정도 설명을 하는 것이 유익하리라 판단되어 함께 생각해보도록 하겠습니다.

여러분들은 '본래적 자기'에 대한 용어와 그 개념에 대해 어떻게 생각하시는지요? 용어가 익숙한지요? 그러한 개념을 알고 의식하며 자기의 삶을 꾸려나가고 있었는지요? 처음 접해 보는 것인데, 유익하고 적절한 개념이라고 느껴지는지요? 아니면, 전혀 낯설기만 한지요? 아마도 여러 다양한 반응들이 있을 수 있으리라 생각합니다.

우선 편하게 접근을 해보도록 하겠습니다. 위의 여성은 자기는 사랑받기가 어려운 사람이라는 자기상을 가지고 있었습니다. 그렇기 때문에 인간관계에서 건강하게 적극적이기가 어려웠습니다. 차라리 사랑을 받지 못해 거절을 당하느니 처음부터 거절을 받지 않을 정도의 거리를 두면서 인간관계를 맺어온 경향이 있습니다. ('경향이 있다'는 것은 항상 그렇지는 않다는 것을 의미하는 것입니다. 항상 그렇다 라는 의미로 쓴다면, '맺어 왔습니다' 라고 했을 것입니다.) 그러나 그녀가 느끼고 생각했던 자기는 사실적인 자기가 아니었습니다. 정신과 전문의로서 저의 판단과 또 그녀를 사랑한 남자가 있어 결혼 할 수 있었다는 것이 증거가 될 수 있을 것입니다. '선천적 변태성욕자'로 여겼던 것에 대해서도, 자기 자신과는 전혀 빗나가는 모습을 자기인줄 '잘못' 알았다고 할 수 있습니다.

만약에 그녀가 치유의 장으로 들어오지 않고 계속적으로 살았다면 어떻게 되었을까요? 저와 만남을 가질 시점에서는, 집을 떠나는 순간부터 시작하여 학교에서 수업을 듣고 집에 들어올 때까지 여러 가지 증상들이 그녀를 괴롭혔기 때문에 학교를 다닐 수가 없었습니다. 이미 학교를 포기한 상태였습니다. 아니 집 밖을 나가는 것 자체가 어려웠습니다. 아무 일도 하지 못했습니다. 그런 삶이 지속되었다면 그녀는 직장을 가지지도 못했을 것이고, 결혼도 못했을 것이고, 현재의 삶과는 전혀 다른 아주 왜곡된 삶을 살아갔을 것입니다. 그녀가 만약에 그런 삶을 살아갔다면, 회복하여 이미 정상적인 가정생활을 하고 있다는 것을 알고 있는 우리들로서는, 그녀는 자기를 잘못 알아 진정한 자기와는 전혀 다른 방향에서 인생을 살아갔다고 얘기할 수 있을 것입니다.

그렇습니다. 사람이 자기에 대해 정확히 안다는 것은, 어떤 면에서는 그리 만만한 작업이 아니라고 얘기할 수 있습니다. 사람은 그렇게 자기를 잘 몰라, 자기와 다른 모습을 자기인 줄 알고 살아갈 수 있는 존재인 것입니다. 먼저 이러한 가능성이 저를 포함한 우리 모두에게 상존한다는 것을 의식할 수 있어야 할 것입니다. 여기에서 자기를 100% 정확히 알아 그 자기로 살아가는 사람은 없다고 하겠습니다. 정도에 따라 100% 쪽으로 가깝게 자기 모습으로 살아가는 사람이 있고, 0%에 가까운 쪽으로 자기가 아닌 모습을 자기로 알고 살아가는 사람도 있습니다. 어느 누구도 본래적 자기를 100% 정확하게 알 수는 없기 때문에, 100% 정확한 자기를 얘기한다는 것이 의미가 없다고 생각하시는 분도 있을 수 있겠습니다. 그러나 전에는 50%를 알고 살았는데, 노력하여 본래적 자기에 80% 되게 살아가게 된다면 삶의 색깔은 그 전과는 전혀 다르게 될 것입니다. 그것은 대단히 의미 있는 차이가 될 것입니다. 여하튼 한 개인이 다 알지는 못하는 본래적 자기가 있다는 점에는 여러분 모두 동의하실 수 있을 것이라 생각합니다. 인생을 살아갈 때 그러한 자기를 의식하고 살아가는 것이 참으로 중요하다고 말씀드릴 수 있습니다.

그런데 그 자기는 한 번에 찾아지는 것이 아니라 지속적으로 찾아지고 계발되어야 한다는 점도 함께 기억하시기 바랍니다. 위의 여성이 자기가 사랑받을 만한 사람이라는 것을 알아가기까지는 저와 만나고도 많은 시간이 흘렀습니다. 물론, 저와의 만남에서 자기를 다 알게 되었다고도 할 수 없습니다. 그녀는 자기의 본래적 모습의 부분을 보게 되고 깨닫게 되는 과정을 평생을 살면서 계속해 가는 가운데 그 모습에 점진적으로 가깝게 나아가게 될 것입니다.

본래적 인간에 대해 생각을 할 때 우리는, 인간은 단순히 이 세상에 잠깐 왔다 사라지는 존재가 아님을 고려하여야 할 것입니다. 특별히, 영존하신 하나님의 창조섭리에 의해 존재하게 되었고 이제 얼마 있지 않으면 영원한 하나님 나라에 들어가 영원히 하나님과 함께 살게 될 존재로 믿는 그리스도인들에게는, 본래적 자기의 개념은 창조주 하나님과의 관계에서 나와야 할 것입니다. 우리가 찾아야 하는 우리 자신들의 그 궁극적인 본래적 모습은, 창조주 하나님께서 인간을 지으실 때 각자에게 두신 그 본래적 가능성으로서의 존재를 일컫는 것이 되어야 할 것입니다. 피조물인 인간은 자신을 지으신 창조주의 뜻을 떠나 자기 나름의 좌표를 설정할 수 있는 존재가 되지 못합니다. 스스로 설정할 수 있는 존재라면 피조함을 받지 않았을 것입니다.

그러한 의미에서 저는, 우리가 아직은 구체적으로 그 모습을 알 수 없지만, 창조주 하나님께서 우리 안에 심어놓으신, 그래서 미래적으로 가능한 그 진정한 모습을 '본래적 자기'라고 부르고 있습니다. 결국 본래적 자기를 의식한다는 것은, 나의 피조됨을 인정하는 가운데 나의 창조주와, 그리고 나를 향한 그분의 뜻을 의식하는 것을 의미한다고 할 수 있습니다. 또 그 '가능성의 존재'인 본래적인 자기를 구현해 가는 과정을 밟아가야 한다는 의미에서, 그 개념을 평생을 통해 점진적으로 이루어가야 하는 역동적인 것으로 이해하셔야 할 것입니다.

제가 본래적 자기를 언급하는 것은, 인간존재가 거기서 떠나 있다는 것을 전제하고 있음을 전제하는 것입니다. 그것은 인간이 창조주께서 설정해 주신 원래의 자기좌표를 떠나 있다는 의미이며, 이는 무엇보다도 피조물로서 창조주와의 올바른 관계에서 벗어나 있다는 것입니다. 결국 '창조주-피조물'이라는 관계에서 하나님을 섬기며 경배해야 하는 인간이 그 마땅한 위치를 떠났기 때문에, 창조주를 통해 알아야 하는 자기의 본래적 모습을 알 수 없게 되었다는 것입니다. 그렇기 때문에 가장 먼저 회복되어야 하는 것은 하나님과의 관계입니다. 우리는 하나님, 그리고 하나님이신 예수님을 만날 때 그 올바른 좌표 안으로 들어가게 되면서 본래적 모습을 회복하는 길로 들어서게 되는 것입니다.

성경에 나오는 삭개오는 당시 사람들로부터 '죄인'으로 불려지면서 따돌림을 당하는 세리(세무공무원)였습니다. 그러나 예수님은 그에게서 하나님께서 심어놓으신 '본래적 삭개오'를 보시고 그를 찾아 가셨습니다.

예수님을 만난 삭개오는 아주 본질적인 변화를 하게 됩니다. 수가성의 우물가의 여인은 남편을 다섯 번이나 바꾼 아주 음란한 사람이었습니다. 주위의 사람은 멸시와 저주를 하면서 그녀와 가까이 하지 않았을 것입니다. 그러나 예수님은 그녀에게 다가가 회복시켜 주십니다. 그렇게 예수님께서는 사람들이 버린 사람들을 찾으시고 회복시켜 주셨습니다. 사람들은 보지 못하지만, 예수님께서는 그들에게서 '하나님께서 창조하신 본래적 형상'을 보실 수 있기 때문입니다. 그리고 하나님의 은혜 가운데서 그것이 회복될 수 있음을 아시기 때문입니다. 인간은 하나님을 떠나서 자연적이고 자동적으로는 그 본래적 자기를 찾아갈 수 없게 되어 있습니다. 그것이 성경의 주요한 주제들 중의 하나입니다.

순서적으로 다루자면, 먼저 하나님과의 관계 회복이 다루어져야 하겠지만, 이 책에서 다룰 주제는 아니기 때문에 넘어갑니다. 여기서는 하나님과의 기본적인 관계가 회복(중생)되었다 하더라도, 인간이 스스로 할 수 있는 그리고 스스로 해야 하는 인간 책임적 측면을 다루고 있다고 보면 좋겠습니다. 하나님과의 관계가 회복되었다고 하여 모든 것들이 해결된 것은 결코 아닙니다. 그 다음에 계속하여 걸어갈 길이 있는 것입니다. 이 책에서는 많은 사례들이 다루어지고 있는데, 인간의 정신세계에 대한 이해가 부족해서 일어나게 되는 삶의 왜곡들을 볼 수 있을 것입니다. 그리고 바른 지식을 알아감으로써 회복되어 가는 것도 이해할 수 있을 것입니다.

그렇게 우리는 구체적인 측면에서 회복되어져야 하는 과제를 가지고 있는 것입니다. 여기에 인간정신에 대한 이해가 우리 자신들을 바로 찾게 하는 데 상당한 도움을 주게 될 것입니다. 그런 것들은 중생이 되었다고 하여 그리스도인들에게 저절로 깨달아 적용되는 것이 아닙니다. 우리가 노력하여 알아가야 하는 책임영역 안에 있는 것들이라 하겠습니다.

본래적 자기란 인간이 아무런 노력도 하지 않는 가운데, 하나님의 은혜로만 가능하게 되는 것이 아닙니다. 우리의 노력이 하나님의 은혜의 구도 안에 들어 있을 테지만(저로서는 이 구도를 분명하게 알지는 못하지만 그럴 것으로 믿고 있습니다.) 인간적 측면에서는 하나님께 의존하는 것이 아니라 인간 스스로 노력을 해야 하는 영역이 있다는 것입니다. 예를 들자면, 서울에서 부산을 가는데 가장 빠른 길이 어떤 길인가를 하나님의 은혜를 구하면서 하나님께서 가르쳐주시기를 기대해서는 안 된다는 것이지요. 그것은 이미 하나님께서 인간에게 그런 것쯤은 노력하여 알 수 있는 지능을 가진 존재로 만드셨기 때문에 스스로 노력해야 하는 것이지요. 곱셈을 이해하려면 덧셈의 공식을 알아야 합니다. 그런데 하나님의 은혜로 곱셈의 원리를 알게 해달라고 한다는 것은 역시 하나님께서 지어놓으신 인간존재의 차원에 걸맞지 않은 행위가 되는 것이지요.(물론, 하나님의 특별한 어떤 뜻을 위해 어떤 사람에게, 현재적인 그에게는 불가능한－다른 어떤 사람들에게는 가능하지만－ 것들이 가능하게 되는 특별 간섭의 순간이 있을 수 있다고 믿습니다. 그러나 그러한 예는 아주 지극히 드물 것입니다.) 여러분들이 이미 느끼시고 이해하셨겠지만, '인간은 역사를 가지는 존재다' 라는 개념과 닫힌의식의 이해가 자기를 포함한 인간을 이해하고 또 바른 자기를 찾아가는 데 얼마나 도움이 되는지요! 제가 여기서 다루고 있는 '본래적 자기의 회복'은 그러한 측면에서 언급되어지는 것임을 염두에 두어야 하겠습니다.

인간은 비지향적으로 자기를 형성하게 되어 있습니다. 그 경향은 자기의식이 분명하지 않은 어릴 적일수록 더 강하다 하겠습니다. '나는 커서 이러한 사람이 되겠다' 라는 지향성을 가지고 엄마 뱃속에서 태어나, 그때부터 그의 삶을 지향적으로 살아가는 사람은 아무도 없습니다. 인간은 그런 존재가 못됩니다. 그것은 부인될 수 없는 엄연한 사실입니다. 부모를 비롯한 이러저러한 사람들을 만나고, 이러저러한 상황들을 통해 자기를 형성해 가게 되어 있습니다. 성인이 된 이후로도 그 경향을 크게 벗어나지 못하고 살아가는 사람들이 대부분이라 할 수 있습니다. 그저 비지향적으로 형성된 자기가 자기인 줄 알고 평생을 살아가는 것이지요.

인간에게 있어서 그 '비지향'이 참으로 문제입니다. 우리가 살아갈 세상과 우리가 만나는 사람들이 선하기만 하다면 비지향은 전혀 문제가 되지 않을 것입니다. 선한 영향만을 받아 선한 사람으로 되어지게 될 것이기 때문입니다. 그런데 인간과 세상이 그렇지 못하기 때문에 비지향이 문제가 되게 되어 있습니다. 인간은 자존하는 존재가 되지 못하는 피조물로서 그 마땅한 좌표 안에 바로 거하여야 하는데, 거기를 벗어나 있기 때문에 인간 본래의 길을 갈 수가 없게 되어 있습니다. 자기의 좌표를 벗어났다는 것은 결국 창조주의 세계의 질서를 벗어난 것으로 그 세계에서는 죄된 상태에 있게 되는 것입니다.

결국 (타락한 이후로의) 자연적 인간은 '영원의 관점에서는 궁극적으로' 인간과 이 인간 세상에 선한 영향을 주지 못하게 되어 있습니다. (하나님의 형상을 어떤 형태로든 어느 정도 견지하고 있기 때문에 실제적인 측면에서 전적으로 악한 영향만을 준다고 할 수는 없다고 생각합니다. 그렇기 때문에 실제적이라는 것과 대구를 이루는 것으로 '영원의 관점에서는 궁극적으로' 라는 표현을 쓰고 있습니다.) 여러분들도 어렵지 않게 동의할 것으로 여겨지는데, 구체적이고 실제적인 측면에서 보더라도 선한 측면이 약하게 있긴 하지만 인간과 이 세상은 악한 측면이 훨씬 우세한 곳이라 하겠습니다.

그렇기 때문에 비지향이 문제가 됩니다. 인간을 포함한 이 세상은 상대적으로 악하다 할 수 있기 때문에, 비지향적으로 살아가면 평균적으로 볼 때 자연적으로는 선한 모습보다는 악한 모습을 더 많이 띠게 될 것입니다

(특별히 부모가 성숙한 분들이고 또 성숙한 이웃들이 많은 공동체에서 살아가는 소수의 사람들은 선한 모습을 더 많이 띨 수 있겠지만요.) 그것은 결국 본래적 자기에서 멀어지는 길을 가게 할 것입니다. 그렇기 때문에 우리는 지향에 관심을 가져야 합니다. 하나님께 받은 지성을 잘 훈련시켜 우리의 목표를 바로 정하고 그 목표를 지향하여 나갈 수 있도록 의지를 행사하는 지향적 발걸음을 내디뎌야 할 것입니다. 그리스도인들은 누구보다도 삶을 비지향에서 지향으로 돌이켜 놓으려는 노력을 철저히 기울이는 자들이어야 할 것입니다. 그 발걸음에 본래적 자기에 대한 의식이 상당한 도움이 되리라 생각합니다.

■ 자기상 self-image

자기상은 이제는 많은 사람들에게 익숙해져 있는 개념이기 때문에 특별히 설명을 필요로 할는지 정확히 알 수는 없지만 한번쯤은 다루고 넘어가야 하지 않겠는가 하는 마음이 있어서 다루게 됩니다. 이 개념은 인간 이해-특히 사람이 어떻게 자기를 형성해 가느냐를 이해하는 데 아주 중요한 역할을 합니다. 모든 사람들에게 그러하지만, 특별히 자녀를 키우는 부모들이 놓쳐서는 안 되는 개념이지요. 사람은 의식하든 의식하지 못하든 누구나 자기상을 가지고 살아갑니다. 그런데 그것이 자기 정신세계에 엄청난 영향을 미치고 있다는 것을 알고 의식하면서 자기의 삶을 꾸려가는 사람은 아주 소수에 불과하다고 얘기할 수 있습니다. 그러기에 이 개념을 잘 소개한다는 것이 참으로 중요하다고 생각합니다.

사람은 다른 사람을 대할 때 그에 대해 어떤 평가를 가지게 되고, 그 평가에 근거하여 그 사람을 대하게 되어 있습니다. 믿을 수 있는 사람인지, 약속을 항상 제때에 지키는 사람인지 말을 쉽게 번복하는 사람인지, 남의 말을 쉽게 옮기는 사람인지,…… 그러한 상대방에 대한 평가는 닫힌의식 안에서 그 사람에 대한 상image을 형성하게 됩니다. 그리고 그 이미지는 우리가 상대방을 대할 때 아주 중요한 영향력을 행사하게 됩니다. 그렇게 사람이라면 누구나 자기가 대하는 모든 상대방에 대해 의식하든 의식하지 못하든 어떤 이미지를 가지게 되어 있습니다.

그렇듯이 사람은 누구나 자기에 대한 상, 자기상self-image을 가지게 되어 있습니다. 자기가 의식하는 부분도 있지만, 종합적인 자기상은 전반적으로 자기가 의식하지 못하는 닫힌의식에 자리 잡고 있다고 하겠습니다. 안경을 사용하는 사람들은 안경을 고를 때 아무것이나 선택하지 않습니다. 물론, 비교적 생각 없이 고르는 사람도 있지만 대부분은 어느 정도의 시간을 소비하게 됩니다. 그리고 이 안경 저 안경을 써봅니다. 신체적인 것 이외에 자기에 대한 어떤 상 또는 희망하는 상이 있기 때문입니다 실제적이든 소망하는 것이든 자기상에 어울리는 것을 찾는 데 시간이 소요되는 것입니다. 다른 사람이 아무리 잘 어울린다고 말을 해도 자기상에 어울리지 않으면 선택하기가 어렵습니다. 예를 들면, 자기를 지적인 사람이라고 생각한다든지, 지적으로 보이기를 바란다면 자기에게 그렇게 보이는 안경을 선택하게 될 것입니다.

시간을 많이 들이지 않는 사람도, 가지고 있는 자기상의 영향을 받습니다. 예를 들면, '나는 안경을 고르는 일과 같은 일에는 특별히 관심을 기울이지 않는 사람', 어느 정도 내면적인 세계에 대해 자신이 있어서 '나는 외관에는 신경을 쓰지 않는 사람' 이라는 등등의 자기상을 가지고 있어서 그런 선택을 하게 된다고 하겠습니다. 옷을 선택하는 것, 친구와 어울리게 되는 것 등등에도 자기상이 어느 정도의 영향을 미치게 되어 있습니다.

그런데 문제는 그 자기상이라는 것이 진정한 자기에 대해 바르고 적절하지 못할 수 있다는 데 있습니다. 이는 특히 <사례 나>와 바로 위의 <사례 사>에서 좀더 극명하게 나타난다고 하겠습니다. 사람은 어느 누구도 자기에 대해 100% 정확한 자기상을 가지고 살아가지 못한다고 하겠습니다. 물론, 성숙한 사람일수록 좀더 바른 자기상을 가지고 살아갈 것입니다. 그렇기 때문에 자기상이라는 것이 어떤 것이며 특별히 어떻게 형성되는지에 대해 알아 진정한 자기에 더욱 가까운 자기상을 가질 수 있도록 부단히 노력해야 하는 과제가 모든 사람에게 있다고 하겠습니다. 이제 구체적인 사례를 가지고 생각해 보도록 하겠습니다.

사례 아 자기 없는 삶

그는 전기대학입시에 실패한 후, 모든 것에 자신 없어 하면서 몹시 불안한 생활을 하고 있었습니다. 자신이 없다며 후기대학을 거의 포기한 상태에 있었습니다. 그러던 중 저를 잘 알고 있었던 형의 친구를 통해 저에게 의뢰되었던 고등학생이었습니다.

아버지는 명문대학을 나온 변호사였습니다. 아버지는 일로 바쁘셔서 자녀들과 함께 하는 시간이 많지 않았습니다. 아버지에 대해 처음 언급한 내용은, "아버지와 대화할 때면 아버지는 무엇이든 자유롭게 얘기하라 하시는데, 하다보면 논리적이고 합리적인 아버지의 일방적인 페이스가 되어 버려 말을 제대로 하지 못하게 되었습니다." 그러면서 아버지에 대한 주된 태도는 불편하고 어렵게 느끼는 것이었습니다. 아버지와 함께 있으면, 있는 그대로의 자기 자신으로 자유롭지 못했다는 것이었습니다.

어머니 역시 명문대학 출신의 사범대학 교수였습니다. 아주 보수적이고 생활적인 면에서 자기를 다스리는 것을 아주 엄격하게 하시는 분인데, '이렇게 해라 저렇게 해라' 라고 하는 말이 많은 분이었다고 합니다. 어머니의 말씀은 다 옳기 때문에 무엇이라 반박할 수는 없지만, 여하튼 자기에게는 잔소리로 들리게 되어 별로 주의해서 듣지 않으면서 자라왔다고 합니다. 항상 옳은 말만 하시는 어머니에게 그는 자신에 대해 진지한 얘기를 하지 않는다고 하였습니다. 항상 정답을 가지고 있었던 분으로, 우선 자기의 마음을 공감해 준다거나 함께 고민을 해준다는 것은 거의 기대할 수 없었다고 합니다.

위로 누나와 형이 각각 한 명씩 있었습니다. 둘 다 어려서부터 공부를 잘하였고, 모두 명문대학의 소위 인기학과에 다니고 있었습니다. 누나와는 여덟 살 차이가 나기 때문에 그렇게 많은 교제는 없었고, 바로 위의 두 살 많은 형과 대화를 제일 많이 나누는 편이었습니다. 전체적으로 집안 분위기에 대해서는 억압적인 편이라 하였습니다.

어머니께서 직장생활을 하셨기 때문에, 어려서 주로 할머니 손에서 자랐다고 합니다. 그런데 할머니는 자기보다 머리가 좋고 재롱도 잘 피우는 형을 편애하시어 자기에게는 별로 관심을 두지 않으셨다고 합니다. 그래서 할머니와의 관계가 좋지 않았습니다. 특히, 기분이 나쁜 것은 형과 비교하면서 소홀하게 대해 주셨다는 것이었습니다. 그러면서 그는 무뚝뚝해지고 주로 혼자서 놀게 되었습니다.

초등학교를 형이 다니던 학교에 다니게 되었습니다. 그는 사실 공부를 비교적 잘하는 편에 속했습니다. 그런데 형과 비교해서는 늘 뒤떨어지는 성적이었기 때문에 선생님들로부터 성적으로 칭찬을 받은 적이 거의 없었다고 합니다. 부모님들의 사회적 지위에 비추어 대하면서 대부분 더 잘할 수 있다는 독려만 주셨다고 합니다. 자기를 제외한 모든 식구들이 공부에 관해서는 일가견이 있었던 분들이라 그는 집안에서 유일한 '문제 거리'로 취급을 받았습니다. 예를 들어, 형에게는 피아노와 태권도를 배우게 하는데, 자기에게는 공부를 해야 한다며 다른 것은 시키지 않고 가정교사를 붙여주는 식이었습니다.

초등학교 내내 그의 마음속에서 강하게 의식되었던 것은 아버지가 변호사라는 것과 어머니가 대학교수라는 것, 그리고 누나와 형 모두 명문대학 후보생이라는 것이었습니다. 그런 사실들이 긍지가 되기도 하였지만, 부담감을 주었던 것이 더 컸었다고 합니다. 그래서 어떻게 하면 공부를 잘해서 부모님을 기쁘게 해드릴까 하는 것이 소원이었습니다. 한편으로는 자기 존재에 대한 인정을 바라는 것이었기도 하였을 것입니다. 그렇지만 실제로 공부를 할 때는 늘 자신이 없었고, 집중이 되지 않았다고 합니다. 5학년 때 한 번은 커닝을 하여 1등을 하게 되었습니다. 마침 석차 순으로 자리를 앉게 되어 커닝의 대상인 진짜 1등짜리와 같은 자리에 앉게 되었습니다. 그래서 계속 그 친구와 같은 성적을 유지하게 되었습니다. 마음은 편치 않은 면도 있었으나 그것보다는 부모님에게 좋은 성적표를 보여 칭찬을 받는다는 것을 좋아한 면이 훨씬 컸었다고 하였습니다. 그때가 부모님에게 유일하게 인정받았던 때였다고 하였습니다. 그러나 6학년 때부터는 다시 제 성적(10등 전후)으로 돌아가게 되었습니다.

　그는 비슷한 마음으로 중고등학교를 지냈습니다. 학년이 바뀔 때면 부모님에게 그러하듯이, 공부를 잘해 새로 만나는 급우들로부터 인정을 받으려 하였습니다. 그렇지 못하면 그들로부터 거부당할지 모른다는 불안감이 있었습니다. 마음속에 늘 '공부'가 자리 잡고 있었습니다. 다른 것들에 대해서는 주의를 기울일 수가 없었습니다. 예를 들어, 교양을 위해 좋은 책을 읽는다든지 운동이나 음악에 취미를 가져본다든지 하는 식으로 관심의 분배가 이루어지지 않았습니다. 고등학교에 들어가서는 대학입시가 의식이 되면서 어떻게든 공부를 잘해야 한다는 마음뿐이었습니다. 그래서 일부러 공부를 잘하는 학생하고만 어울리려고 노력하였습니다. 그전에 친했던 친구라도 공부를 못하면 일부러 피했습니다. 기본적으로 능력이 평균 이상의 사람이었기 때문에 공부에 매달리자 고등학교 3학년 때에는 성적이 반에서 5등 정도까지 올라갔습니다. 아버지와 같은 학과를 지망하였으나, 전기입시에서 실패하게 되었습니다.

　많은 부분을 생략하고, 다소 어설프게 한 쪽 방향으로만 그의 역사를 재단하여 내놓았습니다. 이러한 역사를 가진 그는 어떤 자기상을 형성하여 가지고 있을까요? 특별한 설명이 필요하지 않을 정도로 쉬운 사례가 되지 않겠나 생각합니다. 그러나 한국적 상황에서 그리 드물지 않은 현상이라는 것이 안타까운 마음을 일으킵니다.

　저를 처음 만났을 때, 그는 상당한 우울증세를 보이고 있었습니다. 자신에 대해 자신 없어 하는 것이 특징적인 모습이었습니다. 저와 눈도 제대로 마주치지 못했습니다. 그러한 모습은 전체적인 외모에서 풍기는 준수함과는 상당히 차이가 나는 모습이었습니다. 물론, 외모를 보고 그 사람의 객관적인 모습을 평가한다는 것은 조심해야 하는 일인데, 저에게는 그렇게 느껴진 것이 사실이었습니다. 객관적으로 느껴지는 모습과 실제적인 모습 사이에 차이가 심하면 심할수록 거기에는 닫힌의식에 그 차이를 일으키는 콤플렉스가 형성되어 관여하고 있을 가능성이 높다고 하겠습니다.

　그와는 11차례의 만남을 가졌습니다. 만남의 횟수를 더해 가면서 그의 삶을 가장 간결하게 표현한다면 '자기 없는 삶' 이라 할 수 있겠다고 생각하였습니다. 그의 '자기 없는 삶' 의 근저에는 자기에 대한 부정적인 자기상이 강력하게 자리 잡고 있었다는 것을 어렵지 않게 발견할 수 있었습니다.

　아이가 태어나 하나의 독립적인 인격체로 자라나는 데에는 부모님에게 어떻게 받아들여지느냐 하는 것이 아주 중요한 영향인자가 된다고 하겠습니다. 예를 들어, 가장 가깝고 중요한 사람인 부모에게 만족되지 못하는데, 다른 사람들에게 자기가 만족될 것을 기대할 수 있을까요? 이 질문은 열린의식의 측면이 아니라, 닫힌의식의 측면에서 물어보는 것입니다. 불가능하지는 않습니다. 그러나 상당히 어렵습니다. 다른 형제들은 늘 전체 1등을 하는데, 자기만 전체 4등을 하는 아이는 자기 집안에서 혹 환영을 받지 못할 수 있습니다. 그런데 그는 집을 떠나면 사람들로부터 똑똑한 사람으로 받아들여질 수 있습니다. 그래서 다른 사람들에게서 긍정적으로 받아들여질 수 있을 것이라는 의식이 생길 수 있습니다. 그러나 다른 사람들로부터 받는 영향은 부모로부터 받는 것에 비하면 강도의 면에서 상대적으로 아주 미약하다는 것입니다.

 그는 자기 자신에 대해 '부모를 만족시키지 못하는 사람', 그 저변에는 '똑똑하지 못한 사람'이라는 자기상을 가지고 있었다고 할 수 있습니다. 그래서 자기 집안에서 동등한 한 구성원으로 인정받지 못한다는 의식을 가지게 되었던 것입니다. 그것은 심리적 용어를 사용한다면 '거부당함 being rejected'에 대한 의식이라 하겠습니다. 가족 속에서 형성된 의식은 당연히 다른 사람들과의 관계에서 드러내게 되어 있습니다. 다른 사람들을 만날 때 거부당할지 모른다는 두려움 fear of being rejected을 가지고 만나게 됩니다. 그는 학년이 바뀔 때마다 급우들에게 거부당할지 모르겠다는 두려움 때문에 공부를 잘해 인정을 받으려 했다고 하였습니다. 물론, 공부를 잘해야만 인정을 받을 수 있다고 생각하는 것은 다소 잘못된 생각이라 할 수 있지요. 그것은 부모님과의 관계에서 나오는 잘못된 자기해석이라 할 수 있습니다. 잘못된 자기해석에서 나온 것이었지만, 그에게는 누구에게든 인정을 받지 못할 것이라는 두려움이 있었던 것이 사실입니다. 이 두려움은 특히 새로운 사람을 만나는 것을 어렵게 만들 수 있습니다. 왜냐하면 새롭게 사람을 만난다는 것은 자기가 또 한 번의 거부를 당할 수 있는 기회로 여겨져, 불안이 고조될 수 있기 때문입니다. 그렇기 때문에 거부당하는 상황을 만들지 않기 위해 새로운 사람을 만나는 것을 피하게 되는 경향을 가지게 됩니다.

그는 열등한 자기상을 가지고 있었습니다. 객관적으로는 평균 이상의 사람이었지만, 지적인 측면에서 훨씬 우위에 있는 가족들과의 비교에서 늘 자기를 열등하게 생각해 온 것이지요. 가족끼리 얘기를 나눌 때 스스로를 작다고 생각하여 자신은 얘기하지 않는다고 합니다. 막내에다가 열등한 사람이니 자기 얘기에 귀 기울여 주는 사람이 없다는 것이지요.

지적으로 좀 우위에 있다는 것이 결코 사람이 낫다는 것을 의미할 수 없는데, 한국적 상황에서는 그것이 가능합니다. 우리나라에서는 학교성적이 1등이면 제일 좋은 사람이고, 다른 모든 것들로부터 면제를 받는 경향이 강합니다. 성격이 문제가 되어도, 집안에서 자기 일을 제대로 하지 않아도 공부만 잘하면 모든 혜택이 따라오는 경향이 짙은 곳이지요. 대신 공부를 못하면 다른 면들이 아무리 좋아도 좋게 보이지 않게 되지요. 이런 경향이 조금씩 시정되고 있기는 해도 아직도 상당한 강세에 있다고 하겠습니다.

그렇기 때문에 지적으로 열등하다고 느끼는 그는, 인간 전체로 보아서도 부족한 사람이라는 생각으로 쉽게 연결이 된다고 하겠습니다. 지적인 성취를 강조하는 가정일수록 이런 연결은 거의 백발백중입니다. 부모를 만족시키지 못한 자기는, 닫힌의식 속에서, 남을 만족시키지 못할 것이라는 자기상을 갖게 될 가능성이 높다고 하겠습니다. 그만하도록 하겠습니다. 연결되는 것을 얘기하자면 끝이 없습니다. 왜냐하면 악순환을 반복하면서 숱한 부작용을 낳기 때문입니다.

저는 그와 만나면서 자기를 어떻게 형성해 왔는지, 그리고 어떻게 자기를 보아왔는지에 대해 함께 생각하는 시간을 가졌습니다. 그리고 진정한 자기를 찾아가는 길을 함께 걸었습니다. 그는 사실 자기에 대해 잘 몰랐습니다. 아니 아예 없었다고나 할까요? 학교 다닐 때 취미가 무엇인지 특기가 무엇인지를 물었습니다. 어떤 사람이 되고 싶었는지를 물었습니다.

그런 질문에는 거의 대답을 하지 못했습니다. 마치 답을 알지 못하는 아주 어려운 질문을 받아 쩔쩔매는 모습 그 자체였습니다. 자기가 무엇을 좋아하는지에 대해 잘 몰랐습니다. 무엇을 잘하는지에 대해서도 잘 몰랐습니다. 아니 자기가 무엇인가를 좋아하고 무엇인가를 할 수 있는 사람인지에 대해 잘 몰랐다고 할 수 있습니다. 자기를 잘 몰랐습니다. 한 마디로 '자기가 없는 사람' 이었습니다. 자기가 원하는 자기가 아니라, '다른 사람에 의해 기대되는 또는 기대될 것으로 예상되는 자기' 가 되려는 생활을 살아왔기 때문이었습니다.

'있는 그대로의 자기 자신' 에게서 시작된 것이 거의 없었습니다. 부족하면 부족한 대로 잘하면 잘하는 대로 자신에게 맞추어 그가 좋아하고 잘하는 것을 격려 받는 돌봄을 받지 못했던 것입니다. 그의 주의attention는 늘 자기가 아닌 자기 밖의 사람들, 특히 부모님에게 가 있었습니다. 그 분들이 진짜로 자기에 대해 바라는 것이든, 아니면 자기가 생각하기에 '부모님이 자기에 대해 이렇게 기대할 것이다' 라고 예상한 것에서 나왔든, 부모님이 자기에게 바라는 것이라고 믿는 것을 따라 생활해 왔던 것입니다. 그것은 공부를 잘하는 것이었습니다. 자기가 진정으로 원하는 것이 무엇인지를 잘 몰랐습니다. '나는 이것을 원한다' 또는 '나는 이것을 좋아한다' 라는 식의 표현을 제대로 하지 못했습니다. 그렇다고 원하는 것이 없는 것은 아닙니다. 보지 못할 뿐이지요. 자기를 바르게 바라볼 수 있도록, 그리고 그 자기를 자기에 맞게 잘 계발할 수 있도록 부모로부터 적절한 교육을 받지 못했기 때문이지요. "엄마는 가르치는 사람을 가르치는 사람입니다."라는 말은 시사하는 바가 큽니다.

사람은 '있는 그대로의 자기' 로서 존중받고 자유할 수 있어야 합니다. 옷에는 기성복이 있지만 인생에는 기성인생이 있을 수 없습니다. 인생은 비교될 수 있는 것이 절대 아니지요. 그렇기 때문에 진정한 의미에서 열등한 사람도 우월한 사람도 없는 것입니다.(갈라디아서 6:4-5 "각각 자기의 일을 살피라. 그리하면 자랑할 것이 자기에게만 있고, 남에게는 있지 아니하리니, 각각 자기의 짐을 질 것임이니라.") 있다면 자기의 최선에 미치지 못하는 '불충실한 사람'과 최선을 다하는 '충실한 사람'이 있다고 할 것입니다. 아니, 어느 누구도 완전히 불충실하거나 완전히 충실할 수 없습니다. 그렇기 때문에 정확히 표현한다면 '비교적 불충실한 사람'과 '비교적 충실한 사람'이 있다고 할 수 있을 것입니다. 하나님께서 그 사람 안에 두신 그 사람의 가능성을 최대한 살리면서 인생을 살아갈 수 있도록 도와야 합니다. 그는 있는 그대로의 자기가 받아들여지는 경험을 한 번도 하지 못했다고 할 수 있습니다. 결코 자기의 것이 될 수 없는 부모의 기준(부모들이 의식적으로 요구하는 것일 수도 있고, 의식하지 못하는 가운데서 요구하는 것일 수도 있습니다.)을 가지고 평가를 받아왔기 때문이지요. 그런 그에게 어떤 자기상이 형성되었을 것인지는 비교적 자명해지지 않겠습니까?

저와 시간을 가지면서 그는 재수하여 명문대학에 가려는 생각을 바꾸게 되었습니다. 자기가 가고 싶은 과를 갈 수 있는 대학에 원서를 넣기로 하였습니다. 전기에서는 학교에 맞추어 학과를 선택했었으나, 후기에서는 자기가 원하는 학과에 맞추어 학교를 선택하였던 것입니다. 그 결정은 자기가 하였습니다. 후기 입시날이 가까워 올 때까지 저와 만났습니다. 사실 저는 공부에 집중을 해야 하니, 시험을 치른 뒤에 만나자고 하였습니다. 그러나 자기에게는 그 시간에 공부하는 것보다 저와 함께 갖는 시간이 더 중요하다며 계속 시간을 갖기를 원했습니다. 대학입시가 바로 코앞에 있는데도 만남을 위해 가깝지 않은 곳에서 많은 시간을 들이며 오겠다는 것이었습니다. 저와 함께 갖는 시간이 그에게 어떻게 느껴졌기에 위험할 수 있는 모험을 했다고 생각이 되시는지요?

저는 그의 판단을 따르기로 하였습니다. 외견상 상당히 무리일 수 있는, 그리고 실제적으로 위험의 가능성이 높은 '그의' 선택을, 저도 좋은 모험을 하는 기분으로 받아들였습니다. 아주 급박한 바로 그 시점에서 '그가' 스스로 중요하다고 판단하는 것을 존중해 주고자 하였습니다. 위험성이 높은 선택이지만 그럼에도 불구하고 '그의' 생각이, '그가' 생각하기에 중요한 사람에게서 존중된다는 것을 느낄 수 있었으면 하는 바람으로 동의를 하였습니다. 이는 그를 존중하는 것이었습니다. 저는 대학진학 자체보다도 그 자신을 찾는 것이 우선 되어야 한다고 판단하고 따르기로 하였습니다. 다행히 합격하였습니다. 좋아하는 그의 모습이 참 보기 좋았습니다. '자기'가 선택한 것을 성취한 것이지요. 저는 거기서 그의 '본래적 자기'가 이제 막 싹 트고 있음을 보았습니다. 그 뒤로 대학생활을 잘하고 있다는 소식을 들었습니다.

우리의 주요한 전통적인 문화 중 하나인 유교문화가 근간을 이루는 수직적 인간관계와, 지향적 목표에 빨리 노출이 되는 기독교의 특성이 묘하게 조합을 이루는 한국적 특성이, '자기 없는 삶'을 살아가는 그리스도인들을 양산하는 데 아주 중요한 기여를 하고 있다고 생각합니다. 이 문제를 풀어야 하는 것은 한국 기독교계의 중요한 과제가 된다고 생각합니다. 언젠가 본격적으로 다루어져야 할 것이라 생각합니다. '자기 찾기'라는 주제에 대해 이해의 폭을 넓혀주는 데 또 다른 하나의 사례가 도움이 될 것 같아 함께 생각해보도록 하겠습니다.

사례 자 | 자기 찾기

전도사였던 친구는 자기의 여동생이 대학교에 진학하여 얼마간의 시간이 흐른 뒤부터 변화가 급격하게 일어나더니 지금은 누구도 어떻게 할 수 없는 상태가 되었다며 저에게 한번 만나주기를 바랐습니다. 만나겠다는 동생의 의사를 확인한 후에 만나게 되었습니다.

그녀는 대학교 2학년이었습니다. 고등학교 때까지만 하더라도 부모님의 말씀에 전적으로 순종을 하면서 말썽 한 번 피우지 않았던 모범생 그 자체였다고 합니다. 신앙이 독실한 부모님의 영향으로 신앙적으로도 곱게 자랐다고 합니다. 그런데 대학에 진학한 후 다음과 같은 변화를 보였습니다.

우선 교제하는 대상이 신앙을 가지지 않은 사람들로 기울어지기 시작하였습니다. 고등학교 때까지만 하더라도 사귀는 친구들이 주로 신앙인이었는데, 대학진학 얼마 후 그리스도인들은 의도적으로 피하는 듯, 어울리는 친구들이 거의 비그리스도인들로 대체되었습니다. 점차 주일에 예배를 드리지 않고 친구들과 어울려 다니는 일들이 잦아지기 시작하였습니다. 주일성수를 엄격히 지키는 친구의 집안에서는 주일 하루 동안은 다른 일을 하지 않는 것이 당연한데, 가장 기본이라 할 수 있는 주일 대예배를 빠뜨리게 되었던 것입니다. 당연히 친구의 집안에서는 보통일이 아니었습니다. 엄청난 도전이 되었던 것이지요. 그것도 가장 순종적이었던 막내딸에 의해서 말입니다. 신앙이 삶의 기본이요 궁극적인 목적이었던 부모님들에게는 밤늦게까지 믿지 않는 남자친구들과 어울려 맥주 등을 마시며 나이트클럽을 들락날락하는 생활에까지 이르게 된 것이 이해될 수가 없었습니다.

이런 변화들로도 가족들에게 충격을 주기에 충분했는데, 거기에다 아직은 간헐적이지만 MT를 간다고 하면서 외박을 어려워하지 않는 것을 보면서 보통 심각한 문제가 아니라는 불안감을 느끼게 되었습니다. 대학생이 되어 한번쯤 겪게 되는 일시적인 현상의 도를 훨씬 넘어선, 그러나 그 실체는 잘 알 수 없는, 간단하지 않은 문제일 것이라는 위기의식이 온 가족을 엄습하기에 이르렀습니다.

　가족들을 비롯하여 여러 사람들이 대화를 시도하였다고 합니다. 그러나 그녀와 열려진 마음으로 대화하는 것 자체가 불가능하였다고 합니다. 대화가 안 되었던 것이지요. 아무런 대책이 없이 무엇인가 계속하여 잘못되어가는 것으로 느껴지는 동생을 안타깝게 지켜보고만 있었던 친구는, 평범한 수준의 상담으로는 어렵다는 것을 깨닫고 전문가의 도움을 기대하면서 저를 찾아 왔던 것이었습니다.

　저는 그녀가 저를 만나지 않으려 할지도 모른다는 생각을 하였습니다. 자기가 먼저 원하지 않는 상태에서 다른 사람에 의해 정신과의사를 만나라고 권함을 받을 때는, 아직 우리나라에서는 상대방이 마치 자기를 무엇인가 크게 문제가 있는 사람으로 판단하는 것 같아 상당한 모욕감을 느낄 수 있기 때문입니다. 물론, 저는 정신과의사로서 만나기보다는 그저 오빠의 친구로서 인생에 대해 얘기를 나누고자 하는 마음으로 만나는 것이지만 말입니다. 많이 개선이 되고 있기는 하지만 아직도 우리나라에서는 정신과의사라는 배경이 일으킬 수 있는, 실제 그러한 것은 아니지만, 부정적이고 저항감을 유발시키는 독특한 분위기가 있음을 인정합니다. 그런데 저와의 만남을 승낙하였다고 했을 때, 승낙한 그녀의 마음이 궁금하였고 또 한편으로는 무엇인가 자신도 도움을 받고자 하는 마음이 있는 것으로 생각되어 긍정적인 마음을 가지고 만나게 되었습니다.

　제가 그녀를 만났을 때 그녀는 자기 자신에 대해서 많이 혼란스러워했습니다. 자기도 왜 이렇게 변해야 하는지를 잘 몰라 했습니다. 가족들에게 엄청난 걱정을 끼치고 있음을 익히 알고 있었으며, 자신도 자기의 변화에 많이 놀라고 있었습니다. 그러나 그 변화는 어떤 인위적인 것은 아니었습니다. 그녀 안에서 비교적 자연스럽게 일어나고 있는 변화였습니다. 그런데 왜 이렇게 심한 변화를 보여야 하고, 그 변화가 어디를 향하고 있는지 본인도 모르고 있었습니다. 혼란스러워하는 가운데 본인도 스스로의 변화를 이해하고 싶어 했습니다. 그 마음이 저와의 만남을 승낙하게 하였을 것입니다.

여러분이라면 그녀를 어떻게 만나겠습니까? 그렇습니다. 이제는 익숙해지셨겠지만, 간략히 들은 얘기에 근거하여 판단하려는 마음을 조절하면서 그녀의 역사를 들으려 하실 것입니다. 역사를 통하지 않는 인간이해란 있을 수 없다고 해도 과언이 아닙니다. 문제로 삼은 모습을 이해하는 데 필요한 부분만 간략히 살펴보기로 하겠습니다.

아버님은 종가집의 맏이로 당시 대도시의 고위 공무원으로 계셨습니다. 고향이 시골이었기 때문에 형제들을 비롯하여 많은 친척들이 도시로 진출할 때, 그녀의 집을 거쳐 가면서 아버님의 도움을 받았습니다. 그래서 어렸을 적부터 집안은 항상 많은 사람들로 북적거렸습니다. 아마도 가족끼리 살았던 때는 거의 없었나 봅니다. 항상 누군가와 함께 살았습니다. 좋은 일이었지만, 불편하였던 것이 사실입니다. 불만스럽기도 하였습니다. 그러나 누구보다도 고생을 하신 분은 당연히 수많은 시댁사람들의 수발을 들어온 어머님이셨습니다. 어머님을 생각하면 감히 어떤 불만의 소리를 낼 수가 없었습니다.

어머님은 선이 굵고 대범하셨고, 특히 신앙심이 깊으셔서 섬김의 도가 삶 속에 깊숙이 스며들어 있으셨던 분이셨습니다. 그 숱한 사람들의 시중 드는 것을 포함한 모든 일을 즐거움으로 하셨습니다. 그녀는 자라면서 어머님의 얼굴에서 찡그린 모습을 한 번도 본 적이 없었으며, 한마디의 불평도 들을 수가 없었다고 하였습니다. 그런 어머님의 모습을 보면서, '나도 커서 엄마처럼 어렵고 성가신 그 어떤 일을 맞이하더라도 불평하지 않고 인내해야 하겠다'라는 다짐을 하게 되었습니다. 그러면서 자기 속에 간간이 피어나는 불만의 마음은 표현 되지 않고 닫힌의식 속으로 잠기게 되었습니다. 그러면서 무슨 일에든 불평하는 기색을 내보이는 것을 유치한 짓으로 여기며 자라게 되었습니다.

네 명의 오빠들은 2-3년 터울이었는데, 막내오빠와의 터울만 8년이나 되었습니다. 오빠들이 자라면서 아버지와 겪게 되는 정상적인 갈등 등을 분란으로 이해하면서 어린 마음에, '나는 커서는 아빠와 갈등을 갖지 않도록 해야 하겠다'라는 생각을 키워 왔습니다. 그런 결심 속에서 자연적으로 말썽을 피우지 않는 사람이 되었습니다.

부모님의 말씀에 전적으로 순종하면서 부모님과 가족은 물론, 주위 사람들로부터 착한 사람이라는 칭찬을 들으면서 자라왔습니다.

비교적 이른 나이에 가지게 된, 자기가 만든 인위적 '의식'들로 인해 자기 나이에 어울리는 자연스러운 모습들이 희생되게 되었습니다. 당연히 그녀의 언행은 또래들과는 아주 다른 모습을 보이게 되었습니다. 그러면서 어른들로부터는 일찍 철이 든 '어른아이'라는 얘기를 들어 왔습니다. 막내오빠하고도 8살이나 차이가 나는 집안의 막내로, 자기 또래는 없이 자기보다 나이가 훨씬 많은 사람들만 있는 가정에서 자라게 된 것도 그러한 경향에 기여하였을 것입니다. 그러면서 자기 또래의 감정, 행동 그리고 사고에 익숙하기보다는 나이 많은 사람들의 것들에 익숙하게 되었다고 합니다. 동시에 또래들과 어울리는 것이 부자연스럽게 느껴지고 또래들의 생각이 유치하게만 느껴져 대화하는 것을 꺼리게 되는 등 또래들과 잘 어울리지 못했습니다. 그래서 같은 나이의 친구가 많지 않았습니다.

부모님과 갈등을 야기하지 않도록 노력하는 가운데 자기의 주장을 내세우지 않게 되었습니다. 거의 부모님의 말씀을 듣고 자기의 의견이 없이 따라가기만 하였습니다. 집에서는 모두 자기보다 훨씬 나이가 많았기 때문에, 어떤 일을 놓고 자기의 생각을 하나의 동등한 의견으로 개진하는 경험을 거의 하지 못하였습니다. 다른 가족들의 의견을 일방적으로 들어

오게 되었던 것이지요. 그녀는 말하는 것보다는 듣는 것에 훨씬 익숙해 있었습니다. 당연히 친구들과 대화를 할 때도 주로 듣는 쪽이었습니다. 주로 듣기만 하는 그녀의 경향에 대해 친구들은 '자기 얘기는 하지 않는 사람'으로 판단하여 그녀를 가까이 하지 않았다고 합니다. 그래서 더더욱 또래 친구들과의 사귐은 많지 않았습니다. 간단히 역동을 살펴보도록 하겠습니다.

인간은 성인이 되기 바로 직전인 사춘기 때 성인을 맞이할 신체적 정신적 준비를 하게 되어 있습니다. 정신적 준비 중에서 중요한 과제 중 하나가 바른 독립심을 키우는 것입니다. 정신적으로 누구에게 계속적으로 의존해서는 올바른 성인이라 할 수 없을 것입니다. 인간은 자기가 꼭 의식하지 않아도 그때가 되면 저절로 자기도 모르게 독립하고자 하는 욕구가 생겨나게 되어 있습니다.

가장 중요한 독립은 대개의 경우 부모로부터 독립입니다. 이를 통해 독립심의 핵심적 부분을 키워가게 되어 있습니다. 그런 과정 속에서 부모와 함께 다니지 않는 것이 마치 자기도 모르게 독립적인 것으로 느껴져 부모를 멀리하게 됨으로써 부모와의 갈등이 많이 일어나게 됩니다. 또 타당한 이유가 없는데도 부모의 말씀을 거부하기도 하고, 하지 말라는 것을 해보려 하기도 합니다. 그래서 사춘기를 폭풍의 시기라 부르기도 합니다.

아무런 문제도 일으키지 않고 부모에게 순종만 하여 온 '어른아이'인 그녀는 그런 정신발달학적 측면에서 대학에 들어갈 때까지 아직 사춘기를 겪지 않았다고 할 수 있습니다. 인간은 정상적으로 자기 자신으로 성숙해 가야 하는 과제를 가지는 존재입니다. 그런데 그녀는 지나치게 부모를 의식하는 가운데서 올바른 성인으로 자라가는 데 필요한 '자기의 삶'을 살아오지 못했던 것입니다. 결국 대학교에 들어갈 때까지 건강하고 정상석인 독립적 자기를 키워야 하는 과제에 충실하지 못하게 되었다고 할 수 있겠습니다.

고교 때까지의 생활은 역시 '(건강한) 자기가 억압된 삶'이었다고 할 수 있습니다. 자기보다는 집안의 분위기 특히, 부모님을 의식하는 가운데 자기의 욕구, 희망, 감정, 생각 등등을 억압하며 살아온 것이 특징적이라 하겠습니다. 그런데 그렇게 억압하였다고 자기의 것들이 그냥 없어지지는 않는 것이지요. 결코 없어지지 않습니다. 없어지지 않고 내면의 닫힌 의식의 세계 속으로 자리를 잡지요. 그 생활이 오래 되면 될수록 본래적 자기는 점차 소리를 내게 됩니다. '나를 나로 자유롭게 해주세요'라고 말입니다. 또 정상적으로 자기의 성인됨을 맞이하기 위해 적절하게 독립심을 키워가야 하는데, 그렇지 못했기 때문에, '나를 독립적인 개체로 키워주세요'라는 소리를 함께 들었을 것입니다.

처음에는 그 닫힌의식의 자기의 소리가 크지 않아 생활에 별 영향을 주지 않습니다. 그러나 억압의 시간이 길어지고 또 그 강도가 심해질수록, 그 소리는 점차 애절해지면서 절규에 가깝게 됩니다. 어느 누구도 이를 계속적으로 외면하기란 어렵습니다. 자연스럽게 독립적인 인격체로 성장해 있어야 하는 시기가 훨씬 지났는데도, 변화가 없으면 그 외침은 결국 절정에 이르게 됩니다. 그녀의 본래적 자기는 있는 그대로의 자기로서 독립적으로 자유롭기를 희망하기 때문입니다. (물론, 이러한 욕구는 때로 이기적이고 자기중심적으로 나타날 수도 있으나 꼭 그렇지만은 않고, 기본적으로는 정상적이고 긍정적인 욕구라는 것을 꼭 기억하여야 할 것입니다.)

대학생활을 하게 되면서 그녀는 새로운 환경을 맞이하게 됩니다. 자기와는 달리, 있는 그대로 자기를 표현하면서 이것저것 새로운 것을 주저함 없이 시도하는 친구들을 보게 됩니다. 그런 것들을 더 이상 이상하거나 유치하게만 생각할 수 없는 자각의 시기를 맞이하게 됩니다. 주위의 친구들과 다르게 지내면서 외톨이가 된 그녀에게 자기에 대한 성찰이 시작된 것이지요. 친구들과 비교하여 많이 자유스럽지 못한 자기를 보게 되었습니다. 그러면서 자기에게 무엇인가 잘못된 것이 있지 않을까 생각을 하게 되었습니다. 생각해보니 자기를 찾기가 어려웠습니다. 자기가 무엇을 좋아하는지, 무엇을 원하는지도 잘 모르는 자기를 보게 되었던 것이지요. 주된 인물은 부모님과 교회의 어른들이었지만, 어찌하든 주로 남들이 기대하고 좋아하고 칭찬하는 사람이 되려고만 했던 자기를 직면하게 되었습니다. '자기가 억압된 자기의 삶'을 마주하게 되었던 것이지요.

갑작스럽게 '자기'가 목말라 왔습니다. 동시에 그 동안 닫힌의식 안에서 억압만 당해 왔던 자기 소리들이 큰소리로 아우성을 치기 시작하였습니다. 거기에는 건설적인 소리와 파괴적인 소리가 함께 어우러져 있기 때문에 하나의 색깔만을 갖는 것으로 받아들여서는 문제가 될 수 있습니다. 그러나 그녀는 자기 옆에, 건설적인 소리를 분별하여 그 쪽을 따라가 건강하고 자연스러운 성숙적 독립의 과정을 밟아갈 수 있도록 도와줄 수 있는 사람을 두지 못했습니다. 그래서 그녀에게서 '자기를 찾는 시작'은 파괴적 소리에 민감하게 반응하는, 기존의 체계에 다소 막무가내적인 반동으로부터 시작이 되었습니다. 기존의 가치체계 – 신앙 세계와 부모님과의 관계 등 – 에서 벗어나는 것이 자기를 찾는 것으로 여겨졌던 것입니다.

이는 주로 닫힌의식에서 올라오는 것입니다. 사춘기 학생들의 독립적 요구가 그렇게 표출되는 경우가 빈번하지요. 어떤 의미에서 그녀는 이때 사춘기를 맞이한 것이라고 할 수 있습니다. 특히, 그때까지 신앙과 효도를, 자기 사고가 결여된 채 암기와 주입식으로 배워왔기 때문에 더더욱 그러하였을 것입니다.

(신앙을 예를 들어 말한다면, 우리나라의 기독교 교육은 피교육자의 신앙의 자기화가 일어나도록, 스스로 생각하여 깨우치도록 도와주는 측

면보다는, 교리적 내용을 주입하여 자기 신앙으로 삼도록 하는 측면이 강하다고 할 수 있습니다. 결국 그것은 자기신앙이라 하기가 어렵지요.)

  가족들이 걱정하는 그녀는 이러한 '과정' 중에 있다고 할 수 있습니다. 다소 파괴적인 모습을 띠고 있긴 하지만, 전체적으로는 자기를 찾는 과정에 있음을 볼 수 있어야 합니다. 그런 이해가 있어야 그녀가 건강한 자기를 잘 찾고 또 발전시켜 나갈 수 있도록 도와줄 수 있습니다. 그 혼돈의 과정은 다소 거칠어 보일 수 있지만 꼭 거쳐야 하는 필요하고 건강한 과정입니다. 그녀를 기다려 줄 수 있어야 할 것입니다. 그리고 그녀 역시, 겉으로 드러나는 자기의 반동적인 모습의 진정한 의미는 반동 자체가 아니라 자기에 목말라 자기를 찾아나서는 처절한 몸짓임을 깨닫도록 도울 수 있어야 합니다. 그러할 때 파괴적인 측면은 점차 줄어들며 건강한 '자기 찾기'가 힘을 얻어갈 것입니다.

  인간은 처음부터 성숙한, 전체적이고 종합적인 사고를 하기가 어렵습니다. 자기의 독립을, 안 마시던 술과 담배를 하는 등 어른들이 하지 말라는 것을 하고 가지 말라는 곳을 가는 것으로 시작하지 않고, 좀더 정신적인 차원에서 다루어가는 것이 성숙한 모습이겠지만, 대개의 사람은 혼자서 그러하기가 어렵습니다. 그 과정을 긍정적이고 건설적으로 다루어 갈 수 있으려면, 대개의 경우 성숙한 어른 누군가가 앞에서 잘 이끌어 줄때 가능하다 하겠습니다.

  저는 그녀에게 그전의 생활에 비해 다소 반동처럼 보이는 그녀의 현 생활은 그녀의 역사를 볼 때 그럴 수밖에 없음을 설명하였습니다. 그리고 그녀가 겪고 있는 혼동은 정상적이고 건강한 것이라 격려하였습니다. 제가 앞에서 설명한 역동을 설명해 주었습니다. 그녀의 몸짓이 무엇을 의미하는지, 그래서 진정 무엇을 어떻게 지향하여 살아야 하는지에 대해 함께 얘기를 나누었습니다. 격동의 시기에 있었을 때에는 걱정을 많이 끼치기도 하였지만, 어머님과 아버님의 훌륭한 생활을 오랫동안 보아오는 가운데 자란 선한 생명이 그녀 안에 튼튼히 자리 잡고 있었습니다. 그렇기 때문에, 그녀는 다소 걱정스럽게 보였던 정상적인 과정을 큰 문제없이 마치게 되었습니다. 지금은 성숙하게 자기의 생활을 해나가고 있습니다.

집안에 가족이 아닌 사람들이 늘 있었던 상황에 대해 자녀양육과 관련하여 함께 생각하고 싶은 것이 있습니다. 만약에 부모님들이 집안의 사정으로 인해 자녀들에게 어떤 영향을 줄 것인가를 '미리' 생각할 수 있었다면 사정은 다소 달라졌을 것입니다. 찾아오는 사람을 돌려보낼 수는 없다 하더라도, 다른 사람에 의해 침범 받지 않는 가족만의 생활을 갖고 싶어 하는 자녀들의 마음이 표현될 수 있도록 대화의 시간을 가졌으면 좋았을 것입니다. 또 현실적으로는 어쩔 수 없다 하더라도 그녀의 어린 마음만이라도 받아주고 어루만져 주었다면 좋았을 것입니다. 실제로 찾아오는 친척들에게 방을 내주어야 했기 때문에, 자기만의 방을 갖고 싶은데도 갖지 못한 시기가 태반이었습니다. 그때 가지게 되는 불만의 마음도 들어주면서 다독거려 주었다면, 그만큼 그녀는 어려움을 일찍 그리고 훨씬 강도가 낮게 경험하게 되었을 것입니다. 집안에서는 공간적으로 가족들만의 시간을 갖기가 어려우니 가능한 범위 내에서 바깥에서라도 함께 하는 시간을 가지도록 노력했다면 얼마나 좋았을까요? 생각하면서 자녀를 양육하는 부모들이 많이 늘어가기를 바라는 마음 간절합니다.

여하튼, 가족끼리만의 시간을 갖기가 어렵고, 자기가 가질 수 있는 공간을 다른 사람과 나누어야 하는 것들이 어렸을 때에는 긍정적으로 이해되기 어렵다 하겠습니다. 그런 것들이 아이들로서는 부모님이 자기를 별로 중요하게 생각하지 않고 아무렇게나 대하는 것 같이 느껴질 수 있습니다. 그러면 아직도 형성되어지는 과정 중에 있는 자기상과 자존감에 상당히 부정적인 영향을 주게 될 것입니다. 그렇기 때문에 그런 상황의 부모님들은 아이들이 어떤 심리를 가질 것인가를 '의식하면서' 가능한 범위 내에서, 여러 가지 방법을 통하여 직·간접적으로 그들을 어느 누구보다도 더 사랑하는 마음이 전달되게 애써야 합니다. '아이들이 느낄 수 있는 방법으로' 전달되도록 말입니다. 할 수 없는 것은 할 수 없지만, 할 수 없는 것을 대신할 수 있는 것이 무엇인가를 성실하고 진지하게 찾아보는 마음들이 있어야 할 것입니다.

본론에서는 다소 벗어나지만 아무래도 신앙적인 측면을 다루어 가는 것에 대해서도 함께 생각해 보는 것이 유익할 것으로 판단하여 생각을 더 연결시켜 가겠습니다. 제가 만났을 시점에서만 본다면, 그녀의 신앙은 아주 문제가 있는 것으로 판단될 수 있는 소지가 많았다고 할 수 있습니다. 만약에 여러분이 그녀와 같은 모습을 보이는 사람을 상담한다면 어떻게 대하겠습니까? 한번 시간을 가지고 생각해 보시기를 권합니다.

저는 우선 크게 두 가지를 염두에 두어야 한다고 생각합니다. 첫째는, 앞에서도 많이 언급된 것이지만, 사람을 대할 때 바로 '한 시점'에서 그 사람을 동강내는 우매한 행위를 해서는 안 된다는 것입니다. 이는 신앙적인 측면에서도 마찬가지입니다. 우리는 주위에서 한 시점에서만 이루어진 신앙적 판단이라는 것이 무섭도록 극단적인 칼이 되어 많은 사람들에게 깊은 상처를 주는 경우를 많이 보게 됩니다. 우리는 신앙적인 측면에서도 사람을 '통시간적' — 시간의 흐름 속에서 보는— 관점에서 보아야 할 것입니다. 베드로가 예수님을 세 번 부인하였을 그 당시만 본다면 그보다 더 추악한 모습이 어디 있겠습니까? '당장 지옥불에 떨어져라' 라는 저주를 받아도 할 말이 없지요. 그러나 예수님은 그 한 시점에서만 그를 보지 않으셨습니다. 그것은 지나가는 과정임을 아셨습니다. 그러한 과정을 통하여 훌륭한 복음의 전파자가 될 것을 보셨기 때문에 그를 그 시점에서

버리지 않으시고 기다리셨습니다. 우리는 기다려 주어야 할 곳에서 기다려줄 줄 아는 사람이기도 하여야 하겠습니다.

두 번째로 살펴볼 것은, 신앙을 인간정신의 종합적이고 전체적인 관점에서 다룰 수 있어야 한다는 것입니다. 우리가 몸살감기가 심하게 들었을 때에는 모든 것이 귀찮아지면서, 성경 읽고 기도하고 찬양하는 것에 있어서도 정상적인 상태에 비하면 다소 소홀해집니다. 회사가 어려워 월요일부터 토요일까지 내내 새벽에 나가 밤늦게 들어오는 생활을 하여 몸이 많이 지쳐 있을 때는, 주일예배시간에 눈꺼풀이 너무 무거워 졸게도 됩니다. 자, 여기서 잘 생각해보도록 하지요. 몸살감기로 몸이 아프고 피곤할 때, 신앙이 덜 성숙한 사람일수록 기도하는 것을 포기하든지 짧게 하든지 할 것입니다. 그러나 상당한 성숙에 이른 사람은 몸이 힘든 가운데서도 기도를 하려고 애쓰는 가운데 덜 성숙한 사람보다는 훨씬 많이 할 수 있습니다. 그렇지만 그래도 몸이 정상일 때보다는 못할 것입니다. 성숙한 만큼 더 오래 졸음을 참겠지만, 신앙이 피곤으로 인한 졸음을 완전히 극복하게 해주지는 못합니다. 인간은 여러 다양한 차원에 걸쳐 있는 존재이기 때문입니다. 어떤 사람이 예배 시간에 졸음을 참지 못하고 잤다고 해서 신앙이 형편없는 사람이라고, 졸음을 신앙적인 관점에서만 판단할 수 없는 것입니다. 몸살감기가 심하게 나서 기도를 오래 하지 못하는 사람을 두고 신앙이 어려서 그렇다고만 할 수 없는 것입니다. 신앙적인 측면과 함께 신체적인 상태를 함께 고려하여야 하기 때문입니다.

그녀를 상담할 때 혹 신앙이 잘못되어서 반동적 모습들이 나타나게 되었다고 해석하시는 분이 있을는지 모르겠습니다. 그런 경우에 속하는 예도 있을 수 있을 것입니다. 그러나 그녀의 경우는 그런 해석이 무리가 된다고 생각합니다. 우리는 모든 문제를 신앙적인 문제로만 돌리려 하는 '신앙적 환원'을 주의하여야 할 것입니다. 그런 태도는 마치 '신앙적' 으로 보이기 때문에 그리스도인들의 마음속에 쉽게 깃들일 수 있습니다. 물론, 우리 그리스도인들은 어떤 문제를 만나든 항상 신앙의 영역을 점검하는 의식을 키워가는 노력을 쉬지 않아야 할 것입니다. 그러나 신앙적 환원에 대해 경계하려는 의식도 똑같이 발전시켜야 할 것입니다.

　인간은 신앙적인 영역과 깊은 관계에 있지만, 그렇다고 꼭 신앙적이라고는 할 수 없는 심리적 영역이 있습니다. 자율성이나 독립심을 키워주는 훈련을 꼭 교회에서 해야 하는 것은 아닙니다. 보통의 경우 그것은 일반 학교에서 더 많이 훈련되고 있습니다. 물론, 그리스도인에게 신앙과 관계 짓지 않는 자율성과 독립심은 문제가 있습니다. 그것들은 꼭 신앙과 관련이 되어 발전되어야 합니다. 그렇지만 신앙과 심리가 같은 영역에 있는 것이라 생각해서는 안 될 것입니다. 인간은 신앙적인 차원뿐 아니라, 심리적 차원에도 걸쳐 있기 때문입니다. 아마도 신체적 차원보다는 심리적 차원이 고차원적인 것이기 때문에 신앙적 차원과 훨씬 밀접한 관계에 있다고 생각합니다. 그렇기에 밀접한 관계에 있는 만큼 같은 것으로 취급할 수 있는 위험이 높은 것 같습니다.

　다시 그녀에게로 돌아와 실제적으로 살펴보면, 그녀는 인간존재로서 그리스도인이든 비그리스도인이든 관계없이 정상적인 시기에 발달시켜야 했던 자기, 특히 시기적으로 볼 때 독립적인 자기를 제대로 발달시키지 못하였습니다. 그래서 대학생이 되어 비교적 늦게 발전시키는 과정에서 나타난 반동적인 성격이 신앙적인 영역에도 영향을 주게 되었습니다. 즉, 신앙 자체에 더 문제가 있어서 신앙생활이 흐트러진 것은 아니라는 것입니다.

　이상에서 우리는 '자기발견과 자기발전'을 바르게 수행해 가는 데에는 개인의 역사와 닫힌의식을 통한 '개인적 인간에 대한 이해', 그리고 인간이면 누구나 거쳐야 하는 정신발달학적 단계와 과제를 통한 '보편적 인간에 대한 이해'가 상당한 도움이 되는 것을 깨닫게 되었습니다. 뿐만 아니라 신앙적 차원을 함께 고려한 전체 인간을 이해하는 데에도 아주 중요한 역할을 하는 것을 알게 되었습니다. 그렇기 때문에 상담과 정신치료에 관심을 갖는 사람은 물론, 기독교신앙에서 지도급에 있는 사람들은 개인적 인간이해와 보편적 인간이해를 위한 공부와 훈련을 어느 정도는 받아야 할 것으로 생각합니다.

어떻습니까? 자기상이라는 것이 한 인간에게 있어서 참 중요한 요소라는 것이 느껴지십니까? 그리고 자신은 대략 어떤 자기상을 가지고 있는지 깨달아지십니까? 자기상이 어떤지, 어떻게 형성이 되었는지 살펴보시면 자기를 이해하는 데 많은 도움이 될 것입니다. 그리고 부모님, 배우자, 형제자매, 자녀들은 각각 어떤 자기상을 가지고 있는지 꼭 한 번 생각해보시기를 권하고 싶습니다. 그 사람이 가지고 있는 자기상을 통해 접근하면 사람을 이해할 때 비교적 쉽고 적절한 접근이 되니 선용하시기 바랍니다.

■ 자기상을 형성하는 데 영향을 주는 8가지 주요 인자들

우리는 위에서 자기상에 대한 설명과 이의 이해를 돕는 세 가지 사례를 살펴보았습니다. 그러면 구체적으로 자기상은 어떤 인자들로 인해 형성되는지, 그 주요인자들에 대해 살펴보도록 하겠습니다.

❶ 부모라는 환경

– 여기서의 '부모'는 실제적인 부모, 또는 부모가 안 계신 경우 부모의 역할을 대신하는 사람들을 가리키는 것입니다.

부모가 자기상뿐 아니라 전체자기를 형성하는 데 있어서 얼마나 중요한가에 대해서는 중간중간 설명이 되었기 때문에 특별히 더 설명하지 않아도, 충분하게 그 중요성을 알고 계실 것입니다. 그러나 반복이 되더라도 잠깐 살펴보는 것이 도움이 되리라 생각합니다.

사람은 태어날 때, 타인에게 완전히 의존하는 상태에서 자기존재를 시작하여 발전시키게 되어 있습니다. 아이는 인간과 세상에 대해 어떤 견해를 가지고 태어나지 않습니다. 태어나면서 인간과 세상에 대해서 처음 경험하게 되는 셈입니다. 하나 둘 경험하게 되면서 인간과 세상이 어떠함에 대해 자기의 견해를 발전시키게 될 것입니다. 그런데 아이는 처음에는 자립적인 존재가 되지 못하기 때문에 자기가 경험해 가는 것을 스스로 결정하지 못하게 되어 있습니다. 가족, 특히 부모에 의해 구성되는 환경 내에서 비지향적으로 그리고 수동적으로 경험하여 가게 되어 있습니다. 그 경험을 바탕으로 인간이 어떠함에 대해 그리고 세상이 어떠함에 대해 배우고 자기의 견해를 가지게 됩니다. 그렇기 때문에 어떤 부모를 만나느냐 하는 것이 그 아이의 인생에 결정적인 영향을 주게 된다고 할 수 있습니다. 인간은 이러한 비지향성을 피할 수 없습니다. 그렇게 우리의 존재를 시작하게 되어 있는 것이지요.

그렇게 인간과 세상에 대해 자기의 견해를 발전시켜 나가듯이, 자기 자신에 대한 견해에 대해서도 부모에게 철저하게 의존하게 되어 있습니다. 어찌 아이가 태어나면서 '나는 이러한 사람이다'라는 자기의식을 가질 수 있겠습니까? 인간존재는 그렇게 출발하게 되어 있지 않습니다. 인간이 그러한 존재인 것이지요. 아이는 부모로부터 받는 돌봄을 통해 자기는 그만한 사람이라는 자기상을 가지게 되는 것입니다. 타인과 세상을 보듯, 자기 자신에 대해서도 보는 것입니다. 부모로부터 대우를 받는 자기를 보고 경험하면서 자기상을 형성하게 된다는 것입니다. 이에 대해서는 <사례 나>와 <사례 아>에서 어느 정도 설명되었다고 할 수 있습니다.

저는 지금 캐나다인 집에 머무르면서 글을 쓰고 있는데, 우리와 문화가 다른 이곳에서 사람들과 살면서 여러 가지 느끼는 것이 많이 있습니다. 그중 저의 마음을 불편하게 하는 것은 영어에는 겸양법이 없다는 것입니다. 제가 나이가 많은 사람에게 얘기를 할 때는 반말을 하는 것 같아 미안한 마음이 들고, 나이가 어린 사람이 저에게 말을 할 때는 반말을 듣는 것 같아 기분이 언짢아지는 것입니다. 우리나라에서는 부모님에 대해 '당신'이라는 등의 2인칭 대명사를 사용하지 않습니다. 그러나 여기서는 2인칭 대명사인 you를 사용하지요. 물론, 마음은 크게 다르지 않을 수 있겠지만 아무튼 그런 것들을 들을 때 마음이 편하지 않은 것이 사실입니다. 시간이 지나면서 조금씩 나아지고는 있지만, 그런 의식에서 완전히 자유로워져서 전혀 불편함을 느끼지 않고 살아가기는 어려울 것입니다. 캐나다인에게 그런 점을 설명하면 그들은 의외라며 재미있어 합니다.

그밖에도, 같은 점들도 많지만 문화가 달라 빚어지는 일화가 참으로 많습니다. 왜 같은 인간으로 태어났는데 이렇게 다르게 살아가게 되는 것일까요? 여러 요소가 있겠지만 가장 중요한 것은 단순히 서로 다른 문화 환경에서 자랐기 때문입니다. 어른에게 겸양법을 쓰는 것이 더 좋다고 생각하기 때문에 제가 겸양법을 쓰기로 의지적으로 결정해서 쓰게 된 것도 아니고, 영어를 쓰는 사람들이 겸양법 없이 모든 사람들에게 똑같은 단어를 쓰는 것이 좋다고 결정한 다음에 쓰는 것도 아닙니다. 그냥 자기의 선택과 관계없이 그 문화권에서 태어나면서 자연스럽게 자기의 것으로 익히게 되었던 것뿐이지요.

다른 문화와 처음 접했을 때, 제가 자란 우리의 문화와 저 자신을 중심에 놓고 다른 문화와 외국인을 판단하려는 마음이 강했지만 여러 번 경험하는 가운데 그런 마음이 점차 약해지고 있습니다. 의지적으로 그런 판단의 마음을 버리려고 노력하고 있습니다. 그것은 판단의 대상이 되지 못하는 것이라고 생각하기 때문입니다. 자기 것이라고 해서 자기의 문화가 다른 문화보다 더 좋다고 할 수는 없는 것이지요. 그것은 '더 좋다, 더 나쁘다'로 판단할 것이 아니라, 서로의 다름을 같은 차원에서 인정하여야 하는 것이었습니다. 저는 한국에서 태어났기 때문에 한국적인 것이 저의 것이 되어 버린 셈이지요.

그렇듯 자기가 자라난 환경은 자기를 형성하는 데 결정적인 영향을 주는 것입니다. 인간이 태어나 그것도 자기 밖에서 들어오는 자극들을 걸러 주는 체계screening system가 없이 전적으로 누군가에게 의존해야 하는 가장 연약한 때를 생각해 보지요. 그 수 년 동안을 다른 환경과는 거의 접촉이 없는 가운데서 부모와만 주로 지내게 된다는 것이, 자기상을 형성하는 데 얼마만한 영향을 줄 것인가에 대해서는 여러분께서 충분히 상상할 수 있을 것이라 생각합니다. 물론 점차 영향력의 강도는 줄어들겠지만, 결혼하여 자기의 독립적인 가정을 이루고 살 때까지 부모는 어느 누구보다도 강한 영향력을 미치는 인물이 된다고 하겠습니다.

■ 기질에 대해서 한마디

아이들을 키울 때 부모의 나이가 다르고, 신체적인 상태도 다르고, 사회적 상태 등도 다르기 때문에 부모가 모든 자녀들에게 항상 똑같은 환경이 된다고 할 수는 없습니다. 그런데 부모라는 환경이 똑같다고 가정해 보도록 하지요. 그럼에도 형제자매들은 서로 다른 성격을 가지게 될 것입니다. 이는 각자가 가지고 태어난 다른 기질이 중요하게 작용하기 때문입니다. 하나님께서 사람을 각각 다르게 만드신 것이지요. 선천적인 생물학적 환경인 기질이 각 사람을 독특하게 해준다고 하겠습니다. 바로 이 기질과 후천적인 환경이 상호작용을 하면서 그 사람의 성격을 형성해 가게 되어 있습니다. 그리하여 태어난 직후부터 기질은 후천적 환경과 상호작용을 하는 가운데 성격의 구성요소로 들어가 버리기 때문에 그 고유의 모습은 찾기가 불가능합니다. 그렇기 때문에 성격에 대해 얘기할 때 기질만을 따로 떼어 논하는 것을 주의하여야 할 것입니다.

(물론, 어릴 때일수록 후천적인 환경과의 상호작용이 덜하기 때문에 더 어릴 적의 모습을 통해 기질에 대해 그만큼 정확히 알 수 있다고 하겠습니다. 사실 기질에 대해 정확히 아는 만큼 그 사람을 적절하게 양육하는 데 도움을 받을 수 있는데, 그런 의미에서 어머니들이 육아일기를 쓴다는 것은 중요한 것이라 하겠습니다.)

결국 기질은 태어나자마자 이미 다른 것들과 작용하는 가운데 그 고유의 모습을 잃어가는 대신, 그 사람을 형성하는 데 기여하는 하나의 인자가 된다고 할 수 있겠습니다. 하나의 인자로서의 기질은 고유한 모습을 견지하면서 독립적으로 존재한다기보다는, 이미 자기 모습을 잃어 더 이상은 독립적으로 존재하지 않는 것이라고 해야 할 것입니다. 물은 수소 두 개와 산소 하나로 구성되는데, 물에서는 수소나 산소가 각각의 고유의 모습을 가지지 않는 것과 마찬가지 이치입니다.

그렇기 때문에 이제 사람 안에서는 독립적인 의미에서 기질은 없다고 하여야 할 것입니다. 태어나기 전에는 기질이 있지만, 진정한 의미에서 태어난 이후에는 없다고 하여야 할 것입니다. 그것은 이미 형체를 알아볼 수 없을 정도로 나누어지고 흩어져 그 사람(의 인격 또는 성격)을 이루고 있기 때문입니다. 그래서 우리들에게는 기질이라는 것은 없고, 구체적으로 알 수도 없고, 또 통제할 수 있는 것이 전혀 아니기 때문에 그 쪽으로 마음을 많이 쓴다는 것은 정신적인 에너지 낭비가 된다고 할 수 있겠습니다. 결국 우리가 통제할 수 있는 후천적 환경에 관심을 주로 갖는 것이 실제적으로 중요하다고 할 수 있습니다. 그래서 저는 위에서 후천적 환경에서 제일 중요한 부모의 역할에 대해 다루었습니다.

그러나 그럼에도 각 사람이 자기를 형성하는 데에는 인간이 정확히 알 수도 없고 통제할 수 없는 것으로, 하나님께서 그 사람에게만 독특하게 주신 기질이 중요하게 작용한다는 '의식'은 꼭 견지하여야 하겠습니다. 그런 내용을 가지는 기질이 있다는 의식은, 아이들을 대하는 데 있어서 전체적인 균형을 잡아주는 데 필수불가결한 것이기 때문입니다. 아이가 자기를 형성하는 데 부모가 아무리 강력한 영향을 미친다 하더라도, 그것은 영향을 미치는 것일 뿐입니다. 아이를 완전히 형성시켜 준다는 것이 아니라는 것이지요. '아이를 만드는 것'이 아니라는 것입니다. 부모는, 그런 식으로 마음을 가져서도 절대로 안 되지만, 아이를 부모가 원하는 그 사람으로 만들어 갈 수도 없습니다. 결단코 없습니다. 그런 생각을 가지는 부모는 꼭 좌절을 경험하게 되어 있습니다. 그것은 자기가 스스로 자초하는 화라 할 수 있습니다. 인간은 자기가 할 수 있는 영역에서 최선을 다하는 것이지, 모든 것을 통제할 수 있는 존재가 아니라는 것을 깊이 인식하여 아이가 하나님께서 원하시는 그 사람으로 자라도록 돕는 훌륭한 조력자가 되도록 노력하여야 할 것입니다.

그렇게 선택에도, 통제에도 인간이 전혀 관여할 수 없는 것으로 하나님으로부터 오는 것이 있음을 '의식함'이, 우리들로 하여금 우리들의 좌표가 어떠한지 바른 인식을 갖게 해주어 그 마땅한 겸허함에 거하게 하는 데 중요하게 기여함을 보게 됩니다.

❷ 부모의 사랑

이는 앞에서 중간중간 다루어졌기 때문에 처음에는 그냥 항목만 적어 놓고 넘어가려고 하였으나, 아주 중요한 것인데 그냥 넘어가기가 섭섭하여 간단하게나마 다루고 넘어가는 것이 좋겠다고 생각하였습니다.

인간의 출생은 어떤 의미에서는 낯선 세상에 태어나 낯선 사람들을 만나게 되는 것이라 할 수 있습니다. 이 낯선 것들과 어떤 마음을 가지고 대하는가 하는 것이 첫 번째로 중요한 과제가 된다고 하겠습니다. 그러나 아이는 주도권을 선취할 수 있는 존재가 되지 못합니다. 즉, 자기가 먼저 이 낯선 세상과 낯선 사람들에 대해 이렇다 저렇다 평가하여 판단할 수 있는 위치에 서 있지 못하다는 것입니다. 전체적인 능력 자체로 볼 때도 당연히 그러하지만, 그것들은 자기보다 먼저 존재하고 있다는 점에서도 그러하다 할 수 있습니다. 오히려 객관적으로 보면 아이가 세상과 사람들에게 낯선 존재가 된다고 하겠습니다.

그렇기 때문에 아이는 '낯선 세상과 사람이 자기를 어떻게 볼까?' 또는 '낯선 세상과 사람들에게 내가 어떻게 받아들여질까?' 라고 하는 물음과 동시에 과제를 가지고 있다고 할 수 있습니다. 이에 대한 답은 거의 전적으로 부모에 의해 주어진다고 하겠습니다. 앞에서도 살펴본 바지만, 부모가 사랑으로 적절하게 돌본다면 아이는 '나는 사랑을 받는 사람', '나는 사랑을 받을 수 있는 사람' 이라는 건강하고 긍정적인 자기상을 형성하게 될 것입니다.

표현상 그것은 그리스도인들이 부정해야 하는, 자기를 높이는 것으로 느껴질 수 있습니다. 그러나 그것은 하나님을 떠난 자기중심적이고 이기적인 그 자기와는 분명하게 구분이 될 것으로 생각합니다. 공유하는 부분도 있지만, 여기서 얘기되는 자기의 개념은 성경에서 언급되는 개념과 다른 좌표축에 놓여 있다고 할 수 있습니다. 겉모양은 같으나 내용은 서로 다른 차원에 속해 있다고 해야 할 것입니다. 사랑에 대해 건강하고 긍정적인 자기상에 대해 좀더 정확한 표현을 골라본다면, '적절하게 주어지는 사랑을 적절하게 받을 수 있는 자기상' 이라 할 수 있겠습니다.

(중요한 개념이니 간략하게라도 언급하는 것이 좋을 것 같습니다. 성경에 나타나는 '자기' 라는 용어는 여러 다른 용어로 사용되고 있습니다. 어

떤 때는 전체자기로서 언급되기도 하지만, 어떤 때는 부분적 자기로 언급됩니다. 부분적인 자기 중에서도 하나님을 떠나 있는 옛사람의 성품을 일컫기도 하는데 이는 '자기중심적이고 이기적인' 부분으로서의 자기를 가리키며 바로 그리스도인이 부정해야 하는 자기입니다. 그러나 부분적인 자기로 새사람의 성품을 가리키기도 하는데, 이는 '하나님 중심적이고 이타적인' 부분으로서의 자기로 그리스도인이 강화시켜야 하는 자기입니다.)

어렸을 적에 적절한 사랑을 충분히 받지 못한 사람들은 자기에게 적절한 사랑이 주어질 때 쉽게 받아들이지 못합니다. 사랑을 받는 것도 계발하여야 하는 자질인 것입니다. 이 말을 절대로 가볍게 넘기시지 않기를 바랍니다. 적절한 사랑을 받아보지 못한 사람이 적절한 사랑이 어떤 것인지 어떻게 알 수 있겠으며, 알지 못하는데 어떻게 적절한 사랑인 줄 알아 수월하게 받아들일 수 있겠습니까? 그런 사람들에게는 자기의 역사를 통해, 사랑이 올 때 진짜 자기에게 오는 사랑인지를 쉽게 믿지 못하는 경향이 이미 자리 잡고 있다고 할 수 있습니다. 인간관계에서 가장 중요한 것이 사랑의 주고받음인데, 주는 것은 차치하고 받는 것 자체가 어려우니 정상적이고 바람직한 삶을 꾸려가기가 어렵지 않겠습니까? 그런 사람은 하나님의 사랑에 대해서도 받아들이는 것을 어려워할 수 있습니다.

사랑을 받아본 사람만이 사랑을 받을 수 있습니다. 나아가 사랑을 받아본 사람만이 사랑을 할 수 있습니다. 그렇기에 부모가 아이를 적절하게 사랑한다는 것은 얼마나 중요한 일인지 모르겠습니다. 또 그렇게 되어 건강하고 긍정적인 자기상을 형성하게 되면, 자연히 세상과 사람들에 대해서 신뢰하는 마음을 가지게 되는 동시에 사랑할 대상으로 바라보게 될 것입니다. 그렇기에 이는 사람이 태어나서 가장 먼저 수행하여야 하는, 다른 어떤 것보다도 우선되어야 하는 가장 기본적이고 가장 중요한 과제라 할 것입니다.

▶ 부모됨을 위한 준비의 필요성

부모의 사랑을 언급하면서 부모됨을 준비하는 것을, 부모의 사랑의 범위에 포함시켜 강조해야 하지 않겠는가 하는 외침이 저의 내면에서 일어나고 있습니다. 그 마음의 움직임을 계속하여 외면하기가 어려울 것 같습니다. 그래서 다루도록 하겠습니다.

사례 차 딸을 사랑하는 아빠가 있음을 보여 주겠다

어느 청년부에서 특강을 마친 뒤, 함께 다과를 들면서 담소를 나누는 자리였습니다. 특강에서 남아선호사상으로 인해 많은 한국여성들이 부당한 취급을 당해 온 것에 대해 사례를 들어 지적하였는데, 한 형제가 특별한 동감을 표했습니다. 이유가 있었습니다. 그는 자기 집에서 막내이면서 외아들로 자랐습니다. 위로 누나가 둘 있었다고 합니다. 부모들은 그를 심하게 편애하였습니다. 자기가 보기에도 부담스러울 정도의 편애를 받는 그는 누나들에 대해 미안한 마음을 가지게 되었습니다. 그러면서 '내가 결혼해서 딸을 낳으면 이 땅에 딸을 사랑하는 아빠가 있음을 보여 주겠다' 라는 마음을 키워 오게 되었습니다. 어릴 적부터 생각한 마음이 지금도 변함이 없다면서 자기는 남아선호사상을 생활로 무너뜨리겠다고 하였습니다.

저는 그 말을 들으면서 다소 우려되는 마음이 있었습니다. 그래서 물어 보았습니다. "아이를 낳게 된다면 아들 딸 중 누구를 원하느냐?"라고 물었습니다. 그는 당연하게 딸을 원한다고 하였습니다. 아마도 딸을 사랑하는 아빠가 있음을 보여주고자 하는 마음은 10여 년을 통해 영글어 온 것

이기 때문에, 딸을 원하고 또 가지는 것에 대한 기대는 당연한 것이라 할 수 있을 것입니다. 그래서 두 번째 질문을 하였습니다. "만약에 아들을 먼저 낳게 되면 어떻게 할 것인가?"를 물었습니다. 그는 딸을 갖기 위해 또 아이를 가질 것이라 했습니다. 그런데 그 두 번째 질문에 답하면서 그는 질문하는 의도를 눈치 채게 되었던지, 당당했던 목소리가 한풀 꺾이게 되는 것을 느꼈습니다. 아마도 결혼을 하면 딸을 갖기 위한 노력을 계속할 것입니다.

여러분은 제가 그에게 질문한 의도를 파악하셨는지요? 그렇습니다. 딸을 원하는 마음은 그에게서는 평범한 수준을 넘어서 상당히 지나치게 느껴졌습니다. 만약에 결혼하여 아들을 먼저 낳았다면 원했던 딸이 아닌 것에 대해 상당히 실망할 가능성이 높습니다. 그래서 딸을 가지기 위해 노력했겠지요. 그러면서 어떤 일이 일어났을까요? 그렇습니다. 아들에게 소홀할 가능성이 높습니다. 그는 아들을 원하는 마음이 별로 없었거든요. 아들은 그에게서 '원하지 않은 아이unwanted baby'가 되어 있기 때문에, 그 '원하지 않았음'이 아들을 대하는 데 틀림없이 영향을 주었을 것입니다. 또 두 번째 아이가 딸이었을 때를 생각해보지요. 그의 사랑은 누구에게 더 많이 가겠습니까? 당연히 딸이겠지요. 딸을 상당히 편애할 가능성이 높다고 하겠습니다. 글쎄요, 자신이 부모로부터 받았지만 부당하다고 느낀 편애만큼 딸을 편애하게 될까요? 그럼 어떻게 되는 것이지요? 이번에는 아들이 당하는 셈이 됩니다. 그렇기 때문에 그가 발전시켰어야 하는 마음은 '딸을 사랑하는 아빠가 있음을 보여 주겠다'가 아니라, '나는 아들과 딸을 편애하지 않고 똑같은 사랑으로 키우겠다'라는 것이 되었어야 했던 것이지요.

우리는 자연적으로는 그렇게 균형 잡힌 사고를 하기가 어렵습니다. 대개 자연적이고 자동적으로는 반동적인-아들 편애에 대해 딸 편애로 넘어가는- 반응을 보이게 되어 있습니다. 그것은 또 다른 삶의 왜곡을 낳게 되지요. 그렇기 때문에 우리는 우리의 정신세계에서 자연적이고 자동적으로 이루어지게 되는 흐름들에 대해 들여다보고 통제하여 바로잡아 보려는 의지적인 노력을 기울여야 한다고 재차 강조합니다. 이 작업을 게을리 하다가는 이미 생겨난 경향과 등식에 너무 익숙해지게 되어 우리의 삶에 지향을 심기가 어렵게 될 것입니다.

아빠가 되는 것은 결혼하여 아이를 낳으면 되는 것인가요? 그러면 정말 아빠가 되는 것입니까? 그렇지 않을 것입니다. 생물학적인 영역의 아빠는 노력하지 않고 저절로 되는 것이라 할 수 있지요. 그러나 아빠 됨은 생물학적인 영역뿐 아니라, 그보다 훨씬 고차원적인 정신적인 영역에도 걸쳐 있는 것입니다. 모든 분들이 동의하겠지만, 어찌 아빠가 된다는 것을 생물학적인 의미에서만 생각할 수 있겠습니까? 진정한 아빠 됨은 정신적인 의미에서 찾아야 하는 것이지 않습니까? 그것은 관계에 들어서는 것을 의미합니다. 아이에 대해 아빠로서 관계를 맺게 되는 것이지요. 관계를 잘 맺는 것은 노력 없이 저절로 되는 것이 아니라 하겠습니다.

그는 결혼을 하기 전에 또는 아빠가 되기 전에 아빠 됨이 무엇인지에 대해 진지하게 배우고 생각해야 할 것입니다. 그리고 태어나게 될 아이들에게 좋은 아빠가 되기 위해 자기의 닫힌의식 안에 어떤 내용들의 마음의 응어리complex가 있는지 성실하게 살펴보는 작업을 해야 합니다. 그래서 좋은 아빠가 되는 것을 방해할 수 있는 닫힌의식의 내용들이 있으면, 그것들을 다루고 치유하는 과정을 능동적으로 걸어가야 할 것입니다. 그렇지 않으면 부정적인 마음의 응어리들이 좋은 아빠가 되는 것을 틀림없이 방해하게 될 것입니다.

한 사례를 가지고 살펴보는 것이기 때문에 한계가 있지만, 저는 아빠의 사랑은 이렇게 아빠 됨을 준비하는 것까지 포함하여야 한다고 주장합니다. 아마도 준비해야 할 것들이 많이 있을 것입니다. 그 중에서도 가장 먼저, 가장 힘써 준비해야 하는 것은 자기 자신의 정신세계를 살펴보아 잘못된 의식, 경향 등을 바로잡고 자기상, 자존감, 정체성 등등을 확인해 보면서 더욱더 올바르게 자기 자신을 세우는 작업이어야 한다고 생각합니다. 그것은 그 시점에서 가장 자기스러운 자기가 되어 있는 것이라 하겠습니다. (여기서는 아빠 됨에 대해 다루었는데, 엄마 됨에 대해서도 동일한 적용을 하실 것으로 생각합니다. 사실 아이 양육에 있어서 엄마의 비중은 아빠보다 당연히 훨씬 중요하다는 것은 제가 구체적으로 강조하지 않아도 이미 아시고 계실 것으로 예상하여 특별히 강조하지는 않고 있습니다.)

마지막으로 강조하고 또 강조하고 싶은 것은 아빠 됨과 엄마 됨은 아이 낳으면 그냥 되는 것이 아니라, 이를 위해 준비해야 한다는 '의식' 입니다. 모든 사람에게 이 의식이 생겨날 수 있었으면 좋겠습니다. 그런 의식을 가지고 부모의 역할을 하는 사람들이 많이 일어나기를 바라는 마음 간절합니다. 중요한 영역에서 '의지적인 의식' 을 키우는 것은 참으로 중요한 일입니다. 이는 이렇게 발전되어야 할 것입니다. 아내는 남편을 생각하면서, 남편은 아내를 생각하면서, '어떻게 하면 좋은 아내, 좋은 남편이 될 수 있을까? 그러기 위해서는 어떤 마음을 가지고 어떻게 해야 할까?' 를 생각하는 것입니다. 그냥 살지 않았으면 좋겠습니다. 좋은 아내, 좋은 남편, 좋은 아빠, 좋은 엄마, 좋은 자녀, 좋은 친구 등등이 되기 위해 나는 어떻게 해야 할까를 생각하는 '의식' 을 가지고 살아갔으면 좋겠습니다.

그래서 아내의 기쁨을 위해 한 달에 한 번쯤은 영화나 연극을 보러 가는 것을, 또 미술전람회나 음악 감상회를 가는 것을 고려해 본다든지, '자주할 수는 없지만 그래도 오붓한 곳에서 외식을 하며 집안에서 하지 못했던 얘기를 나눌 수 있는 기회를 마련해야 할 텐데 얼마 만에 한 번이 좋을까?'를 생각할 수 있었으면 좋겠습니다. 올 한해 식구들이 어떻게 지내고 있는지, 그 동안 집안에 어떤 일이 있었는지, 아이들은 어떻게 커 가고 있는지, 서로의 자세는 어떠한지 등등에 대해 일 년에 몇 차례는 함께 점검해 보는 시간을 가져야 되겠다는 생각을 할 수 있으면 좋겠습니다. 그리고 3년이든 5년이든 일정 주기를 두고 몇 월 며칠에는 두 사람의 결혼생활에 대해 과거, 현재 그리고 미래에 대해 함께 생각해 보는 시간을 갖기로 한다든지……. 그냥 살아가지 않고 자신들의 사정에 맞게 더 나은 삶을 위해 무엇을 계획하여 살 것인가에 대해 생각을 하는 가운데 오늘을 맞이할 수 있기를 바라는 마음 간절합니다. 그러면 우리네의 삶이 전보다는 많이 다른 색깔을 띠게 되지 않을까요?

가족애를 증진시키기 위해 : '정기적으로 등산을 함께 하는 것이 좋을까? 어디 조용한 곳에서 캠핑을 하는 것은 어떨까? 낯선 곳을 여행하는 것은 어떨까? 가족 수련회는 어떨까?' 등등.

아이들끼리 형제애를 증진시키기 위해 : '운동을 다 같이 하는 것이 좋을까? 그러면 어떤 운동이 그런 취지에 적합할까? 개인적으로 하는 운동도 있고 단체로 하는 것이 있는데……무엇인가 하나가 되어 같이 해야 되는 일을 함께 하는 것도 좋을 것 같은데……대화의 시간을 정기적으로 갖게 하는 것은 어떨까?' 등등.

신앙을 위해 : '가족예배가 좋을 텐데, 예배형식이 좋을까? 경건의 시간식으로 각자 성경을 읽은 다음 자기가 생각하게 된 것을 얘기하게 하는 것이 좋을까? 아이들에게 돌아가면서 기도를 하게 할까? 성경을 정기적으로 함께 읽는 것이 좋을까? 그러면 시간은 언제가 좋을까? 몇 장 또는 몇 절, 아니 한 문단을 읽는 것이 좋을까? 찬양을 할 때는 화음을 넣을 수 있도록 훈련하는 것이 좋겠다. 딸의 세례식에는 어떤 축하를 해주어야 진정한 세례의 의미를 깨닫는 데 도움이 될까?' 등등.

무슨 관계든 무슨 일이든 지금보다 더 좋게 하기 위해 '무엇을 어떻게 하는 것이 좋을까?' 하는 '의식'을 가지고 살아갈 수 있으면 참 좋겠습니다. 물론, 삶이 우리를 그렇게 여유롭게 놔두지만은 않지요. 만약의 경우 여유가 전혀 없어서 아무것도 할 수 없는 상태에 있게 된다면, 비록 지금은 아무것도 할 수 없다 하더라도 그러는 가운데서도 그 의식만은 견지하도록 애쓰는 것입니다 그래서 여유가 생기는 대로 할 수 있는 만큼 행하면 되는 것이지요.

우리의 마음이 가 있어야 하는 내용과 영역들에 대해서는 늘 의식이 깨어 있을 수 있으면 좋겠습니다. 그러도록 자기를 훈련할 수 있으면 좋겠습니다. 애써서 훈련하면 그만큼 깨어있는 의식을 가지게 될 것입니다. 그 중에서도 가장 중요한 것은 '하나님(과 관계된) 의식'이지요. 인간에 대한 사유를 좀 강조하고자 하면 다음과 같이 기술될 수 있습니다.

하나님은 창조주이시고 구원자이시며 영존하시면서 그 영원한 세계를 섭리해 가실 분이심에 대한 믿음과 함께, 그 하나님에 비추어 보는 가운데 인간인 나는 결코 자존자가 아니고 지어진 존재이고, 영원 전부터 존재한 것이 아니라 언젠가부터 존재하게 된 존재에 불과하며, 스스로 원해서 태어나게 된 존재가 아니고 의도하지 않게 태어났고, 이제 곧 있으면 원하지 않게 죽음을 맞이해야 하는 존재이고, 알 수 있는 것이 무한대로 열리는 것이 아니라 제한되어 있고, 이 잠깐의 생(生) 속에서 자신의 이익을 위해 사는 것은 전혀 의미가 없고, 나는 이 세상뿐 아니라 나의 인생에서도 주인공이 아니라 조연이고, 그럼에도 불구하고 끊임없이 자기중심적이고 이기적으로 움직이려는 충동을 평생 짊어지고 살아가야 하는 것을 인정하지 않을 수 없고, 무엇이 선하고 좋은 것임을 아나 그대로 온전히 행하지 못하고, 이제 하나님의 전적인 은혜로 구원문을 통과하여 성화로의 과정에 있는 존재이고, 은혜를 입은 자로서 그 마땅한 삶을 살아가야 하고……그러한 자임을 의식하는 것입니다.

그 하나님의식이 우리 모두에게 순간이라도 끊이지 않도록 우리를 깨우고 또 깨우고 그리고 또 깨우는 수고를 마다하지 않아야 할 것입니다.

편애에 대해

사례에서도 느끼셨겠지만, 편애는 사랑을 적절하게 받지 못하는 사람은 물론, 편애를 받는 사람에게도 문제를 야기하게 되어 있습니다. 위의 경우 편애를 받은 형제는 누나들에 대해 미안한 미음을 가지고 자라왔습니다. 형제자매의 관계에서 한 쪽이 미안한 마음을 가지고 있는 것이 어떤 영향을 줄 것 같습니까? 긍정적인 영향을 줄 수 있을까요? 전체적인 관점에서 볼 때 그렇지 않습니다 그 형제가 왜 미안해야 합니까? 자기가 잘못한 것이 있습니까? 아닙니다. 자기의 잘못이 아니라 부모의 잘못에 의해 미안한 마음을 가지게 된 것이지요. 누나들을 대할 때 미안한 마음을 가지고 대하게 됩니다. 여러분이 어떤 사람과 관계를 맺는데 미안한 마음이 있게 되면 어떻습니까? 자연스럽고 진정한 만남이 되어지나요? 쉽지 않을 것입니다. 그 관계는 '미안한 관계'가 될 것입니다. 자연스러운 관계로 발전되어지는 것을 방해하게 되지요. 그는 또 누나들을 대할 때 자연스럽지 않은 '미안한 의식'을 가지고 대하게 될 것입니다.

형제자매의 관계가 그렇게 한 쪽에서 기본적으로 미안한 마음을 가지고 대해야 하는 것인가요? 그래서는 안 되지요. 가능한 범위 내에서 어떤 특별한 의식이 없이 자연스럽게 발전되어져 가야 합니다. 어떤 인위적인 '의식' 또는 꼭 인위적이지는 않더라도 어떤 강한 '의식'이 있으면 있는 만큼 자연스러움을 깨트리게 될 것입니다. 그러면 그 만남은 그 의식만큼 제한을 받게 되어 있습니다. 편애는 어느 누구에게도 유익하지 못한 만년 말썽꾸러기가 되는 것임을 기억하시기 바랍니다.

❸ 부모의 칭찬과 꾸중

여러분 스스로의 경험을 더듬어 보시기 바랍니다. 부모님에게서 받은 칭찬과 꾸중이 어떻게 자기에게 영향을 주었는지에 대해 한번 생각해보시기 바랍니다. 칭찬을 또는 꾸중을 많이 들은 사람은 각각 어떤 자기상을 형성하겠습니까?

칭찬은 단순히 들어서 기분이 좋은 것으로 끝나지 않게 되어 있습니다. 자기 존재의 받아들여짐과 밀접하게 연결되어 있습니다. 칭찬을 듣는 것은 자기존재가 가장 중요한 사람인 부모에게 받아들여지는 것을 의미합니다. '가장 중요한 사람에게 받아들여지는 사람'이라는 자기상은 그 사람에게 아주 높은 안전감을 심어줄 것입니다. 그것은 다른 사람과 세상을 향해 긍정적이고 능동적인 모험을 해나가는 데 귀중한 베이스캠프 역할을 하게 될 것입니다.

또한 칭찬을 받는다는 것은 상대방을 기쁘게 해주었다는 것을 의미합니다. 자기가, 자기에게 가장 중요한 분을 기쁘게 할 수 있는 사람이라는 자기상을 갖게 되는 것은 받아들여짐보다 한 차원 높은 의미를 지닌다고 할 수 있습니다. 그것은 자기존재의 의미와 관련되기 때문입니다. 받기만 해온 존재에서 무엇인가 좋은 것을 부모님께 '해드릴 수 있는 존재'로 이행할 수 있다는 것은 아주 신나는 경험입니다. 즉, 자기가 이 땅에 있음이 다른 사람에게 기쁨이 된다는 것은, 보통 기쁨이 아니라 더할 나위가 없는 기쁨을 주는 것이 되는 것입니다. 자기 밖의 존재(하나님과 이웃들)들에게 기쁨이 되는 것 이상으로 자기존재를 의미 있게 느끼게 하는 것이 있을까요? 그런 사람은 기쁨과 즐거움으로 삶을 대하게 될 것입니다. 그러면서 밝고 긍정적인 자존감이 깊이 뿌리를 내리게 될 것입니다.

꾸중에 대해서는 대개 위의 진행방향을 거꾸로 해서 접근을 하면 되겠습니다. 전체적으로 부모님의 칭찬은 긍정적이고 능동적이고 적극적인 자기상을, 그리고 꾸중은 부정적이고 수동적이고 소극적인 자기상을 형성하는 데 영향을 준다고 정리할 수 있겠습니다.

그러나 칭찬이 좋다고 하여 부적절한 것으로 칭찬을 하거나 과대하게 칭찬을 하는 것은 문제가 있습니다. 문제가 있어도 심각한 문제가 있습니다. 객관적인 자기와 다른 자기상을 가지게 하기 때문입니다. 그렇게 자라 온 아이는 가정을 떠난 환경에서는 적절한 적응을 하지 못할 가능성이 높습니다. 그렇게 되면 부모에 대한 신뢰의 마음에 상처가 가해지면서 여러 부작용을 낳게 될 것입니다. 가능한 범위 내에서 사실에 근거한 적절한 칭찬이 생명이 있습니다. 가정에서나 가정 밖에서나 일관적이기 때문입니다.

아이의 잘못에 대한 접근

이에 관련되어 하나 더 생각하고 싶은 것은, 아이의 잘못에 대한 접근입니다. 잘못에 대해서는 물론 야단을 칠 수 있습니다. 잘못을 지적해 주는 것이지요. 그런데 이 방법은 불가피하거나 아주 분명하게 알아야 하는 잘못에 대해 사용하시고, 먼저는 잘하거나 정상적으로 하는 것을 칭찬함으로써 잘못된 것을 스스로 하지 않도록 하는 방법을 써 보시기를 권합니다. 그러면 아이는 칭찬을 받는 쪽의 행동을 해가게 되면서, 잘못된 것에는 주의를 기울이지 않게 되면서 저절로 하지 않게 되는 효과가 있습니다. 그런데 좀, 아니 좀이 아니라 많이 힘이 들 것입니다. 잘못을 지적하고 싶은 마음이 자꾸 튀어 나오려 할 것이기 때문입니다. 또 열심히 아이의 언행을 살피면서 칭찬해 줄 만한 것이 나오기를 주의해서 관찰하여야 하기 때문입니다. 아이를 열심히 살피면서 꼭 잘하는 것은 아니지만 정상적인 것만 나와도 '바로 그때' 지적하여 칭찬하고 격려하시도록 노력해 보시기 바랍니다. 아이는 잘못된 것을 하는 것을 잊어버리게 될 것입니다. 만약에 그렇게 해서 잘못된 것을 극복할 수 있다면 아이의 자기상에 바로 앞에서 언급한 긍정적인 측면들이 훨씬 많이 가미될 것입니다.

병의 치료에는 크게 두 가지 접근방법이 있다고 하겠습니다. 첫 번째 방법은 수술과 같이 병소를 제거해 내거나, 약을 써서 병균을 제거하는 것같이 병적인 것을 직접적으로 없애는 것입니다. 두 번째 방법은 병적인 부분은 그냥 두고, 몸의 전체적인 건강을 더욱 건강하게 만들어 몸이 스스로 병적인 부분을 극복하게 하는 것입니다. 예를 들어, 폐결핵에 걸렸을 때 약뿐만 아니라 공기가 좋은 곳에서 영양분이 풍부한 식사를 하여 몸을 돌보는 것은 그러한 원리에서 나온 것입니다. 특히, 정신이 신체와 아주 밀접한 관계를 가지고 있으면서 상당한 영향을 미친다는 정신신체의학이 더욱 발달해 가면서, 후자의 접근에 대한 관심이 높아지고 있습니다. 당연히 가장 좋은 방법은 두 가지 방법을 적절한 비중으로 균형 있게 사용하는 것입니다.

칭찬으로 잘못된 것에 대해 간접적으로 접근해 가는 것은 두 번째 치료의 원리와 같은 것입니다. 그러나 물론 칭찬으로 접근해서 문제가 다 해결되지는 않습니다. 매를 들어야 할 때가 있습니다. 아주 중요한 영역에서 잘못할 때는 분명하게 매를 들어야 할 것입니다. 그러나 이쪽으로 나가는 것은 본론에서 벗어나는 것이기 때문에 여기서 멈추겠습니다. 다만, 그런 원리가 있다는 것을 기억해 두시고 잘 활용할 수 있었으면 좋겠습니다.

칭찬과 꾸중을 할 때, 어떤 쪽에 강조를 두느냐 하는 것도 중요합니다. 동기와 과정을 중요시하는지, 아니면 그것과 관계없이 결과를 주로 따지는지. 그렇기 때문에 부모의 인격이 아이에게 미치는 영향의 중요성이라는 것은 아무리 강조를 한다 하더라도 지나침이 있을 수 없습니다.

꾸중 또는 야단과 벌을 줄 때 부드러운 설명을 함께

또 꾸중을 할 때면 그 이유를 아이가 알아들을 수 있게 꼭 설명 하도록 노력하시기 바랍니다. 전혀 못 알아듣는데 억지로 설명하는 것은 문제가 있지만, 보통의 경우는 생각보다 아이들이 잘 알아듣는다고 보시면 되겠습니다. 이유를 설명하여 아이가 이해하고 마음속에서 동의가 되는 상태에서 야단을 하고 벌을 주는 경우, 아이에게 정신적으로 상처가 가해질 가능성이 아주 적게 될 것입니다. 그리고 자기 스스로 잘못을 하지 않으려는 힘을 키우게 될 것입니다. 그러나 설명 없이 또는 아이가 이해할 수 없어 마음속으로 동의가 되지 않는 가운데 야단과 벌을 받는 경우는, 상처가 되면서 저항감과 분노를 마음속에 쌓아가게 될 가능성이 아주 높게 됩니다. 부모의 벌과 야단이 적절해야 하는 것은 말할 필요도 없고, 그럴 때 가능한 범위 내에서 아이에게 설명을 해주는 것을 잊지 않으시기 바랍니다.

부모의 일관된 태도

부모의 칭찬이나 꾸중과 함께 꼭 생각할 것은, 부모가 자녀에 대해 일관된 태도를 취해야 한다는 것입니다. 아버지와 어머니의 기준이 다르게 되면 아이는 혼동을 일으키게 됩니다. 자기에게는 둘 다 중요한 분인데, 어느 한 쪽을 선택해야 한다는 것은 아이에게 아주 잔인한 선택을 강요하는 것을 의미하기 때문입니다. 아버지에게는 아버지의 기준에, 어머니에게는 어머니의 기준에 맞추려 하는 가운데 이중성과 부정적인 눈치성이 발달될 가능성이 높다고 하겠습니다. 사실 그 부작용을 따지자면 한이 없다고 해도 과언이 아닙니다. 자기의 생각이 정말 좋고 옳은 것 같은 때라 하더라도 한 발 양보하여 배우자와 일관된 태도를 취하는 것이 전체적으로는 더 좋은 것이라는 것을 꼭 염두에 두셨으면 좋겠습니다. 두 분이 한 마음을 품는다는 것은 참으로 중요하다고 하겠습니다. 어찌 두 분이 깊이 사랑하지 않고서 한 마음을 가질 수 있겠습니까? 아버지와 어머니가 서로 사랑하고 화목하여 한마음을 갖는다는 것은 아이에게 결정적으로 좋은 환경을 마련하는 것임을 강조하고 또 강조하고자 합니다.

부모의 '안돼'는 '안돼'여야 한다

꾸중과 관련하여 한 가지 중요한 것을 나누고 싶습니다. 그것은 '안돼'에 대한 것입니다. 아이들은 무한정 자유를 누릴 수 없습니다. 부모님에 의해 지도된 자유를 누려야 합니다. 예를 들어, 갓난아이는 손에 화상을 입을 수 있는 뜨거운 것을 만지도록 해서는 안 됩니다. 그것에 대해서는 분명하게 '안돼'를 가르쳐야 합니다. 그런 것과 함께 훨씬 어려운 것으로, 인격적인 영역에서 '안돼'를 가르쳐야 할 것이 많습니다. 거짓말을 하는 것, 훔치는 것, 어른 특히, 부모에게 무례하게 행하는 것, 지나치게 자기중심적인 것, 힘이 약한 아이를 무시하는 것, 약속을 지키지 않는 것, 휴지를 아무 데나 버리는 것, 자기 방을 일정 수준 이상으로 어지럽혀 놓는 것 등등 '안돼' 해야 하는 것들을 수없이 만나게 됩니다. 자연적인 인간은 자동적으로 선한 것을 알아 가게끔 되어 있지 않기 때문입니다. 선한 인격을 자동적으로 형성해 갈 수 없기에 부모를 비롯한 어른들로부터 가르침을 받아야 합니다. 아이들은 자기의 한계 또는 분수를 지키는 가운데서 자유할 수 있음을 배워야 합니다.

안되는 것에 대해 부모가 '안돼' 하면 아이가 안 되는 것으로 확실히 알게 하는 것이 중요합니다. 그러기 위해서는 사소한 아무것에서나 '안돼'를 남용하는 것을 조심하여야 합니다. 그렇게 중요하지 않은 것들에 있어서는 자유로울 수 있도록 부모 스스로 마음에 유연성을 더하시는 것이 필요합니다. 다소 융통성이 있는 것들에 있어서는 '안돼'가 아니라 다른 접근을 하시기 바랍니다. '자, 한번 생각을 해보자. 너는 네가 그렇게 한 것에 대해 어떻게 생각하지? 음, 그것에 대해서는 아빠의 생각은 이러한데', '엄마는 네가 이렇게 했으면 좋겠는데……' 등등 다른 대안적 접근들을 잘 마련하시는 것이 지혜롭습니다. 아니면, 좀 가벼운 '안돼'와 분명한 '안돼'를 나누어 접근하는 것이 좋은 대안이 될 수 있을 것입니다. 이때 자라나는 아이를 고려하여 아이의 수준에 맞는 적절한 '안돼'를 새롭게 그리고 또 새롭게 개정해 나가는 수고스러운 작업을 하시면 하실수록 좋습니다.

또 부모는 '안돼'라고 분명하게 할 것들에 대해 미리 함께 숙고하여 구체적인 항목들을 정해야 합니다. 부모가 합의하여 정한 것에 대해서는 일치된 모습을 보여야 합니다. 아빠는 된다고 하는데 엄마는 안 된다고 하는 식으로, 부모의 태도가 다르면 차라리 실시하지 않는 것보다 못한 결과가 나오게 됩니다. 또 '안돼'가 분명하게 전달될 때까지 일관적이어야 합니다. 잘못을 했는데 부모가 어떤 때는 '안돼'라고 했다가 어떤 때는 아무 말도 하지 않으면, 아이에게 부모의 '안돼'는 권위를 잃게 됩니다. 그러면 아이는 부모의 지도가 잘 먹히지 않는 버릇없는 길을 가게 될 것입니다. 사실 일관적이 된다는 것은 쉬운 일이 아닙니다. 계속적인 주의를 기울여야 하기 때문입니다. 피곤할 때는 쉬고 싶지 긴장을 하여 주의를 기울이는 일을 하기가 어렵습니다. 짜증이 날 수 있습니다. 그렇기 때문에 좋은 부모가 되는 것은 참으로 어려운 일이라 하겠습니다. 그래도 힘을 내십시오. 여러분의 수고에 의해 아이에게 좋은 인격이 들어가게 될 것입니다.

말을 안 해도 여러분은 벌써 느끼셨겠지만, 안되는 것에 대해 부모가 삶 속에서 모범을 보이셔야 합니다. 아이에게 휴지를 아무 데나 버리지 말라고 해놓고 부모가 아무 데나 버린다면, 부모의 '안돼'는 권위가 세워질 수 없을 것입니다. 네, 어렵습니다. 그렇다고 포기하지 않으시기를 바랍니다. 부모가 '안돼' 하는 것은 아이에게 분명히 안 되는 것이 되어야 합니다. 이를 잊지 않으시기 바랍니다. 그러나 처음에 교육이 잘되면 처음에는 100번 '안돼'를 했어야 했던 것들이 점차 줄어들어 나중에는 한 번만 '안돼' 하면 안 되는 것으로 받아들이게 되는 수월함을 맞이하게 될 것입니다.

글을 쓰면서 '안돼'에 대해 너무 강조해서 부정적인 접근을 강조하는 듯한 인상을 줄 수도 있다는 생각이 듭니다. 다소 그러한 느낌을 줄 수 있는 소지를 감안하면서도, 이 일이 참으로 중요한 일이기에 분명하게 다루고자 하는 마음이 있습니다.

이런 교육이 어렸을 적부터 잘 이루어진다면 나이가 들수록 '안돼' 하는 것이, 그런 교육을 하지 않았을 때보다 훨씬 줄어들게 되는 기쁨을 맛볼 수 있게 될 것입니다. 무엇보다도 그렇게 교육받고 자란 아이들은 스스로 자기의 분수와 한계를 잘 분별하는 의식을 발전시키게 될 것이고, 나중에는 안 되는 것을 자기 스스로 알아 스스로 하지 않을 수 있는 능력을 발전시키게 될 것입니다. 결국 나중에는 부모가 '안돼'라는 얘기를 할 필요가 없는, 분별력 있고 독립적인 성숙한 사람으로 자라나게 되는 기쁨을 맛보시게 될 것입니다. 다시 강조하고 싶은 것은 '안돼'라는 항목을 너무 많이 갖지 마시고 꼭 그래야 하는 것들에서만 그리하시도록 줄이고 또 줄이는 노력을 기울여 보시기를 바랍니다.

발전되어야 하는 권위에 대한 의식

아이는 부모의 '안돼'를 통해 자기의 한계 또는 분수에 대한 의식을 발전시키게 될 것입니다. 이는 인생을 살아가는 데 꼭 있어야 하는 아주 중요한 의식이라 하겠습니다. 인간이 그러하고 인생이 그러하기 때문입니다. 그러나 무엇보다도 중요한 사실은 '안돼'를 가르치는 것은 단지 '안돼'를 가르치는 것에 그치지 않고 권위와 연결되는 중요한 가르침이 된다는 것입니다. 인간에게 아주 중요한 '권위에 대한 의식'을 키워가는 것과 바로 연결이 된다는 것입니다. 권위에 대한 건강한 의식을 갖는다는 것, 즉, 권위를 인정해야 하는 사람과 상황에서 권위를 인정한다는 것은 인간에게, 아주 깊은 차원으로의 성숙을 위한 필수불가결하고 결정적인 기초가 된다고 할 수 있습니다.

인간은 한계적인, 그래서 늘 부족한 존재이기 때문에 평생 누군가로부터 배워야 합니다. 자기의 성숙을 위해서는 늘 누군가에게 의존해야 한다는 것이지요. 그런데 이 일은 권위에 대한 바른 의식이 없이는 어렵다 하겠습니다. 권위를 인정하는 사람만이 스승을 둘 수 있기 때문입니다. 스승을 둘 수 있는 사람은 얼마나 복되고 지혜로운지요! 그에게는 발전이 있을 것입니다. 스승을 두는 것은 결코 아무나 할 수 있는 일이 아닙니다. 권위를 모르는 사람은 둘 수 없습니다. 그런 사람은 자기가 알고 있다는 것으로 모든 것을 환원합니다. 다른 말로는, 자기의 수준에서 해석하여 끝내버리게 됩니다. 그런 사람에게는 발전이 있기가 어렵습니다. 참으로 어렵습니다.

여기서 정신치료를 했던 사례 중에 있었던 대화를 소개하는 것이 이해에 도움이 될 것이라 생각합니다. 다음의 사례는 어느 정도 시간이 흘렀는데도 내담자의 얘기가 피상적인 수준에서 겉돌 뿐, 심층적인 영역의 내용들이 잘 나누어지지 않았습니다. 그래서 치료의 과정이 아주 더디게 진행이 되어 치료자로서 답답한 마음을 가졌던 사례였습니다. 아무래도 내담자에게 자신의 문제를 직면시키는 것confrontation이 필요하다고 생각하여 시도하였던 부분입니다.

내담자 : 선생님은 성적인 것으로 다 파악하시는 것 같습니다. 그런 쪽으로만 연결하시는 것에 대해 나는 생각이 다릅니다.

치료자 : 그런 식으로만 연결하려 하는 것이 아닙니다. 그런 식의 연결도 생각해 보아야 한다는 것이지요. 예를 들어, 외모에 대해 걱정을 하다가 정신과를 찾아갔다고 하지 않았습니까? 또 날씬해지기 위한 구체적인 노력을 하지 않았습니까? 그런데 좋은 결과를 얻지 못했고. 그것을 마치 하나의 에피소드같이 얘기하고는 거기서 끝내 버리려 합니다. 그러나 거기서 끝나게 되는 것이 아니지요. 자신이 원하는 대로 되지 않았을 때, OOO씨의 내면에 어떤 반응이 있지 않았겠습니까? 주로 부정적인 반응이었을 텐데…… 거기서 계속 연결되는 무엇이 있는 것입니다. 그런데 OOO씨는 더 이상은 생각하지 않는 것이지요. 그런 것이 어떻게 해서 그 다음에 공부에 집착하게 되는 것과도 부분적으로 연결이 될 수 있을 것이고……그렇게 인간의 내면은 연속적인 것입니다. 단막으로 끝나는 것으로 보지 말고 연속적으로 그리고 종합적으로 보자는 것입니다.

내담자 : 그런데 일방적으로 그러시는 것 같은데요?

치료자 : OOO씨에게서 저에 대한 저항감이 느껴집니다. 나는 전문가인데 전문가로 인정하고 대하는 마음이 별로 없는 것 같습니다. OOO씨는 자기와 의견이 다르면 우선 저항을 하고 보는 경향이 있습니다. 그리고 나이든 사람들에게도 반말을 하는 등 친구같이 대한다고 하였는데, OOO씨는 인간관계를 수평적인 관점에서만 대하는 측면이 있는 것 같습니다. 인간관계에는 스승과 제자 사이와 같이 스승의 권위를 인정하여 배우는 식의 수직적인 관계도 있지 않습니까? 전문가의 의견을 인정하지 않는다면 이곳에 올 필요가 없는 것이지요. 전문가의 의견이 자기 의견과 다르다 하더라도 우선은 품고 생각해 보려는 자세가 있어야 할 텐

데요.

내담자: 생각해보면 사람에 대한 불신이 있는 것 같아요. 그래서 사람들의 애기를 잘 안 들으려 하는 면이 있습니다.……부모님에 대한 존경과 신뢰가 없었는데 거기서 어른들에 대한 불신이 나오는 것 같아요. 특별히 어른이라고 해서 나보다 더 낫다는 생각은 없습니다.

치료자: 잘 연결하였습니다. 그렇습니다. 한 사람의 다른 사람에 대한 태도는 과거의 사람과의 만남을 통해 형성되게 되어 있습니다. 방금 애기하였듯이 성인에 대한 태도는 부모님에 대한 태도에서 결정적인 영향을 받습니다. 성인인 어떤 사람을 만날 때 그 사람을 잘 알아서 그 사람으로 대하는 것이 아니라, 성인인 부모님을 통해 형성된 태도로 그 사람을 대하게 되어 있지요. 상대방을 바로 그 사람으로 대해야 하는데 인간은 기본적으로 그렇게 하게 되어 있지 못한 것입니다. 모두 과거의 사람을 통해 형성된 태도로 대하는 것으로 시작하지요. 제 책을 읽었다고 하는데, 이유는 모르겠지만 남편이 담배 피는 것은 좋아하고 술을 먹는 것은 싫어한다는 여자 분의 예가 기억나지 않습니까?

내담자: 아, 정말 똑같네요. 그런데 책을 읽을 때는 저에게도 적용되는 것이라고는 전혀 생각하지 못했는데, 정말 똑같네요.

치료자: 하나 더 지적을 하면, OOO씨는 내가 말하는 내용 자체에 관심을 기울인다기보다는 내가 OOO씨를 어떻게 평가하는지에 관심을 기울이는 것 같습니다. 그렇기 때문에 자기의 생각과 다르면 저항적이 되는 측면이 있는 것 같아요. 그런데 정신치료란 내담자가 전문가를 이용하는 것입니다. 치료자에게 자기를 있는 그대로 드러내어 전문가를 통해 자기가 잘 분석이 되도록 도와

야 하지요.

내담자: 그런 것 같아요. 평소에도 나는 다른 사람들이 나를 어떻게 보느냐 하는 데 관심이 가서 참 불편합니다. 그런데 그런 것은 내가 나에 대해 열등하게 그리고 부정적으로 생각해서 그러는 것일 텐데……이제야 이해가 되는 것 같습니다.

(…… 중략 ……)

치료자: 치료의 과정이 순조롭게 진행이 되지 못하는 것 같아서, 그 동안의 면담 내용을 훑어보면서 문제점이라 생각되는 점들을 직접 애기하였는데, 찌르는 것이 되었을지 모르겠습니다. 오늘의 작업이 부정적이지 않고 긍정적으로 받아들여졌으면 좋겠습니다.

내담자: 벌써 그런데요.(목소리가 한결 작고 부드러워지면서 긍정적인 어투로 애기함)

이 사례에서 나오는 자매의 부모는 많이 배우지 못하였을 뿐 아니라, 부모로서 많이 미숙하였던 분으로 삶으로 본을 별로 보여 주지 못하셨습니다. 그래서 이 자매는 부모에 대해 존경의 마음을 갖지 못한 것은 물론, 다소 무시하는 마음을 가지고 있었습니다. 아마도 사실이 그랬을 가능성도 높은데, 자기보다 못한 분들로 여겼습니다. 그러면서 일반 어른들에 대해서도 공경의 마음을 가지지 못하게 되었습니다. 그렇게 연결이 되어지는 것을 이해하는 것은 그리 어렵지 않을 것이라 생각합니다. 부모들이 좋은 권위자의 모습을 보여주었어야 했는데 전혀 그렇게 하지 못한 것이지요. 그렇기 때문에 자매에게는 권위자나 권위에 대한 의식이 형성되기가 어려웠을 것입니다. (물론, 학교 선생님들이나 다른 어른들을 통해 조금은 형성될 수 있지만, 부모가 제일 중요하지요.) 부모를 좋은 권위자로 두지 못한 사람은 좋은 권위자를 두기가 어렵습니다. 무엇보다도 좋은 권위자를 만나도 좋은 권위자로 알고 인정하기가 어렵습니다. 그러면 평생 동안 좋은 권위자를 계속적으로 만나면서 배워 자기를 성숙시켜 나가는 일은 제대로 이루어지기가 어렵게 될 것입니다.

권위에 대한 바른 의식은 하나님에 대한 태도를 비롯한 신앙생활의 여러 부분에도 직접적으로 영향을 미치게 됩니다. 이를 위해서도 부모는 아이에게 좋고 바른 권위자의 역할을 할 수 있어야 합니다. 그래서 절대적인 하나님의 권위 밑에서 평생뿐 아니라 영원을 살아갈 우리들에게, 권위에 대한 바른 의식이 심기어져야 할 것입니다. 권위에 대한 바른 의식은 하나님께서 창조주, 구원자, 그리고 영원한 주가 되시고, 인간은 피조물, 구원을 필요로 하는 죄인, 그리고 하나님을 영원한 주로 섬기는 자임에 대한 바른 좌표를 가지게 하는 데 아주 중요한 영향을 주는 것이 됩니다. 그렇기 때문에 권위에 대한 의식은 자녀들에 대해 부모가 감당하여야 하는 주요 과제 중 하나가 된다고 강조되고 또 강조되어야 할 것입니다.

❹ **부모의 기대**

청년이 한 명 있었습니다. 그는 과묵한 편이었습니다. 대화를 하는데 함부로 얘기하지 않았습니다. 꼭 맞는 얘기만 하였습니다. 자신이 맞는다고 자신하지 않는 것은 거의 얘기를 하지 않았습니다. 공식적인 모임에서는 그런 태도가 오히려 장점이 될 수도 있었기 때문에 크게 문제를 느끼지 못했시만, 비공식직인 만남에서는 문제가 있었습니다. 상대방이 자기를 거북하게 여길 것이라는 막연한 느낌이 있다고 하였습니다. 특히, 여자를 만나는데 무슨 얘기를 해야 하는지 잘 모르겠다고 하였습니다. 남들과 같이 이런 저런 얘기를 하고, 유머러스한 얘기도 하고 싶은데 안 된다는 것이었습니다.

그의 역사를 통해 그런 그의 경향에는 아버지가 결정적인 역할을 하였던 것이 밝혀지게 되었습니다. 아버지는 교육열이 특별히 높았던 분이었습니다. 아이가 4살 되던 때부터 한글을 비롯 산수를 가르쳤습니다. 아버지 나름대로는 아이를 위한다고 하여 다른 아이들보다 늘 앞선 교육을 시켰습니다. 그러나 청년은 평균 이상은 되었지만 특별히 뛰어난 사람은 아니었습니다. 그렇기 때문에 남보다 앞서서 교육을 받는다는 것이 상당한 부담이 되었습니다. 그러나 아버지는 엄격하신 분이셔서 게으름을 피울 수가 없었습니다.

아버지는 다소 단순한 분이셔서, 아이가 틀린 답을 하면 실망하시는 모습이 얼굴에 이내 드러났습니다. 아이는 버겁게 공부를 하면서 아버지의 질문에 답을 할 때는 늘 아버지의 얼굴을 쳐다보았습니다. 그러면서 천천히 답을 하였습니다. 아버지의 얼굴이 일그러지기 시작하면 고개를 떨구면서 답을 하는 것을 중단하였습니다. 아버지를 실망시키는 것이 마음을 꽤나 아프게 했습니다. 나아가 죄책감까지 가지게 되었습니다. 언젠가부터 아버지가 물으실 때, 정확한 답이란 확신이 들지 않으면 말을 하지 않게 되었습니다. 그러면 아버지께서는 특별히 야단을 치지는 않으시고 다시 가르쳐 주셨기 때문입니다. 답이 맞을 가능성이 80-90%가 되너라도 말하지 않았습니다. 혹 답이 틀려 아버지의 얼굴이 일그러지는 것을 대하는 것보다는 훨씬 나았기 때문이었습니다.

자기 능력보다는 대체적으로 높은 기대감을 가지셨던 그런 아버지 밑에서 그는 '있는 그대로의 자기'로서 자유롭지 못했습니다. 틀리면서 배우는 자유를 별로 누리지 못했다고 할 수 있습니다. 틀릴 가능성도 있으나 맞을 가능성이 조금 더 있으니 한 번 시도해보는 모험심을 발전시킬 수 없었습니다. 맞을 가능성이 거의 확정적이지 않으면 시도하지 않는 것입니다. 이러한 태도는 많은 것들이 불확실한 가운데 어떤 선택을 계속적으로 해나가야 하는 이 세상에서는 여러 부작용을 낳게 됩니다. '실패는 성공의 어머니'라는 격언이 그에게는 별로 적용이 되지 않는 것입니다.

어떤 사람에게 그 사람의 능력보다 높은 기대를 갖는 것은 그 사람에게 대개 좌절감을 경험하게 해줍니다. 자기의 최선을 다해도 이룰 수 없는 것이 목표가 되어 있기 때문이지요. 그런 사람은 자기에 대해 자기의 객관적인 능력과 관계없이, 부정적이고 열등하다는 자기상을 가지게 될 수밖에 없습니다. 그렇게 되면 자기 능력 안의 것을 계발해 가는 데도 치명적인 장애를 받을 수 있게 됩니다.

부모님의 기대가 아이에게 얼마나 중요한 영향을 미치는지요. 그러므로 그 기대의 적절성 여부가 중요합니다. 적절한 기대는 아이에게 자기가 가지고 있는 능력을 잘 계발하게 해주는 주요한 자극이 된다고 하겠습니다. 인간은 기본적으로 '있는 그대로의 자기'로서 자유할 수 있다는 것이 아주 중요합니다. 그러할 때 '그에게서 가능한 최고의 자기'를 계발시킬 수 있는 가능성을 높여 갈 수 있게 된다고 할 수 있습니다. 그러려면 부모가 그를 있는 그대로 받아주면서, 그에게 맞는 기대를 가지고 그에게 가능한 자기를 향해 지향적인 발걸음을 내디딜 수 있도록 인도해 주어야 합니다.

그런데 사실 아이에게 어떤 정도의 기대가 적절한지를 알아낸다는 것이 결코 쉽지 않은 일이라 하겠습니다. 꽤 노력을 하여야 합니다. 아이와 함께 운동도 하고 놀이도 하면서 여러 영역을 주의 깊게 관찰하는 시간을 계속적으로 가져야 합니다. 아이는 빠르게 변화하기 때문입니다. 아이의 반응을 늘 살피기를 게을리 하지 않아야 합니다. 아이가 이해하고 있는지, 잘 따라오지 못하는지 등등을 살펴야 합니다. 좋은 부모가 되는 것은 참으로 만만치 않은 일이라 하겠습니다. 그러니 좋은 부모가 이미 되어 있는 분들은 얼마나 훌륭한 분들이겠습니까!

❺ 얼마나 비교를 받으며 자라왔는지? 얼마나 유일한 존재로 받아들여졌는지?

이제 다룰 내용은 바로 앞부분과 함께 짝을 이루는 것이라 할 수 있습니다. 한 개인 안에서 살펴본 위의 내용과 달리, 개인 밖에서 살펴보는 것이라 말할 수 있기 때문입니다.

<사례 아>의 학생은 가장 싫었던 것이 세상적으로 능력이 높았던 사람들인 식구들, 특히 바로 위의 형과 비교되어 판단당하는 것이었다고 하였습니다. 여러분들은 어떠했는지요? 마찬가지일 것입니다. 자기를 있는 그대로 봐주면 좋겠는데, 꼭 누구와 비교함을 받지요. 형제자매들과 친척들 중 같은 또래와 비교를 받는 경우가 제일 흔합니다. 그 다음으로는 같은 동네의 아이 그리고 부모의 친구(특히, 동창)분들의 자녀들과 비교되어 더 잘나고 더 못난 사람으로 취급을 받지요. 그것들을 우리는 얼마나 싫어했습니까? 이에 대한 감정은 너무나 생생해서 다른 어떤 설명이 필요 없습니다. 그 사람을 이해하는 데는 어떤 사람과 비교되었는지를 아는 것이 중요합니다.

어린아이들은 비교되면 헛된 우월감 혹은 열등감을 가지지 않기가 거의 불가능합니다. 자기상은 그것들이 영향을 받게 될 것입니다. 그러면서 대체적으로 비교하여 생긴 우월한 것으로 인생의 의미를 삼게 되는 경향을 가지게 됩니다. 물론, 우월감 자체도 거짓되고 추한 것이지만, 비교당하며 우월감만 가지고 살아가는 사람은 한 사람도 있을 수 없습니다. 모든 면에서, 모든 사람에게 우월할 수 있는 사람은 아무도 없기 때문입니다. 우월감과 열등감은 동전의 양면과 같다고 하지 않습니까? 둘 다 비교라는 뿌리에서 나오는 것이지요. 비교한다는 것이 인간을 얼마나 추하고 비참하게 하는지요. 인간은 누구보다 더 잘나고 더 못났다는 비교적 판단을 받는 대상이 되어서는 안 됩니다. 하나님께서 그분의 뜻에 따라 태어

나게 한 인격체인 인간은 서로 간에 비교되어 우열을 나눌 수 있는 존재일 수 없습니다.

　어린이든 어른이든, 사람은 있는 그대로의 자기로 받아들여질 때 마음에 구김살이 생기지 않습니다. 심리학적 용어로 말씀을 드린다면 마음의 응어리complex가 생기기가 어렵습니다. 아주 긍정적이고 밝은 자기상을 가지게 될 것입니다. 하나님께 받은 자기의 인생을 사랑하며 그것에 충실하게 살아가게 될 것입니다. 인생은 비교되어 살아지는 것이 아니라 자기로서 자기에게 허락된 최대의 가능성을 살리면서, 자기의 인생을 살아가는 것이라 생각합니다. 이 인생관이 바로 부모와의 관계에서 체득될 수 있다면 그보다 바람직한 경우가 없을 것입니다. 그렇게 자란 사람은 다른 사람들을 볼 때 그 각각의 사람들을 유일한 사람으로 대하게 될 것입니다. 있는 그대로 받아줄 것입니다. 좋은 것을 자기보다 잘하는 사람을 보면, 그보다 못한 사람이라 생각하지 않고 대신, 좋은 자극을 받아 자기의 분수 안에서 잘하도록 노력하게 될 것입니다. 자기보다 어떤 좋은 것을 못하는 사람을 볼 때, 그를 못난 사람으로 보지 않고 그가 가진 능력을 최대한 발휘하도록 도우려 할 것입니다. 또, 장애를 가지고 있는 사람들을 손가락질하지 않을 것이며, 오히려 그들에게 필요한 사람이 되도록 노력할 것입니다. 사람은 비교되어 잘났다 못났다 판단 받아서는 안 되는 그 사람만의 고유한 인격을 가진 존재이기 때문입니다.

　인간에게 있어서 비교가 가능한 유일한 대상은 '자기 분수 안에서 가능한 최선의 자기'여야 할 것입니다. 자기는 자기하고만 비교되어져야 합니다. 예를 들어 자녀가 둘이 있을 때, 각각 3등과 15등이라는 성적표를 가져왔다고 해보지요. 평면적으로 보아서는 3등이 15등보다는 훨씬 잘한 것이니, 3등한 아이를 칭찬하고 15등한 아이를 꾸중할 수 있을 것입니다. 그러나 각각 그 사람 안에서 보는 관점으로 본다면 전혀 다르게 보일 것입니다. 만약, 3등한 아이가 최선을 다하면 1등할 수 있었던 사람이고, 15등한 아이는 최선을 다해야 15 등 할 수 있는 사람이라고 해보지요. 그러면, 3등한 아이에게는 최선을 다하지 못했음에 대한 질책과 함께 최선을 다하면 1등을 할 수 있음을 격려할 수 있고, 15등한 아이에게는 자기가 받을 수 있는 최고의 성적을 받아왔으니 칭찬을 해줄 수 있어야 한다는 것입니다.

물론, 각 사람에게서 최선을 다해 얻을 수 있는 최고치가 얼마인가를 안다는 것은 또 다른 만만치 않은 문제입니다. 각각의 자녀들을 각각의 자녀들 안에서 보아주는 관점을 갖는다는 것은, 많은 훈련을 통해서만 획득되어질 수 있다고 하겠습니다. 이는 부모에게 기대되는 최고의 덕목들 중에서도 아주 높은 순위에 있는 것이라 생각합니다. 우리 모두가 각각의 사람을 그 개인 안에서 보아준다면, 우리는 인간 불행의 많은 부분에서 자유롭게 될 것입니다.

❻ 자신의 객관적 성취

사람은 자라면서 점차적으로 수동성과 의존성을 벗어나게 됩니다. 이것은 자기상을 가지는 데에도 마찬가지입니다. 친구들과의 어울림, 학교생활 등등에서 자기성취를 해나가게 됨으로써 '내가 어떤 사람이구나' 라고 하는 의식을 발전시키게 됩니다. 100미터 달리기를 할 때마다 4등을 하면, 자기도 모르게 '나는 4등하는 사람' 이라는 의식이 자리 잡게 됩니다. 등수가 항상 30등 근처의 성적표를 받는 학생은 '나는 한 30등 정도 하는 사람이구나' 라는 의식을 가지게 됩니다. 그러면서 집안에서 과소적으로 대우를 받았던 사람은 자기가 그렇게 부족한 사람이 아니라는 것을, 과대적으로 대우를 받았던 사람은 자기가 그렇게 능력이 있는 사람이 아니라는 것을 깨닫게 됩니다.

그렇게 객관적 성취는 바른 자기상을 가진 사람에게는 자기상을 더욱 견고하게 해주고, 바르지 않은 자기상을 가진 사람에게는 그 자기상을 수정할 수 있는 기회를 갖게 해준다고 할 수 있습니다. 물론, 후자의 경우 중 자기를 과대적으로 생각하였던 사람은 낙심과 좌절 등의 어려움을 겪게 될 것입니다. 심한 경우는 다시 일어서기가 어려울 정도의 절망에 빠지게 되기도 합니다. 그렇기에 사실에 가까운 자기상을 형성하도록 부모가 주의를 기울이는 것이 중요한 것이지요.

❼ 부모의 있는 그대로의 모습 – 인격

사람은 홀로 자기를 세워 나가게 되어 있지 않습니다. 자기가 속한 집단의 인격과 인간관, 세계관, 인생관, 인사관 등등의 여러 관점들을 익혀 자기상을 형성해 가게 되어 있습니다. 그 중 제일 중요한 집단은 가정이고, 당연히 가정에서도 부모가 제일 중요합니다. '나는 어떤 부모님의 자녀인가?' 하는 것이 아이들이 자기인식을 하는 데 중요하다는 것이지요. 보통의 경우 인격과 가치관이 훌륭한–사회적으로 훌륭한 것이 아니라, 삶 속에서 자녀들에게 훌륭한 분으로 인정과 존경을 받는–부모의 자녀는 쉽게 탈선할 수가 없습니다. 만에 하나 탈선한다 하더라도 제자리로 돌아오게 하는 구심력을 부모로부터 받아 가지고 있기 때문에 거의 다시 돌아오고, 돌아오되 빨리 돌아오게 됩니다. 부모와의 동일화를 통해 그 안에 좋은 자기상이 자리 잡고 있기 때문입니다.

그러나 기본적으로 인격이 많이 미숙한 부모 밑에서 자란 아이들은 참 안됐다고 할 수 있습니다. 그런 아이들은 부모가 아무리 좋은 것들을 이야기해도 그저 이야기로 들을 가능성이 높습니다. 부모를 통해 경험하지 못하면, 아무리 좋은 것들이라 하더라도 실제로 존재한다고 생각되기가 어렵기 때문입니다. 이는 학교교육이나 다른 어른들을 통한 교육에 있어서도 비슷한 효과를 보이게 됩니다. 좋게 이야기되는 것은 그냥 이야기일 뿐이고, 현실reality은 다르다고 생각하는 이분법적 사고가 발달하게 되지요. 결국 인생에서 좋고 선한 내용들을 받아들이기 어려운 마음을 가지게 되는 쪽으로 나아가게 될 것입니다.

그렇기 때문에 좋은 부모가 되기 위해서, 그리고 자신의 자녀들이 좋은 인격의 소유자가 되게 하기 위해서도 부모 스스로 좋은 인격의 사람이 되는 것이 중요하다 하겠습니다. 그리고 삶에서 일관성을 보이는 것은 아주 중요합니다. 가정 안팎뿐 아니라 가정 내에서도 특히, 감정에 따라 변하지 않고 가능한 범위 내에서 여일如一한 모습을 보여주는 것이 참으로 중요하다 하겠습니다.

❽ 영적으로 바른 좌표orientation를 갖는 것

이는 지금까지 다루어 왔던 것과는 다른 차원의 내용이 될 것입니다. 이것은 가장 본질적인 것이고 가장 인간적인 것이라 할 수 있습니다. 그렇기 때문에 가장 중요한 요소가 된다고 할 수 있습니다. 이 과제가 제대로 수행이 되면 다른 모든 요소들이 부정적으로 영향을 주었던 것에서 회복되어지는 데 있어서 뿐 아니라, 이후로 부정적인 영향으로부터 자유하는 데 있어서 결정적인 영향을 받을 수 있습니다. 이에 대해 생각할 때 떠오르는 사람이 있어 소개해 보도록 하겠습니다.

사례 카 자유하는 사람

그녀는 '이렇게 훌륭한 여성도 있구나!' 하는 감탄사를 낳게 하면서, 여성에 대한 저의 생각에 상당한 변화를 주었던 사람입니다. 자유로움이 특징적인 사람이었습니다. 세속적 가치들이 그녀를 얽매이게 할 수 없는 그런 사람이었습니다. 그녀를 생각하면 '사람이 이렇게도 아름다울 수 있구나' 라는 것을 느끼게 됩니다.

　돌이켜보면 그녀의 주위에는 늘 도움을 필요로 하는 사람들이 있었습니다. 그녀는 동년배들보다는 훨씬 성숙한 사람이었기 때문에 도움을 필요로 하는 사람들이 찾아오기도 하였겠지만, 정확히는 모르겠지만, 도움을 필요로 하는 사람들을 먼저 찾아가는 편에 가까운 사람일 것이라 생각합니다. 구체적으로 저의 도움을 필요로 하여 저에게 의뢰한 사람들을 몇 명 만나게 되었습니다. 그들과의 관계를 통해서 그녀의 선기(先機 : 먼저 행동을 취함)성을 느낄 수 있었습니다. 보통 사람들보다 많이 바쁜 생활 가운데 있었지만, 그 가운데서도 도움을 필요로 하는 사람들 곁에 있는 그녀를 보아왔습니다.

　그녀는 소위 말하는 명문대학을 나온 전문인이었습니다. 엘리트 중의 엘리트였습니다. 모두가 동경의 눈으로 바라보는 사람이었습니다. 그러나 그녀에게는 세속적 화려함이 전혀 묻어 있지 않았습니다. 수수한 아름다움이 있었습니다. 자기를 잘 드러내지 않았습니다. 조용히 행동하면서 삶으로 말하는 사람이었습니다. 세상적으로 얘기하는 기득권의 관점에서 본다면, 자기가 가진 재능으로 세상적으로 자기를 한없이 높여갈 수 있었습니다. 그런데 이상하게도 그녀는 세상적 성취에 크게 관심을 보이지 않았습니다. 자기 일에 충실하는 가운데, 도움을 필요로 하는 사람들을 돌아보는 일을 게을리 하지 않았습니다.

　제가 장애를 가지고 있는 사람들을 돌보는 곳과 관계를 맺고 있었을 때, 그곳을 찾는 단체들 중 하나에 그녀가 속해 있었습니다. 그녀는 그곳을 정기적으로 방문하였습니다. 저는 우연히 그곳에서의 그녀의 모습을 보게 되었습니다. 예를 들어, 뇌성마비로 몸을 제대로 가누지 못해 대소변을 가릴 수 없어 아주 불결한 위생상태에 있는 어린아이를, 마치 엄마처럼 자연스럽게 안아주고 닦아주고, 기저귀를 갈아주는 것이었습니다.

정말 너무 자연스럽게 말입니다. 어떤 주저함도 없이, 그저 일상적인 일을 하는 양 말입니다. 그 모습은 참으로 아름다웠습니다. 그녀는 그렇게까지 할 필요가 전혀 없었습니다. 그냥 선물을 가지고 방문하는 것만으로도 환영을 받을 수 있었습니다. 그러나 그녀는 거기에 머물지 않았습니다.

그녀는 상당한 재능을 가진 사람이었습니다. 처음에 그녀에 대해 잘 몰랐을 때는, 물론 이미 상당한 위치에 올라 있지만, '왜 자기를(성취적인 측면에서) 더 계발하지 않을까?' 하는 궁금증이 있었습니다. 그러나 그녀의 삶을 하나하나 보아가면서 궁금해했던 저 자신을 부끄러워하며 궁금증을 철회하게 되었습니다. 그녀는 과정을 살아가는 사람이었습니다. 인생은 과정을 사는 것임을 아는 사람이었습니다. 어떤 결과 또는 성취를 위해 과정을 희생시키지 않았습니다. 아무리 바쁜 때에도 그녀의 도움을 필요로 하는 사람이 있으면, 그때 그의 곁에 있도록 애를 썼습니다.

결혼 생활에서 보여주는 그녀에 대한 이야기를 들으면 영적으로 상쾌한 청량제를 마시는 것 같은 기분이었습니다. 실제로 그런 사람이 있다는 사실로부터 이 땅을 살게 하는 힘을 얻게 되는 것입니다. 참 멋있는 사람입니다. 예를 들어, 먼저 남편을 위하고 남편에게 맞추어 자기 삶을 재단하여 살면서도 그것이 구속이 되지 않고 자유스러운 것이었습니다. 그녀는 자유하는 자였습니다. 그녀에게 정신과전문의로서 저는 특별히 할 말을 찾을 수가 없습니다. 그녀는 정신분석적 정신치료가 목표로 하고 있는 인격성숙의 모습을 대부분의 영역에서 보이고 있기 때문이었습니다. 최소한 그녀의 나이에 비추어 생각을 한다면 말입니다.

참으로 만나기 드문 사람입니다. 대부분의 사람들이 세속적인 것과 자기적인 것들로 인해 마음이 번잡하게 되는데, 영원한 것과 '우리'의 것이 무엇인지를 아는 그녀는 그런 것들로부터 상당한 자유를 누리고 있었기 때문입니다. '무엇이 그녀를 그런 사람이게 하는가?' 라는 물음을 가지게 되지 않으십니까? 그 이유는 비교적 간단명료하였습니다.

그녀는 하나님을 만난 이후로 모든 것이 바뀌어가기 시작하였다고 합니다. 무엇보다 창조주이시고 구세주이신 하나님 앞에서의 자기를 보게 되었다고 하였습니다. 영적인 자기위치를 분명하게 알게 되었던 것이지요. 인생이 잠깐이라는 의식이 아주 높았습니다. 세상적인 것은 다 지나가는 것임을 너무 분명하게 인식하고 있었습니다. 이제 잠깐이면 영원한 하나님의 나라에 들어갈 것인데, 잠깐인 이 세상에서 자기를 위하여 산다는 것은 정말 아무런 가치가 없는 것이라는 것에 대한 철저한 깨달음이 있었습니다. 자기는 세상적으로 볼 때 좋은 것들을 가지고 태어났다는 것을 알았습니다. 그러나 그것들이 근본적으로는 자기로부터 온 것이 아니라, 자기의 의사와는 전혀 관계없이 가지게 된 것으로서, 결국 하나님께로부터 온 하나님의 것들임을 알고 인정하게 되었습니다. 하나님께 받은 세상적으로 좋은 것들은 '자기의 것'으로 자기가 누릴 것이 아니라, 그런 것을 받지 못하고 세상에 온 사람들과 함께 나누라고 하나님께서 자기에게 맡기신 '우리의 것'임을 알았습니다.

그녀는 자기는 '피조물로 창조주이신 하나님의 은혜(특히, 구속의 은혜를 포함하여)에 의존하지 않을 수 없으며, 하나님께서 잠깐의 삶을 사는 동안 자기에게 맡기신 하나님의 것을 관리하다가 곧 영원한 하나님의 나라로 들어갈 존재'라는 것에 대한 분명한 자기상 self-image을 가지고 있었던 것입니다. 그렇기 때문에 그녀는 세상적인 것들로부터 자유하였습니다. 손에 붙잡고 있을 세상적인 것이 아무것도 없음을 알았습니다. 언제고 세상적인 것은 손에서 놓을 수 있는 사람이었습니다. 특별히 다른 사람이었습니다. 하나님의 자녀가 이 세상의 것들로부터 어떻게 그리고 얼마나 자유할 수 있는가를 보여주는 사람, 정말 아름다운 사람입니다.

(그녀에 대해 제가 가지고 있는 인상이 너무 좋기 때문에 기술이 다소

과장적일 수 있다고도 생각됩니다. 그러나 사실과 많이 차이 나지는 않을 것입니다.)

인간에게는 생리적인 차원이 있습니다. 목이 마르면 물을 찾게 되어 있습니다. 이는 인간이면 어느 누구도 피할 수 없습니다. 또 생화학적인 차원 등 여러 차원들이 있습니다. 심리적인 차원도 있습니다. 인간은 목이 마르면 물을 찾게 되고, 칭찬을 받으면 기쁘고, 무시를 당하면 기분이 나빠집니다. 그렇다고 인간을 생리적인 존재라 하지 않습니다. 물론, 심리적인 존재도 아닙니다. 동물들도 그러한 차원을 가지고 있기 때문입니다. 그것들은 진정 인간적인 것이라 할 수 없습니다.

인간적이게 하는 것이 있다면 그것은 영적 차원이라 하겠습니다. 인간은 영적인 차원에 있는 영적인 존재인 것입니다. 영적이라 하는 것에 대해 여러 가지로 설명할 수 있지만, 여기서는 창조주이신 하나님과 인격적 관계를 가지는 데에서 영적 차원이 나오는 것이라 설명하겠습니다. 인간은 단지 인간 심리만으로 환원될 수 없는 존재입니다. 그것을 넘어서, 인간이외의 타자이시며 인간을 지으신 창조주와의 관계 안에서만이 온전한 설명이 가능한 존재인 것입니다. 그렇기 때문에 이 영적 차원에서 바른 자기상을 갖는다는 것은 모든 인간에게 가장 근본적이고 중요한 과제가 된다고 하겠습니다. 언제 다시 언급될 날이 있을 것입니다. 여기서는 이만 줄이도록 하겠습니다.

지금까지 우리는 인간에게 어떤 요소들이 자기상을 형성하는 데 중요하게 관여하는가에 대해 살펴보았습니다. 더 많은 요소들이 거론될 수 있겠지만, 이 정도의 요소들에 대해 분명하게 사고훈련을 하는 것만으로도 대부분에 있어서는 충분하리라 생각합니다. 자녀를 비롯한 남을 생각하기 이전에, 먼저 여러분 자신을 한번 각각의 요소들에 따라 살펴보시고 왜곡된 부분들을 바로잡을 수 있는 기회를 가질 수 있게 되면 좋겠습니다. 그리고 여러분이 대하는 사람들, 특히 어린 자녀들에게 바른 자기상이 형성되도록 노력하겠다는 결단의 마음도 있어지기를 바라는 마음 간절합니다.

(2) 구체적인 삶의 왜곡을 풀어가는 데 도움이 된다

닫힌의식의 의식화를 통해 본래적 자기를 찾는다는 것이 어떤 분들에게는 다소 추상적으로 느껴져 현실과 연결되는 것이 어렵게 느껴지시는 분이 있으실는지 모르겠습니다. 그럴 수 있다고 생각합니다. 그런데 이제 다루게 될 내용은, 그런 분들에게도 고개가 끄덕이게 될 정도로 실제적인 것으로 느껴지고 또 실제적인 적용을 하는 데에도 비교적 어렵지 않게 느껴지게 될 것입니다.

사례 타 다른 역사에서 오는 필연적 갈등

신앙이 좋다고 평가받는 부부가 있었습니다. 그 부부는 인간이해에 대해 저와 여러 시간을 나눈 뒤, 결혼 후 갖게 된 문제를 내놓으면서 저에게 도움을 받기를 원했습니다. 형제가 주장하기를 자기 부인은 남편에 대한 성경적 권위를 전혀 인정하지 않는다는 것입니다. 남들은 자기 부인 보고 신앙이 좋다고 하는데 자신은 그렇게 생각이 안 된다는 것입니다. 에베소서 5장 22절 말씀에 '아내들이여, 남편에게 복종하기를 주께 하듯 하라'라고 나와 있는데, 신앙이 좋다는 사람이 그 중요한 성경의 가르침을 모를 수 있냐는 것입니다. 그런데 자매는 그것은 전적으로 남편의 오해라 하였습니다. 자기는 남편을 성경의 가르침과 같이 생각하고 대하고 있다는 것입니다. 그런데 이상하게 남편은 그 점에서는 자기의 마음을 전혀 받아주지 않는다는 것이었습니다.

남편이 그렇게 나올 때, 부인이 '그럼, 뭐 당신은 성경에 나와 있는 대로 아내 사랑하기를 그리스도께서 교회를 사랑하시고 위하여 자신을 주심같이 나를 사랑합니까?'라고 맞받아치지 않는 것만 보더라도, 두 분 사이에는 무엇인가 근본적인 문제가 있다기보다는 무슨 오해가 개입되어 있을 가능성이 높다는 것을 충분히 예상할 수 있습니다. 그리고 자매보다는 아마도 형제 쪽에 문제가 있을 가능성이 높지 않을까 하는 추측을 하면서, 두 사람의 역사를 듣게 되었습니다. 역사를 통해 문제의 원인을 발견할 수 있었습니다.

형제는, 성격이 아주 급하면서 집안에서 다소 난폭하신 아버지 밑에서 자랐습니다. 아버지는 집에 들어와서는 손가락 하나 까딱하지 않는 그런 류의 남자였습니다. 예를 들어, 드러누워서 오징어를 드시면서 신문을 보시다가 물이 먹고 싶으면 '물 좀 가져와라'라고 할 필요도 없이 '물'만 하면 됩니다. 그러면 어머니께서는 얼른 물을 갖다 드렸습니다. 금방 물이 오지 않으면 불호령이 떨어지면서 입에서 거친 말이 나오고 주위에 있는 것들이 날아가는 것을 수없이 경험하였기 때문에, 이제는 그렇게 하는 것이 그 집에서는 당연한 것이 되었습니다. 그렇게 하는 것이 가정을 평화스럽게 하는 것이었기에 어머니는 참았지요. (지금도 그런 경향이 남아 있지만, 옛날에는 한국의 여성들이 모진 멸시를 온몸으로 받아내며 그것을 한으로 처리하면서 자녀들을 위해 가정을 지키는 가운데 참으로 고생을 많이 하였던 것 같습니다. 저는 임상현장에서 거의 일방적으로 남편에게 이유 없는 학대를 받아, 한을 안고 살아가는 우리네의 여인들을 보면서 분을 삭여야 할 때가 참 많았습니다.)

좀 우습게 과장을 하면 '물'을 다 발음할 필요도 없었습니다. '무-ㄹ(물)'에서 물로 넘어갈 것이 없이 '-ㄹ'을 붙이지 않고 '무-'만 하면 되었습니다. 그런 집에서 자란 형제가 결혼을 하였습니다. 부인은 방에서 빨랫감을 정리하고 있었고, 형제는 안락의자에 앉아 역시 오징어를 물고 신문을 보고 있었습니다. 목이 말라 왔습니다. 자, 여러분. 이때 형제는 어떻게 했겠습니까? 이제는 척척박사가 되셨겠지요. 네, 맞습니다. 굳이 일을 하고 있는 부인을 향해 특별한 생각 없이 자연스럽게 '무-' 했습니다. 그런데 아무런 기척이 없습니다. 아니 물이 오지 않는 것이었습니다. 조금 화가 났습니다. 그렇지만 혹시 잘못 들어서 그럴지 모르겠다고 생각하여, '무-' 하다가 '-ㄹ'를 붙여 '물'이라는 단어를 완성하여 말하였습니다. 아니, 그런데도 아무런 움직임이 없는 것이었습니다.

역시 조금 과장해서 얘기하자면 다른 방에서 일을 하고 있던 부인은 '무-'는 못듣고 '물'을 듣기는 해서, '물? 무슨 얘기야? 물이 어쨌다는 거야?' 하면서 계속 자기의 일을 합니다. 이제 남편은 다소 자기에게 부담이 되는 수준의 화가 일어나기 시작합니다. "아니, 뭐 하는 거요? 물 좀 갖다 달라고 했잖아요?" 이미 상대방에게 거북함을 줄 정도의 높은 언성으로 다그치듯 얘기를 합니다. 부인은 깜짝 놀라 물을 갖다 주면서, "내가 잘못 들었나 봐요. 언제 물을 갖다 달라고 했어요?"라고 대답을 합니다. 남편은 이미 화가 많이 나 있었지만 결혼한 지 얼마 되지 않기 때문에 우선 화를 안으로 우겨넣어 참습니다. "알았어요. 됐어요." 하면서 매듭을 짓습니다. 남편의 입장에서는 참는 것이 되지요. 그런데 그런 경우도 남편의 닫힌의식에는 부인이 잘못했는데 한번 참아주는 것으로 입력이 되게 됩니다.

아버지께서 '무-'라고 할 때 어머니는 즉각 즉각 물을 갖다 바쳤습니다. 그것을 보고 자란 형제는 자기도 모르게-자기가 의도하지 않게-거기서 남편의 권위를 추론하게 될 가능성이 높다고 하겠습니다. 이 작용은 닫힌의식에서 일어나는 것이기 때문에 본인이 의식하지 못하는 가운데서 남편의 권위에 대한 자기의 관점이 자리 잡게 되는 셈입니다. 자기의 가정에서, 특별히 의식적으로 가르침을 받지는 않았지만, 그저 살아오면서 보고 듣고 느끼는 것들은 그렇게 하나 둘 자기의 것이 되어 자기를 형성하게 되어 있습니다. 자, 그런 그에게 '무-'를 말했는데도 물이 오지 않고 '물'에도 물이 오지 않고, '물을 가져다 달라'라고 완전하게 문장을 완성해야 물이 온다는 것은 무엇을 의미하겠습니까? 그것은 남편에 대한 도전이요, 남편의 권위를 전면적으로 부인하는 것으로 느껴졌을 것입니다.

그런데 부인이 자라온 가정은 어떠한지 아십니까? 딸만 넷이었는데, 아버지는 딸들을 무척 사랑하셔서 모두 공주같이 귀여워했습니다. 큰 소리를 거의 내지 않으셨으며 때때로 어머니를 도와 설거지까지 거들어 주는 아주 부드러우시고 자상하신 분이셨습니다. 아이들에게 어른의 말에 대한 순종을 가르치시되, '속도'를 그렇게 강조하지 않으시고 '꼭 하는 것'을 강조하셨습니다. 속도의 측면에서 볼 때, 집안의 분위기가 다소 느린 편이었다고 볼 수 있습니다. 부인은 그런 가정에서 자랐습니다. 그러니 남편이 물을 달라고 할 때 어떻게 반응을 보였을지는 충분히 상상이 되시겠지요. 그림이 잘 그려지는지요?

두 사람의 만남은, '속도'가 남편의 권위에 중요하게 관련되어 있는 집안과 그렇지 않은 집안에서 자란 사람들이 만난 셈입니다. 그렇게 가정환경이 다른 곳에서 자란 사람들이 만났으니, 의사소통에 문제가 생길 수밖에 없지 않겠습니까? 즉, 형제 자신에게는 '무-'만 하여도 그것이 무엇을 의미하는지가 명확하지만, 부인에게는 그것이 무엇을 의미하는지 전혀 이해될 수가 없습니다. 형제에게는 자기가 자라온 환경에서 아버지와 어머니 관계를 통해 수없이 반복하여 경험해 온 것이기 때문에 너무나 자명한 의사표현이 되지만, 부인을 포함한 다른 사람들에게는 무슨 의미인지 전혀 전달이 될 수가 없는 것입니다. 의사소통의 주파수가 전혀 맞지 않는 셈입니다. 그렇기 때문에 그냥 '말을 하는 것' 또는 '말을 던지는 것'은 되지만 '대화'는 전혀 이루어질 수 없습니다. 그것은 대화가 아닙니다.

대화를 구성하는 데에는 여러 요소가 있습니다. 그 중의 중요한 요소 하나가 서로간에 주파수를 맞추는 것이라 할 수 있습니다. 이 일이 먼저 이루어지지 않으면 서로 자기의 애기만 하는 것이지, 서로간에 의사소통이 일어날 수가 없습니다. 모든 사람들은 다소 차이가 있지만 서로 다른 환경에서 자라났습니다. 그렇기 때문에 깊이를 더해가는 만남을 가지려면 이 '주파수 조절'이 꼭 이루어져야 하는 것입니다. 결혼한 부부지간에는 말할 것이 없습니다. 물론, 결혼하기 전에 이 과제가 잘 수행이 된 커플은 그만큼 행복할 수 있는 중요한 시초를 닦았다고 할 수 있습니다.

그러나 연애는 하였지만 서로간의 사실적인 역사는 나누어지지 않은 상태에서 서로에게 좋은 면만 보여 온 부부들과, 중매로 만났는데 진정한 사랑의 시간을 별로 가지지 못하여 결국 상대방의 정신세계에 대해 별로 아는 바가 없이 결혼한 부부들은 이 주파수를 맞추는 과정을 통과하는 데 상당한 어려움을 겪게 될 것입니다. 그 과정이 그리 만만하지 않습니다. (물론, 서로가 최소한 상식은 있는 사람들이거나, 상식을 넘어 상대방을 배려할 수 있는 마음을 어느 정도 가지고 있는 사람들은 어려움이 그만큼 적게 될 것입니다.) 그 과정 속에서 각자는 많은 것을 참고-최소한 자기 입장에서는 참는 것이지요- 억압하게 되어 있습니다. (이에 대해서는 곧이어 나오게 될 '치약 이야기'의 사례에서 쉽게 이해할 수 있으실 것입니다.) 최소한 자기로서는 이해가 안 되기 때문입니다. 그러므로 결혼할 사람들은, 이 과제를 수행해 가는데 이러한 긴장이 있을 것을 미리 예상하고 결혼 생활을 맞이하여야 할 것입니다.

이 주파수 조절이 제대로 이루어지지 않으면, 두 사람의 관계는 계속 삐걱거리게 될 것입니다. 그러나 각자가 자기와 상대방의 역사를 나누면서 상대방에게 어떤 닫힌의식의 내용들이 있을 것이라는 것에 대해 대략적으로 파악하게 되면, 현재 나타나는 예상치 못한 상대방의 모습에 놀라는 일은 많이 줄어들 것입니다. 주파수가 조절이 된다면, 부인은 남편에 대해 남편이 '무—' 했을 때 물이 안 오면 어떻게 해서 화를 내게 되는지를 이해하게 되고, 또 남편은 '무—'가 무엇을 의미하는지 아내가 당연히 모를 수밖에 없고, 물이 절대로 자기 집에서처럼 빨리 올 수 없는 것에 대해 이해를 할 수 있게 될 것입니다. 그래서 둘 다 '상식이 있고 기본적으로 좋은 사람들이라면', 부인은 남편이 왜 화를 내는지에 대해 이해를 하면서 가급적이면 빨리 가져다주려고 노력하게 될 것이고, 남편은 가능하면 문장을 다 완성하여 얘기하고 또 부인에게 천천히 갖다 주어도 된다며 속도를 강조하게 되는 자기의 경향을 통제하려고 노력하게 될 것입니다. 그러면서 두 사람 사이에서 있을 이유도 없고, 필요도 없는 삶의 왜곡을 풀어가게 될 것입니다.

사람들이 만나면 오해와 갈등이 있을 수밖에 없습니다. 각각 살아온 역사가 다르기 때문에 이를 피할 수 있는 만남은 이 땅에서는 가능하지 않습니다. 결단코 없습니다. 제한적인 인간에게 그것은 (부정적인) 당연한 것이라 하겠습니다. 인생사에서 이런 유의 당연한 것들에 대해 미리 예상하면서 대처하고자 하는 의식을 앞서서 키워 놓는 지혜가 필요하다 하겠습니다. 역사가 다름에서 오는 어려움을 당연한 것으로 여길 수 있는 마음의 공간을 우리들의 마음속에 마련해 두었으면 좋겠습니다. 그 어려움은 상대방이 나쁜 의도를 가졌기 때문에 일어나는 것이 결코 아니기 때문입니다. 그렇기 때문에 그것을 의도적인 것으로 읽지 않으시기를 바랍니다. 의도적인 것으로 읽게 되면, 단순히 습관적인 것을 가지고 인격적, 신앙적, 도덕적 판단을 가하는 치명적인 결과를 낳을 수도 있습니다. (그렇기 때문에 결혼은 가능한 범위 내에서 역사적 환경이 비슷한 사람들끼리 만나는 것을 권할 만하다고 생각합니다.)

여하튼 사람을 이해하는 데에는 우선 그 사람의 역사를 이해하는 것이 첫 걸음이라는 것을 다시 한 번 강조합니다. 그래야만 의도적인 것과 비의도적인 것을 어느 정도 구분해낼 수 있기 때문입니다. 또는 상대방의 참마음을 분별해 낼 수 있기 때문이라 하겠습니다. 최소한 이 영역에서 크게 실수하지 않으면 굳이 당할 필요가 없는 많은 어려움들을 넘어갈 수 있게 될 것입니다.

그러나 사람 사이의 모든 문제를 무조건 역사가 다름에서 오는 것으로 환원시키고자 하는 것은 결코 아닙니다. 상대방이 상대적으로 더 악하기 때문에 오는 어려움이 있습니다. 그 악함이, 성격과 깊은 연관 관계를 맺고 있는 경우에는 그 어려움이란 이루 말로 다 할 수 없을 것입니다. 그 악함은 자기중심적이고 이기적인 경향을 포함하여 일컫는 것입니다. 기본적으로는 악함과는 관계가 없다고 할 수 있지만, 상대적으로 훨씬 미성숙함에서 오는 어려움도 만만하지가 않습니다. 이는 상식이 크게 결여되어 있는 것을 포함한다고 할 수 있습니다.

마지막으로 악함이나 미성숙함과도 관계가 없는 것으로, 정신세계의 산책로가 다름에서 오는 어려움이 있습니다. 순수한 성격적 차이가 여기에 포함이 된다고 할 수 있습니다. 자기의 정신적 에너지가 가장 많이 집중되어 있는 곳으로 자기다움이 최고로 드러나는 그 길을 함께 걸으며, 자기 정신세계의 가장 내밀한 곳에 있는 것을 함께 나누는 가운데, 진정한 자기일 수 있는 시간을 가지는 기쁨을 누리는 정신적 산책을 할 수 없는 관계에서 오는 것입니다. 이는 앞의 두 경우와 성격이 많이 다른 반응을 일으킨다고 하겠습니다. 즉, 정신세계 내에서 벽에 부딪힌 듯 깊은 고독감, 공허함······. 나중에는 상대방과의 관계에서는 채워지기가 거의 불가능한 그리움, 외로움을 낳기 때문에 관계를 아주 힘들어하게 됩니다. (그렇기 때문에 결혼 대상자를 생각할 때 대화의 가능성 여부가 중요하게 고려되어야 할 것입니다. 자기의 가장 내밀한 곳의 내용을 나눌 수 있는 비

숱한 정신적 깊이와 성향을 가진 사람을 만난다는 것은 복 중에서도 큰 복이라 하겠습니다.)

물론, 이 세 가지는 비교적 많이 구분되어 나타나는 경우도 있을 수 있겠지만, 대개의 경우는 서로 혼합되어 나타난다고 할 수 있습니다. 그렇기 때문에 감정적 반응도 단순하게 얘기하기는 어렵습니다. 예를 들어, 첫 번째와 세 번째의 어려움이 있는 관계인 경우는 아마도 첫 번째 어려움에서 오는 분노와 증오의 마음이 강렬하여 전면에 나서기 때문에, 후자에서 오는 고독감, 공허감, 그리움 등의 성찰적 감정을 비교적 느끼지 못하고 지나갈 가능성이 있습니다.

사람이 겪는 어려움을 단지 역사가 다름에서 오는 것으로만 설명하려고 하는 것이 아니라는 것을 강조하다 보니 여기까지 왔습니다. 이런 내용들은 이 책에서 다루고자 하는 주제와는 다소 거리가 있으므로 이 책에서는 본격적으로 다루지 않을 것입니다. 그러나 오래지 않아 그런 주제에 대해 다루는 책이 나오기를 소망하고 있습니다.

■ 진정한 자기 동의

속도를 가지고 남편의 권위에 대한 아내의 존중의 정도를 따지게 되는 것은 그 지향성의 관점에서 보면, 형제의 뜻과는 전혀 관계가 없다고 할 수 있습니다. 단지 부모님 사이의 관계를 오랜 기간 동안 보고 자라오는 가운데서 자기도 모르게 닫힌의식 안에서 생기게 된 태도라 할 수 있기 때문입니다.

사람들은 닫힌의식 안에서 그러한 식으로-자기가 의도하지 않는 가운데-여러 경향, 특징, 태도 등등을 형성하게 되어 있습니다. 이러한 것들은 엄밀한 의미에서 '진정한 자기의 동의'를 받은 것은 아니라고 하겠습니다. 형제에 대해 생각하면, 자신이 배운 것과 경험한 것들을 충분히 고려하여 따져 본 뒤, '남편의 권위에 대해서는 앞으로 이렇게 생각하도록 하자'라고 해서 가지게 된 태도는 아니라는 것입니다. 그것은 인간의 자동적인 정신활동에 의해 생겨나게 되는 부산물이라 할 수 있습니다.

　문제는 앞에서도 언급된 바 있지만, 그 정신활동이 꼭 사실적으로 이루어지지도 않고, 특별히 선한 쪽으로-그래서 진정 우리를 위하는 쪽으로 움직이지도 않는다는 것입니다. 오히려 인간을 불행하게 하는 쪽으로 움직이는 경우가 상당수 있다고 할 수 있습니다. 위의 사례의 경우가 그러한 예에 속한다고 할 수 있습니다. 그렇기 때문에 이러한 현상들에 대한 진상을 알고 통제하려는 노력을 기울이지 않는다면, 우리는 본래적 자신의 모습에서 자꾸만 점점 멀어지는 삶을 살아갈 수밖에 없게 될 것입니다.

　인간은 자연적으로는, 자기 자신을 자동적인 정신활동이 흘러가는 대로 따라가도록 내버려 두게끔 되어 있는 존재라고 말할 수 있습니다. 그런데 그 정신활동이 경우에 따라서는 진정한 인간의 삶에서 많이 떠난 아주 왜곡된 모습을 낳게 하기도 합니다. 그렇기 때문에 우리는 우리 자신을 자동적인 정신활동의 흐름에 맡겨 둘 수 없는 것입니다. 그 활동을 감시하고 분석하고 통제하여야 할 것입니다. 그래야 된다는 의식을 갖는 것이 참으로 중요합니다. 이 일에 우리는 의지를 행사하여야 하겠습니다. 정신활동이 선한 쪽으로 진행이 되도록 '의지적인 노력'을 기울여야 할 것입니다. 그렇게 함으로써 우리는 삶에 있어서 새로운 지평을 열어가게 될 것입니다.

　저는 정신과의사로서 문제를 가지고 있는 사람들을 만나고 있습니다. 기쁘고 즐거운 만남이라기보다는 아픔과 슬픔을 함께 나누어야 하는 경우가 대다수라 하여야 할 것입니다. 물론, 문제를 풀어가는 과정에서 내담자에게 본래적 모습이 회복되어지는 것을 보면서 함께 나누는 기쁨을 누리게 되지만요. 여하튼 다양한 모습의 고통을 당하는 사람들을 만나면서, 인간에게 불행을 낳게 하는 것들에 대해 생각을 하게 됩니다.

그 중에 하나가 인간의 수동성 또는 삶의 수동성이라 생각합니다. 대부분의 사람들이 수동적으로 자기를 형성하여 그 자기를 자기로 알고 평생을 살아가게 되는 것을 봅니다. 인간은 어느 누구도 '이런 사람이 되도록 하겠다' 라는 자기에 대한 청사진을 가지고 태어나지 않습니다. 물론, 태어날 때 가지고 태어나는 기질이 있습니다. 그러나 어느 사람도 자기 기질대로 살아가게 되어 있지는 못합니다. 기질과 태어나서 맞게 되는 환경이 상호 영향을 주고받는 가운데 자기를 형성하게 되어 있습니다. 모든 사람은 그 자기를 형성해 가는 데 있어서, 자기의 의지를 적절하게 행사할 수 있기 전까지는, 거의 수동적으로 임하게 되어 있다고 할 수 있습니다.

(그렇기 때문에 부모를 비롯한 주위 분들의 교육이 참으로 중요하지요. 거짓말을 하고, 남에게 무례하게 행하고, 이중적이고—그런 것들을 하지 못하도록 '의식적으로' 가르치고, 정직하고 상대방을 먼저 배려하고 어려운 사람을 돕고—그런 것들을 잘하도록 '의식적으로' 가르치는 것은, 아이가 자신의 의지를 바르게 행사하는 길을 보게 해준다는 데 의미가 있다고 하겠습니다.)

그런데 안타까운 것은, 자기의 의지를 충분히 행사할 수 있는 수준에 이르렀는데도 '의미 있게' 행사하지 않고 그냥 살아가는 사람들이 대다수라는 것입니다. 수동적으로 형성된 자기를 살펴 왜곡된 부분들을 회복하려 하지 않고, 그 자기를 자기로 삼아 그냥 살아간다는 것이지요. 인간의 불행을 낳는 아주 중요한 요소 중 하나는, '인간은 자연적으로는 선악을 판단하여 선을 행하고 악을 행하지 않는 쪽으로 나아가기보다는, 익숙한 것을 행하고 익숙하지 않아 낯선 것은 피하는 쪽으로 가게끔 기울어져 있다' 는 것입니다.

여러분들의 지난날들을 한번 살펴보시기 바랍니다. 우리는 아무리 좋은 것이라 하더라도 낯선 것이면 우선 직면하지 않으려고 하는 경향이 있음을 발견하실 것입니다. 우선 자기에게 익숙한 것을 따르게 되지 않습니까? 앞에서 나온 사례들을 생각해보시기 바랍니다. 대개의 경우 수동적으로 형성된 자기를 자기로 삼아 살아가지 않습니까? 수십 년을 걸쳐 형성된 자기 또는 자기의 어떤 경향을 바꾸어 간다는 것은 보통 일이 아닙니다. 그것은 꽤 성가신 작업입니다. 한두 번 노력해서 되는 일이 아닙니다. 옆에서 격려하며 도와주는 사람도 없이, 그리고 당장 신경을 써야 하는 일들이 산더미같이 많이 있는데 혼자서 그 길을 간다는 것은 아주 고독하고 고통스러운 일입니다. 대개는 어느 정도 가다가 포기하게 됩니다. 그것이 우리에게는 자연스러운 일일는지 모르겠습니다.

그러나 힘들고 웬만큼 노력해도 눈에 띌 정도의 변화가 나타나지 않지만 그래도 포기하지 않고—가다가 힘들면 잠시 쉬기도 하면서—길을 나서는 사람들이 있는 것도 사실입니다. 그런 분들을 만난다는 것은 보통의 기쁨이 아닙니다. 감사한 일입니다. 그것은 바울 사도께서 말하는 '푯대를 향해 좇아가는' 그리스도인의 성숙으로의 여정과 밀접하게 연결되어 있는 것입니다(빌 3:12-14). 하나님께서 자기에게 주신 본래적 자기를 찾아나서는 발걸음을 쉬지 않는 것이지요. 그리스도인의 성숙은, 본래적 자기를 찾기 위하여 얼마만큼 자기의지를 행사하느냐 하는 것을 통하여 대략적으로 측정할 수 있다고 하겠습니다. 그렇게 하여 우리의 삶의 발걸음은, 비록 그 결과가 두드러지게 나타나지는 않는다 하더라도, '진정한 자기의 동의'를 받은 것이 되어야 할 것입니다.

사례 파 나도 모르게, 왠지 모르게, 이상하게, 괜히, 어쩔 수 없이

그 사모님은 나이가 50이 훨씬 넘었는데도 긴 머리를 하고 있었습니다. 그리고 늘 치마를 입었습니다. 늘 치마를 입는 것은 그렇다 하더라도 그

분의 나이에 그분의 머리처럼 긴 경우는 우리 나라상황에서는 상당히 드문 경우였습니다. 대개 여성들은 나이가 들면서 긴 머리는 손이 많이 가기 때문에 짧게 하여 파마를 하는 경우가 대부분이라 들었습니다.

그 교회에서 '인간은 역사를 가지는 존재다' 라는 제목으로 강의를 한 적이 있었습니다. 그 강의를 한 후 얼마 후에 목사님 내외분과 대화를 나눌 기회가 있었습니다. 대화 도중 목사님께서 먼저 웃으시면서 저의 강의를 들은 뒤, 자기의 어쩔 수 없는 경향에 대해 생각해 보았다고 합니다. 그것은 자기는 이상하게 긴 머리에 치마를 입은 여자들이 좋게 느껴진다는 것이었습니다. 그래서 사모님에게도 그런 주문을 하였다고 합니다. 사모님은 불편하기는 하지만, 남편이 원하기 때문에 의식적으로 머리를 길게 하고 치마를 입어 왔다고 합니다. 머리를 짧게 했다가 금방 길게 할 수는 없어 늘 길게 하여 왔지만, 바지 차림이 편할 때가 있어서 가끔씩 바지를 입으면 남편의 좋았던 서비스가 이내 달라지는 것을 경험하였다는 에피소드도 말해 주셨습니다. 바지를 입으면, 우선 목사님의 싫어하는 감정상태가 얼굴에 확 드러날 정도라는 것이었습니다.

목사님은 결혼 전에 선을 수십 번 보셨다고 합니다. 그런데 상대방이 긴 미리에 치마를 입었다면 다른 조건에는 관심이 가지 않고, 마음속에서 자기도 모르게 자동적으로 O.K 가 되는 것을 느꼈었다고 하였습니다. 또 길을 갈 때 그런 차림의 여성이 지나가면 자기도 모르게 눈길이 가곤 하였다는 것이었습니다. 본인도 참으로 이상하게 여겼었다고 합니다. 그런데 그것은 자기의 의지로 통제되는 성질의 것이 아니었다고 하였습니다. 그냥 좋아지는데 어떻게 할 수 있냐는 것이었습니다. 그냥 천성적으로 그러한 여자를 좋아하도록 태어났다고 생각하였다 하였습니다.

그런데 저의 강의를 듣고 혹시 나에게 어떤 역사가 있어서 그렇게 되지는 않았을까 라는 호기심을 가지고 자신의 역사를 추적해 보았다고 합니다. 대개는 그렇게 한다고 하여 그 원인이 되는 역사가 쉽게 찾아지지는 않습니다. 다행히 그 목사님은 찾아내었습니다. 목사님은 학교 다닐 때 공부를 잘하였고 붙임성이 좋았다고 합니다. 그래서 선생님들에게 귀여움을 많이 받았다고 하였습니다. 그 중에서도 초등학교 5학년 때는 반장을 하면서 담임선생님을 무척 따랐고, 또 사랑을 특별히 많이 받았다고 합니다. 거의 교무실에 살다시피 하면서 담임선생님의 심부름을 하였다고 회고하였습니다. 그때는 그런 것이 많은 학생들에게 부러움을 받곤 하였지요. 그런데 그 선생님을 떠올리려고 할 때, 탁 치는 생각이 있었습니다. 긴 머리와 치마의 주인공은 바로 그 담임선생님이셨던 것이었습니다.

잠깐 얘기를 중단하여야 하겠습니다. 이쯤에서는 닫힌의식에서 일어나는 작용에 대해 얼마간 도식적으로 설명을 하는 것이 필요하리라 생각이 됩니다. 제가 생각해서 설명하는 것이기 때문에 일종의 가설이라고 생각하시면 되겠습니다. 그런데 이렇게 설명하는 것이 일반인들에게는 꽤 도움이 된다고 생각합니다. <도표1>

선의 위쪽을 열린의식의 세계, 아래쪽을 닫힌의식의 세계라고 생각하시기 바랍니다. 이제 목사님이 초등학교 5학년 일년 동안 담임선생님과의 관계에서 경험한 전체 내용을 동그라미라고 생각하시지요. 인간은 열린의식의 세계에서 경험하는 것을 계속하여 열린의식에 둘 수가 없습니다. 새로운 경험들이 계속 더하여지기 때문입니다. 그렇기 때문에 시간이 지나면서 그 내용들은 닫힌의식의 세계로 가라앉게 되어 있습니다. 그런데 열린의식에서 경험하는 것들은, 자신에게 어느 정도 의미가 있고 얼마나 영향을 주었느냐 하는 것을 척도로 삼아 분류될 수 있을 것입니다. 그 중에서 의미가 깊고 영향을 많이 주었던 경험은 닫힌의식 속으로 그냥 가라앉지 않습니다. 가라앉으면서 닫힌의식 중 열린의식에 가까이 있는 층

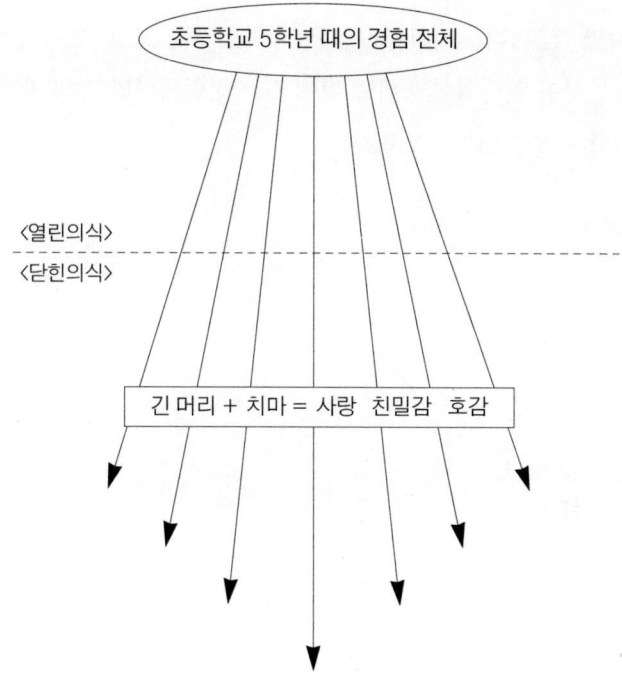

에 어떤 공식을 남기게 된다고 하겠습니다. 영향을 많이 주었던 것일수록 그 공식을 열린의식에 가까운 위치에 남겨둔다고 할 수 있는데, 그러면 그만큼 나중에 자극을 받을 때 열린의식으로 쉽게 반응을 보이게 된다고 하겠습니다.

　예를 들어, 담임선생님을 가장 간결하게 상징할 수 있는 것은 '긴 머리 +치마(의 여자)'이기 때문에 우선 그것이 열린의식 가까운 곳에 자리를 잡습니다. 즉, '긴 머리 +치마'는 바로 초등학교 5학년 때의 담임선생님을 상징합니다. <긴 머리 + 치마(의 여자) = 5학년 담임선생님> 그런데 그 구체적인 인물인 담임선생님도 잊게 됩니다. 그러면 '5학년 담임선생님' 대신에 어떤 내용이 자리를 잡게 될까요? 그렇습니다. 내가 좋아하며 따랐고, 나를 귀여워해 주고 사랑해 준 여자'라는 것이 자리를 잡게 됩니다. 좀더 간결하게는 '사랑·친밀감과 관계된 여자'로 얘기할 수 있습니다. 그러면 '긴 머리 + 치마(의 여자) = 사랑, 친밀, 호감(과 관계된 여자)'이라는 등식이 열린의식의 바로 밑에 있는 닫힌의식의 층에 자리 잡는다고 설명할 수 있습니다. <도표2>

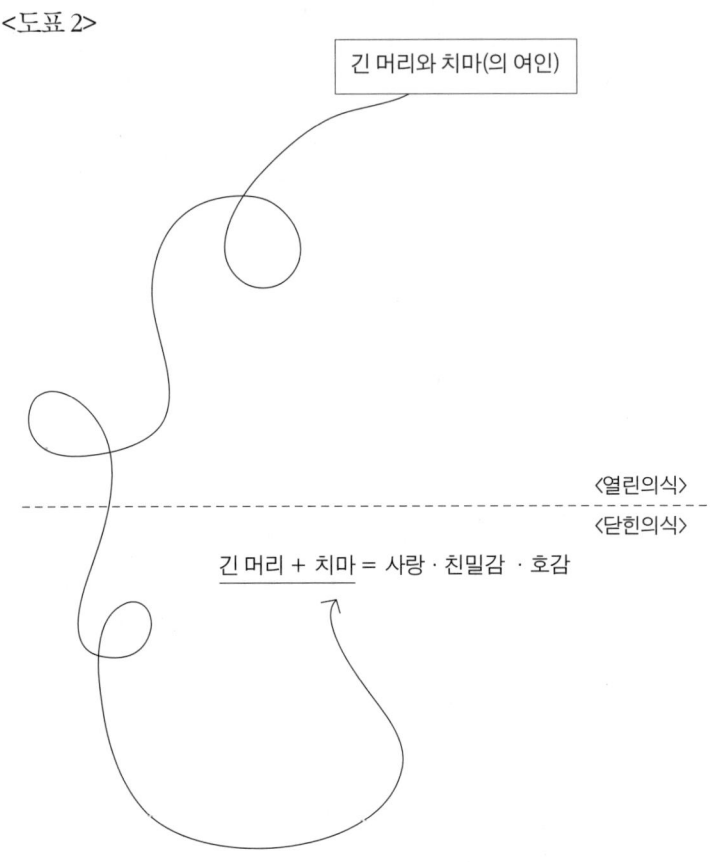

이제 시간이 지나면서 그 선생님과의 구체적 경험과 선생님 개인에 대해서는 잊어버리게 됩니다. 그러나 살아가면서 '긴 머리와 치마'를 입은 여자를 보면 그것이 하나의 자극이 되어 그의 전체의식 세계를 돌아다니

게 됩니다. 돌아다니다가 '긴 머리 + 치마 = 사랑·친밀감과 관계된 여자' 라는 등식을 만납니다. 아, 그런데 그 등식의 앞부분에 '긴 머리와 치마' 가 있는 것이 아니겠습니까. 그래서 '긴 머리와 치마' 라는 자극은 반갑게 그 공식의 앞부분을 치게 됩니다. 그러면서 반응을 일으키게 됩니다. 어떤 반응일까요? 네, 맞습니다. '긴 머리 +치마' 의 여자는 바로 '사랑, 친밀, 호감' 과 관계된 여자를 의미하기 때문에, 그런 여자를 보는 순간 저도 모르게 그 여자에게 사랑과 친밀감, 그리고 좋아하는 감정을 느끼게 되는 것입니다. 어떻습니까? 설명이 잘 전달이 되었으면 좋겠습니다. 칠판을 사용하면서 설명하는 강의 시간에서는 잘 전달이 되었는데, 글로만 설명을 하려니 다소 제한이 느껴집니다. 그래도 이미 앞에서 여러 다양한 사례들을 통해 충분한 훈련을 쌓았다고 보아 대부분의 독자분들은 이해할 것으로 간주하겠습니다.

그렇게 '나도 모르게, 왠지 모르게, 이상하게, 괜히, 어쩔 수 없이' 하면서 다른 사람들은 그렇지 않은데 자기만 어떤 특징을 보이는 사람에 대해 특별히 좋아하게 되거나 특별히 싫어하게 되는 식의 감정을 가지게 되는 경우가 있습니다. 그런 감정적 반응의 대부분은 닫힌의식에 자리 잡고 있는 어떤 내용에서 나오는 것이라 하겠습니다. 다른 식으로 설명한나면, 어떤 사람이 있을 때 친구들은 모두 그 사람에게 어떤 특별한 감정적 반응을 보이지 않는데, 자기만 '의미 있게 차이가 나는' 감정적 반응-예를 들어 왠지 모르게 좋아진다든지 싫어진다든지 하는- 을 보인다면, 그 '의미 있는 차이' 를 낳는 무엇인가가 닫힌의식 속에 있을 가능성이 높다는 것입니다. 결국, 상대방을 '괜히' 좋아하게 되고 싫어하게 되는 것은, 그 상대방에 대한 반응이라기보다는 자기의 역사 속에서 만난 그 어떤 사람에 대한 반응일 가능성이 높다는 것입니다. <사례 라>의 부인의 경우를 떠올리시는 분들이 많을 것입니다. 맞습니다. 같은 작용에 의한 것입니다.

그럼, 그것이 무엇이 문제가 되는가라고 질문을 하시는 분이 있을는지 모르겠습니다. 그냥 살아가도 되는 것 아니냐 하면서요. 자 그럼, 위의 목사님의 경우를 가지고 설명을 드리도록 하겠습니다. 당사자에게 직접 들은 얘기는 아니지만, 이러한 추정이 가능하리라 생각합니다. 왜냐하면 우리 자신을 돌아보아 조금만 생각하면 바로 이해가 되기 때문입니다. 다소 실례가 되겠지만, 이렇게 생각해 보도록 하지요.

현관문 앞에서 목사님이 예배를 마치고 나오는 성도들과 일일이 악수를 하는 장면을 떠올려 보시기 바랍니다. 악수를 하던 중, 긴 머리에 치마를 입은 여성도의 차례가 되었습니다. 그 성도를 보는 순간 닫힌의식의 등식이 자극이 되면서 좋은 기분이 느껴집니다. 그래서 계속 한 손으로 악수를 하던 목사님은, 그분을 보자마자 두 손으로 악수를 하면서 "아, 오셨습니까" 하면서 특별히 친밀한 반응을 보일 수 있을 것입니다. 반면, 아주 짧은 머리에 바지를 입고 나오는 여성도와 악수를 할 때는 얼굴을 살짝 옆으로 돌려 눈 마주침을 하지 않으면서 냉랭하게 손을 내미는 인사를 할 가능성이 높다고 할 수 있습니다. 그렇게 사람을 대하는 데 있어서 닫힌의식의 등식에서 올라오는 감정반응의 영향을 받게 됨으로써 인간관계는 왜곡되게 됩니다. 통제되지 않으면 그 왜곡과 왜곡이 낳는 불행은 평생을 가게 될 것입니다.

'긴 머리와 치마의 여자 = 사랑, 친밀, 호감과 관계있는 여자' 는 틀린 공식입니다. 긴 머리를 하고 치마를 입는 여성은 항상 사랑스럽고 친밀하고 좋아할 수 있는 사람입니까? 그렇지 않습니다. 사람이 어떠한가는 긴 머리와 치마와는 크게 상관관계가 없습니다.

이미 앞에서 언급된 내용이지만, 우리의 정신은 그렇게 자동적으로 우리를 위해 움직여지지만은 않게 되어 있습니다. 그렇게 잘못된, 아주 엉터리의 등식을 닫힌의식에 입력해 놓음으로써 우리의 삶을 상당히 제약

(그런 여성을 주로 좋아하고 짧은 머리와 바지의 여성은 피하게 될 것이니 말입니다)하고 왜곡시키는 악영향을 미치게 되는 것입니다. 우리는 우리들의 정신활동을 나 몰라라 하는 식으로 그냥 놔두어서는 안 되겠습니다. 바른 길을 갈 수 있도록 다스릴 수 있는 통제력을 키우도록 노력해야 할 것입니다. 그 길을 나서는 데 닫힌의식의 세계의 이해는 결정적인 도움을 줄 수 있을 것입니다.

이제 자기가 가지고 있는 경향에 대해 그 원인을 알게 된(닫힌의식을 의식화한) 목사님은 통제력을 점차적으로 행사할 수 있게 될 것입니다. 예를 들어, 긴 머리와 치마를 한 여성도가 나올 때 친밀한 감정이 솟구쳐 올라와 반갑게 두 손을 막 내밀게 되려 할 때, 순간적으로 생각을 할 수 있게 됩니다. '아니다. 이 감정적 반응은 초등학교 5학년 담임선생님과의 관계에서 형성된 닫힌의식의 잘못된 공식에서 나오는 것이다.' 하면서 자기 감정의 솟구침을 마음의 손으로 쑥 눌러 철회하면서 평범한 감정에서 한 손으로 악수를 청할 수 있게 될 것입니다.

지적인 깨달음이 항상 의지의 행사와 연결되는 것은 아니지만 지적인 깨달음은 의지를 행사할 수 있는 마당을 마련해 준다고 할 수 있습니다. 닫힌의식의 의식화과정에서 역사 이해를 통한 지적인 깨달음은 우리에게 변화를 시작할 수 있는 길을 열어주는 것입니다. 아마도 처음부터 잘 되지는 않을 것입니다. 그러나 자기의 지적인 동의를 받은 의지를 자꾸 사용하다 보면 그 경향에 대한 통제력은 날로 강해지면서 잘못 형성된 경향은 점차 옅어지게 될 것입니다. 그러면서 자기의 의지를 행사하지 못하는 노예와 같이 매이게 되었던 그 경향으로부터 점점 더 자유롭게 되는 기쁨을 누리게 될 것입니다.

■ 순전한 인간관계를 위하여

– '진정한 나'로서 나는, '바로 그 사람'으로서 상대방을 대해야 한다.

위의 사례에서 설명하였지만, 우리는 이러한 닫힌의식 내의 정신 활동들에 대해 깨어있도록 노력하여야 할 것입니다. 그래야만 순전한 인간관계를 가질 수 있기 때문입니다. 인간은 어느 누구도 '그 시점에 있어서의 100% 진정한 자기'의 자기로서 타인을 만나게 되어 있지 못합니다. 위의 사례에서 보듯이, '긴 머리와 치마'의 여자를 특별히 더 좋아해야 할 타당성이 사실은 없는데, 그런 여자를 좋아하는 자기로 살게 되는 것입니다. 자기는 과거의 담임선생님을 좋아한 것이지, '긴 머리와 치마'의 선생님을 좋아했던 것이 아니지요. 즉, 사실상 자기는 '긴 머리와 치마'의 여자를 좋아하는 자기가 아닌데, 좋아하는 자기로 살아지게 되어 있는 것입니다. 그런 의미에서 어느 누구도 100% 진정한 자기로 살아가지 못하게 되어 있다는 것입니다.

또, 상대방을 대하는 것도 마찬가지입니다. 인간은 어느 누구도 상대방을 '그 시점의 바로 그 사람'으로 대하지 못하게 되어 있습니다. 위의 목사님 같은 경우, '긴 머리와 치마'의 여성을 보면 5학년 담임선생님에 관계된 닫힌의식의 영향으로 말미암아 그 여성을 좋아하게 되는 것이지, 상대방을 진정으로 알고서 좋아하는 것이 아니라는 것입니다. '긴 머리와 치마' 차림만을 보고 자기를 좋아하는 남성을 좋아할 여성은 아무도 없을 것입니다. 누구나 인격체로서 있는 그대로의 자기를 좋아하고 사랑하는 남성을 원할 것입니다. 더욱이 긴 머리와 치마 차림을 한 나를 좋아하는 것은, 나를 좋아하는 것이 아니라 사실은 긴 머리와 치마의 초등학교 때의 담임선생님을 좋아하는 것 때문이라는 것을 안다면 소스라치는 여성들이 대부분일 것입니다. 그것은 역으로 내가 다른 사람들에게 그렇게 당할 수도 있다는 것이지요. 우리는 사람을 바로 그 사람으로, 그래서 진정으로 그 사람을 인격적으로 대하기 위해서라도 닫힌의식의 세계에 대해 잘 알아야 하겠습니다.

우리네의 인간관계가 그러합니다. 아니, 바로 내가 '바로 이 시점의 나'로 살지 못하는 것이니, 뭐 더 할 말이 없는 것이지요. 인간이 그러합니다. 이를 완전히 피할 수 있는 사람은 아무도 없습니다. 인간은 그렇게 제한적인 존재인 것이지요. 우리는 어쩔 수 없이 오류를 안고 살아가게 되어 있는 존재인 것입니다. 다만 그 오류를 줄이려고 노력할 뿐이지요. 우리 자신들이 그렇게 제한적인 존재라는 것을 알아야 합니다. 그리고 의식하여야 합니다. 기본적으로 중요한 내용들에 있어서는 열린의식에서 늘 깨어 있도록 훈련되어야 할 것입니다. 순간순간에 있어서도 자기존재에 대한 결정적인 사실들에 대해 의식하며 살아갈 수 있도록 노력하고 또 노력하여야 할 것입니다.

사례 하 서로 다른 색안경을 쓴 사람들의 만남

― 치약이야기

여러분은 그 유명한 치약이야기를 아시는지요? 강의를 하면서 치약이야기를 사례로 들면서 설명할 때 많은 분들이 진정한 동의를 하듯, 얼굴에 다소곳한 웃음을 띠면서 고개를 끄덕이는 것을 통해 이것은 단지 한 사람의 이야기가 아니라, 우리 모두의 이야기임을 느끼게 됩니다. 때때로 여기서 상당한 깨달음으로 나아간 사람들의 간증도 듣게 됩니다. 내용 자체는 그리 대단하지 않습니다. 아주 간단하고 일상적인, 평범한 내용을 가진, 그러나 여러 가지를 생각하게 하는 살아 있는 이야기입니다.

친구들과의 만남 같은 사적인 만남을 가질 때면 그냥 친구 '김진'으로서 있으려고 노력합니다. 그런데 상대방들은 그렇게 생각하기가 어려운 가 봅니다. 그래서 이것저것들을 물어오게 되지요. 그러면 어느새 저는 분석하고 설명하는 자가 됩니다. 한편으로는 저 자신에게 책임이 있습니다. 정신과의사로서, 인간의 정신세계와 인간 사이의 세계에 대해 연구하고 실지로 다루고 그리고 설명하는 일을 주로 해오는 가운데서, 자신에 대해 늘 무엇이든 설명하는 권위자 authority figure로 생각하는 의식이 직업병처럼 자리 잡고 있어서 저도 모르게, 조심을 하여 성공할 때도 있지만, 또 무엇인가를 열심히 설명하고 있는 자신을 보게 되는 것입니다.

그때도 그러했습니다. 오랜만에 어렸을 적 친구들을 만났습니다. 닫힌 의식에 대해 얘기가 되어질 때, 한 친구가 자기가 가지고 있었던 한 경향에 대해 진상을 알게 된 일화를 얘기해 주었습니다. (조금 들은 내용을 바탕으로, 주제는 손상되지 않는 범위 내에서 이해하기 쉽게 그리고 조금은 재미있게 꾸며보도록 하겠습니다.)

그 친구는 결혼식을 마치고, 드디어 모든 사람들을 뒤로 하고 신부와 단 둘이서 비행기에 올랐습니다. 낭만적인 이국땅의 휴양지에서 사랑하는 사람과만 함께 있다는 것은 상상만 해도 얼마나 가슴이 들떠오는 것인지요! 그 들뜬 마음으로 비행기에서 내려, 호텔에서 짐을 간단히 풀고 해변을 걸으면서 낭만적인 분위기에 마음껏 젖어들었습니다. 저녁때가 되어 돌아와 역시 분위기 있는 식당에서 분위기 있는 식사를 하게 되었습니다. 식사 후 방으로 돌아왔습니다. 신부가 먼저 욕실을 사용한 후에 친구는 양치질을 하러 들어갔습니다. 아니, 그런데 이게 웬일입니까? 자기의 눈을 의심했습니다. 앞이 깜깜해지는 절망의 기운이 친구의 온몸을 감돌았습니다. 그러나 그것은 부인할 수 없는 엄연한 사실이었습니다. 그것은 바로 치약의 중간이 눌러져 있는 것이었습니다. 그로서는 상상할 수 없는 문제였습니다.

그 때까지의 낭만적인 분위기가 일순간에 역전이 되고 말았습니다. 친구는 굉장한 혼란에 빠지게 되었습니다. '아니, 이럴 수가? 바로 내 아내가 치약의 중간을 누르는 사람이란 말인가? 아, 치약의 중간을 누르는 사람과 평생을 살아야 한다니. 이런 낭패가 어디 있단 말인가? 결혼을 무를 수는 없을까?' 소개를 받아 연애를 하면서 상대방이 치약을 어떻게 누르는지 언제 볼 수 있는 기회가 있었겠습니까? 친구는 이 일을 어떻게 처리를 해야 할지 당황이 되기만 하였습니다. '아, 화장실을 나가 저 사람을 만날 때 눈을 어떻게 마주쳐야 할까? 어떻게 대해야 하나? 결혼식은 올렸는데 이런 사람과도 참고 평생을 지내야 하나?' 별의별 생각이 다 드는 것이었습니다. 친구는 그렇게 결혼 초기 치약사건으로 인해 누구에게도 내놓고 얘기할 수 없는 가슴앓이를 많이 하였다고 합니다.

제 친구의 반응이 이해가 되십니까? 혹 비슷한 경험을 하신 분은 웃고 계실 텐데요. 어떻게 치약의 중간을 누른 것이 그렇게도 친구를 낙담시킬 수 있을까요? 생각을 해보시기 바랍니다. 무엇을 먼저 생각해야 할까요? 네, 그렇습니다. 친구의 역사를 생각해야 하겠지요. 도대체 어떤 역사를 통해 왔길래, 아무것도 아닌 것같이 보이는 일에 그렇게 엄청난 반응을 보일 수 있게 되었는지 궁금하지 않으십니까?

친구는 정리정돈이 분명한 아주 깔끔한 가정에서 자랐습니다. 특히, 어머님이 확실한 분이셨습니다. 매사에 틀림이 없으시고 '제자리'에는 일가견이 있었던 분이셨습니다. 자녀양육도 상당히 엄격하였습니다. 쓰고 난 물건은 꼭 제자리에 갖다 놓아야 하는 것으로 가르쳤습니다. 치약을 누르는 것까지도 교육이 철저하셨습니다. "애들아, 자 봐라. 치약을 아무렇게나 누르게 되면 어떻게 되지? 중간이 꾸불꾸불하게 되면 치약이 다 나오지 않을 수가 있지? 그러니 어떻게 해야 하지? 상식적으로 생각을 해봐라.……그렇지, 치약은 아래서부터 차례차례 눌러야 하지."라는 식으로 절약정신, 치밀한 생활 방식, 그리고 합리적 사고를 강조하였습니다. 제 친구는 그런 교육이 있는 가정에서 자랐습니다. 그런데 그런 가정에서 자란 사람이 신혼 첫 날 평생의 반려자가 될 신부에 의해 새 치약의 중간이 눌러져 있는 것을 보았을 때 받았을, 어떻게 표현할 수 없는 엄청난 충격을 이해할 수 있으시겠습니까? 웃음이 나오시나요?

아마도 친구는 자라오면서 자기 집에서 치약의 중간이 눌러져 있는 것을 보는 경우가 거의 없었을 것입니다. 아니, 상상을 못했을 것입니다. 친구의 집에서 치약의 중간을 누른다는 것은 무엇을 의미하겠습니까? 그것은 상식적으로 생각하지 못하는, 아마 머리가 나빠도 한참 나쁜 사람이나 하는 어리석은 짓을 의미하였을 것입니다. 생각을 못하는 사람이지요. 아니, 생각을 한 번만 해봐도 어디를 눌러야 하는지가 명백해지지 않습니까? 생각이 없는 사람이요, 생각을 하더라도 밑에서부터 눌러야 치약이 중간에 남지 않고 순조롭게 나온다는 아주 단순한 사실조차도 깨달을 수 없는 답답하도록 멍청한 사람인 것이지요. 이제 친구가 신혼여행 가서 앞으로 살아가야 할 날들이 캄캄하게 느껴졌던 그 절망의 아득한 마음을 이해하실 수 있으실는지요?

반면, 부인은 비교적 자유스러운 집안에서 자랐다고 합니다. 치약을 가능하면 밑에서부터 누르면 좋지만, 때로는 아무 데나 눌러도 나중에 다시 밑에서부터 눌러 펴면 되니까 그런 데까지 강조하지 않는 분위기의 가정이었습니다. 물론, 부인은 상식적으로 생각을 못하거나 머리가 지독히도 나쁜 사람이어서 치약의 중간을 누른 것이 아닙니다. 생각이 없는 사람이기 때문에 그러했던 것도 더욱 아닙니다. 단지 부인의 집 분위기가 친구의 집안보다는 엄격하지 않고 자유스럽기 때문에 그랬을 뿐입니다.

그렇게 우리는 자기도 모르게 자기가 자라온 환경을 통해 여러 모양의 색안경을 끼게 되어 있습니다. 이것을 피할 수 있는 사람은 아무도 없습니다. 결단코 아무도 없습니다. 치약을 쓰는 방법에 대해 친구는 파란 안경을 끼고 있고, 부인은 빨간 안경을 끼고 있으니 어떻게 갈등이 일어나지 않고 말다툼을 하지 않을 수 있겠습니까? 그리고 친구는 부인의 행동을 '파랗다'고 얘기하지요. 그런데 부인은 이해가 안 되는 것입니다. 자기의 눈에는 빨갛기 때문입니다. 그러면서 다툼이 일어나게 되지요. 그런 식으로 하여 단지 습관적인 것에, 상대방에게 모욕감을 줄 수 있는 인격적, 신앙적, 도덕적인 판단을 하게 되는 경우가 비일비재합니다.

　사람이 본시 이타적인 존재라 다른 사람의 관점에서 이해하게 되어 있다면, 비록 자기도 모르는 색안경을 끼고 있다 하더라도, 심각한 문제는 별로 발생하지 않을 것입니다. 왜냐하면 상대방이 왜 그랬을까를 생각하면서 그를 이해하려고 노력할 것이니, 자기가 끼고 있는 색안경의 영향을 받을 가능성이 훨씬 적게 되기 때문입니다. 그러나 사람이 그렇지 않은 것이 문제입니다. 자연적인 인간은 본성적으로 철저히 이기적이고 자기중심적인 경향을 띠고 있기 때문에 자기의 것으로 먼저 판단을 하고 들어가게 되어 있습니다. 인간이 그러하기 때문에 '먼저' 자기에게 문제를 일으키는 것들이 있는가를 잘 살핀다는 것은 자기 의무요 자기 책임이 된다고 할 수 있습니다. 서로가 다르게 끼고 있는 색안경의 색깔이 어떠한지, 어떻게 해서 그런 색깔이 들어가게 되었는지에 대해 알아보아, 색깔을 서로 맞추어 가고자 하는 노력들이 있어져야 할 것입니다. 이는 자연적으로 되어지는 것이 아닙니다. 상당한 의지를 가지고 능동적인 노력을 기울여야 풀 수 있는 과제라 하겠습니다.

　친구는 신혼 초에 그 문제로 상당한 어려움을 당했다고 하였습니다. 그 말을 하는데 얼굴표정이 참으로 심각하였습니다. 그러나 역시 자기와 상대방의 역사를 이해하게 됨으로써 습관적인 것은 습관적인 것으로, 인격적인 것은 인격적인 것으로 분별하게 되면서 그 갈등의 고비를 넘어갈 수 있었다고 합니다.

  우리는 지금까지 세 가지 사례를 통해 닫힌의식의 의식화가 구체적인 삶의 왜곡을 푸는 데 어떻게 도움을 주는가에 대해 함께 생각해 왔습니다. 구체적인 사례를 들어 계속 설명한다면 한이 없습니다. 여러분들은 책을 통해 생각하시면서 닫힌의식으로 인해 생긴 삶의 왜곡을 이미 많이 깨닫게 되었을 것이라고 기대합니다. 깨달은 것들을 주위의 분들과 함께 나누시기를 바랍니다. 서로 함께 나누면 자기와 타인에 대한 새로운 이해가 더해질 것입니다. 그러면서 일반적 인간에 대한 이해가 더욱 깊어지게 될 것입니다. 그러면서 자기 삶의 왜곡뿐 아니라, 이웃들의 왜곡들도 함께 풀어 나가는 귀한 일들이 연이어 이루어졌으면 하는 바람 간절합니다.

  (3) 미래적 삶에 있어서 주체적 자율성을 높여갈 수 있게 된다

  내용적으로는 이미 앞에서 다루어졌다고 할 수 있으나, 강조하는 면에서 다시 생각하기를 원합니다. 인간은 자연적 또는 자동적으로는 과거에 붙잡혀 살게 되어 있다고 할 수 있습니다. 즉, 닫힌의식에서 나오는 경향으로 말미암아, 잘 받아들인 것이든 잘못 받아들인 것이든, 익숙하게 된 것을 반복하며 살아간다는 것이지요. 그렇기 때문에 미래가 새로울 것이 없습니다. 자기도 모르게 어쩔 수 없이 과거에 붙들려 있기 때문입니다. 그러나 우리는 그런 차원에서 살아갈 수밖에 없는 존재에 그치는 것이 아닙니다. 절대 그럴 수 없습니다.

  우리는 자기 존재가 어떤 차원에 걸쳐 있느냐 하는 것에 대해 엄숙하게 생각해 보아야 할 것입니다. 그리고 자기 자신에 대해 진지하게 성찰하는 시간을 가져야 할 것입니다. 그래야 하고 그럴 수 있는 존재입니다. 그래서 자기는 어떤 지향을 향해 가는 존재이고, 자기에게 이미 형성된 것들

중 선한 것이 무엇이고 악한 것이 무엇인지, 또는 계속 발전시켜 나가야
할 것이 무엇이고 버려야 할 것이 무엇인지를 냉철하게 분별하여 자기를
새롭게 다듬어 가는 일을 행동에 옮겨야 할 것입니다. 이 일은 진정 자기
에 대한 간과될 수 없는 책임이라 할 것입니다.

    그렇게 미래를 새롭게 일구어 나가는 일에, 닫힌의식의 의식화는 상당
한 도움을 줄 수 있을 것입니다. 앞에서 설명한 모든 예에서, 자기의 닫힌
의식 안에 들어 있는 것이 어떻게 자기에게 영향을 주어 왔고 주고 있는
지를 바르게 알 때, 그 이후로의 미래에 새로운 길을 나설 수 있는 계기를
가지게 되었다는 것에 대해 충분히 이해하셨을 것이라 생각합니다. 우리
의 미래에 우리의 선한 지향이 완벽할 수는 없지만, 더 많이 담길 수 있도
록 하여야 할 것입니다 그래서 남들에 의해 형성되는 나에게서, 나에 의
해 형성되는 인생을 만들어 가도록 되어야 할 것입니다. 이제는 과거와는
다른 미래, 새로운 삶을 세울 수 있는 것입니다. 물론, 그 길을 나선다는
것은 간단치가 않습니다. 그러나 길을 나서는 사람들에게, 이 미래지향적
자기를 세워 나간다는 것이 큰 격려와 용기, 그리고 소망을 주게 될 것입
니다.

▶ 악순환 – (?)순환?

    우리는 비지향적 존재에서 지향적 존재로, 자기 존재에 대한 바른 인식
을 분명히 하여야 할 것입니다. 그럴 때 우리는 미래적 삶에 있어서 주체
적 자율성을 높여갈 수 있다고 생각합니다. 아니, 꼭 그래야 한다고 생각
합니다. 인간은 과거로만 환원되는 존재가 결단코 아닙니다. 본래적 자기
를 지향하는 가운데, 올바른 자기역사 이해로부터 출발하여 미래를 얼마
든지 새롭게 창조해 갈 수 있는 존재입니다. 그 작업은 개인 혼자만으로

감당될 수 있는 것이 아닙니다. 물론, 개인적으로 노력할 부분도 있지만, 더불어 살아가면서 다른 사람들과의 관계에서 서로 영향을 주고받는 존재로서 공동체를 의식하며 함께 노력해야 할 부분이 있습니다. 다음은 제가 특강을 할 때마다 꼭 다루는 내용인데 도움이 되리라 생각하여 함께 생각을 해보도록 하겠습니다.

여러분, '악순환'이라는 용어를 알고 계시겠지요? 아마도 모든 분들이 알고 있으리라 생각합니다. 그리고 어느 정도 설명하실 수 있으리라 생각합니다. 그런데 악순환의 반대말은 무엇인지 아시는지요? 지금 당장 책을 덮고 잠시라도 한 번 생각해 보시기 바랍니다. 제가 강의를 다니면서 물어 본 사람의 수가 수천 명은 될 것입니다. 그런데 정답을 알아맞힌 분이 아마 두 분 계셨던 것 같습니다. 한 분은 경제학을 전공하신 분인데 경제학에서 그 용어를 쓰고 있기 때문에 알고 계셨고, 한 분은 그 자리에서 생각하여 맞추신 분이었습니다. 어떻습니까? 떠오르는 것이 있는지요? 저의 경험으로 추정한다면 최소한 90% 이상은 정답을 알아맞히지 못하였을 것이라 생각합니다. 반대말은 '선순환'입니다. 한문을 익히 아시는 분은 쉽게 맞추셨을 것입니다.

그런데 왜 우리는 악순환이라는 용어는 잘 알고 있는 것이지요? 강의를 하는 중이라면 귀중한 시간이라도 잠시 생각하도록 시간을 이끌어 갈 텐데요. 그 자체에 대해 답을 아는 것보다도 사고하는 훈련이 더 중요하기 때문입니다. 빈 공간으로 서너 페이지를 남겨 두면서까지라도 생각해 보도록 하고 싶은 마음이 굴뚝같습니다. 그렇습니다. 단어라는 것은 어떤 실제적 내용을 전달하기 위해 사용하는 수단입니다. 서로 얘기를 나눌 때 그 실제적인 내용을 다 얘기하면 시간이 많이 걸리는 번거로움이 있으니, 간단히 그 내용을 나타내기 위해 이러한 단어를 쓰기로 하자는 사람들 사이의 약속의 측면이 있습니다. 악순환이라는 용어는 결국 악순환에 해당하는 어떤 내용을 가지고 있는 것입니다. 그렇다면 우리가 악순환이라는 단어를 이미 잘 알고 있다는 것은 무엇을 의미하는 것이겠습니까? 또 생각을 해보셨으면 좋겠습니다. (책을 쓰다 보니 책은 시간과 공간을 뛰어넘는 만남을 가지게 하여 준다는 데 귀한 장점을 가지고 있지만, 훈련의 수단으로는 상당한 제약이 있다는 것을 느끼게 됩니다.) 그것은 악순환이라는 내용이 우리에게 익숙해져 있다는 것을 의미합니다. 악순환이 인간 사회에서 빈번하게 일어난다는 것입니다. 그렇기 때문에 그 단어가 우리에게 낯설지 않고 아주 익숙해져 있는 것입니다.

그럼, 대부분의 사람들이 선순환이라는 용어를 모르고 있다는 것은 무엇을 의미하는 것이 되겠습니까? 그렇습니다. 역시 그것은 선순환이라는 내용이 인간사회에 드물다는 것입니다. 누군가가 남에게 좋은 일을 하여서, 이제는 그 좋은 일을 경험한 사람이 또 다른 사람에게 좋은 또는 더 좋은 일을 하게 되고, 그 사람은 또 다른 사람에게 좋은 일을 하고-그렇게 하여 좋은 일들이 계속해서 꼬리를 물듯이 일어나게 되는 일은 그 용어가 우리에게 낯선 만큼 참 드물다는 것이지요. 우리를 슬프게 하는 일입니다. 그런 일이 거의 없기 때문에 그런 일에 대해 얘기할 기회가 거의 없는 것이요, 그렇기 때문에 그런 내용을 대신할 용어의 필요성을 거의 느끼지 못하는 것입니다. 더욱 안타까운 것은 우리 안에 선순환에 대한 기대 자체가 거의 없다는 것입니다. 이미 나 자신과 다른 사람들을 통해 인간이 어떤 존재인지를 느끼고 있기 때문입니다. 바로 다름이 아닌 자기중심적이고 이기적인 존재라는 것입니다. 다소간의 차이는 있지만, 우리는 이 세상을 살아가면서 그러함을 경험적으로 깨닫게 되고, 결국 그것은 우리의 닫힌의식 안에 아주 굳건히 자리 잡게 되어 있습니다.

인간은 주로 부모님을 통해 자기중심성을 벗어난 희생적인 사랑을 받고 배우게 되지만, 그러나 자기중심적이고 이기적인 모습보다 타인 중심적이고 이타적인 모습을 더 많이 보여줄 정도의 성숙을 보여주는 사람들은 불행하게도 부모님들 중에서도 그리 많지는 않다고 할 수 있습니다. 그러니 여타의 다른 사람들을 통한 경험이라는 것은 말할 것도 없습니다. 불행히도 만약 인간이 자기중심적이고 이기적인 존재라는 것을 부모를 통해 깊이 경험하게 된 사람이 있다면, 인간에 대한 그 관점과 이미 자기 것이 되어버린 그 경향을 크게 벗어난다는 것은, 인간적인 차원에서만 생각한다면 가능성이 거의 없다고 해야 할 것입니다. 잠깐 내용이 빗나갔는데, 여하튼 우리가 살아가는 인간사회에서는 자연적으로 자기중심성을 벗어난다는 것이 참으로 어렵다고 할 수 있습니다.

한 번 예를 들어 생각을 해보도록 하겠습니다. 이 책의 독자의 대부분은 성인일 것이라 생각합니다. 그렇다고 생각하고 얘기를 이끌어 가겠습니다. 중고등학교에 다닐 때로 돌아가 보겠습니다. 우리는 성탄절이 가까워 오면 1년을 돌아보며 감사해야 할 사람들과 연락을 드려야 하는 사람들에게 카드를 보내게 됩니다. 카드를 보낸 후, 받게 될 카드를 기대합니다. 한 장 두 장씩 카드를 받게 됩니다. 성탄절이 지나서 오는 카드도 있습니다. 아니, 그런데 성탄절이 한참 지났는데도 자기가 카드를 보낸 사람에게서 카드가 오지 않는 것입니다. 그런 경우 여러분의 마음은 어떠했는지요? 제가 역시 강의를 하면서 수천 명이 되는 분에게 물어 보았습니다. 기분이 좋았다고 하는 사람은 아무도 없었습니다. 100% 모두 기분이 나쁘다는 것이었습니다. 어느 청년부에 가서 물어 보았더니 맨 앞줄에 앉아 있던 자매가 아주 재미나는 대답을 하였습니다. 마치 똥 밟은 기분이라는 것이었습니다. 그렇습니다. 우리는 그러합니다. 자연적인 우리는 그러합니다.

그럼, 한걸음 더 나아가보지요. 여러분이 받은 카드 중에 여러분이 카드를 보내지 않은 사람에게서 받는 경우가 있었을 것입니다. 그런 경우 여러분의 마음은 어떠했습니까? 역시 물어 보았더니, 거의 100%의 반응이 미안하면서도 기분이 좋다는 것이었습니다. (물론, 기분이 좋지 않을 예외적인 경우가 있긴 하겠지요. 그러나 여기서는 예외적인 경우가 아니라 평범한 경우에 대해 얘기하는 것임을 기억하시기 바랍니다.) 여러분의 반응도 그러할 것이라 생각합니다. 그렇습니다. 우리는 그러합니다. 자연적인 우리는 그러합니다.

자, 계속 생각을 연이어 갑니다. 여러분이 카드를 보냈는데, 카드를 보내지 않은 사람이 있다고 해보지요. 여러분은 기분이 나쁘겠지만, 상대방의 기분은 어떠하겠습니까? 아마도 대개는 여러분이 그런 경우를 당했을 때와 마찬가지로 미안해 하면서도 기분이 좋을 것입니다. 그러면, 내가 카드를 보냈는데 나에게 보내지 못한 사람이 한 명 있다면, 여러분은 한 사람을 기분 좋게 해준 것이 되는 것이 아닌지요. 다섯 사람이 있다면 다섯 사람을 기쁘게 해준 것이 되는 것이지요. 그렇습니다. 우리가 자연적으로 타인 중심적이며 이타적인 존재라면, 카드를 보냈는데 받지 못한 경우는 당연히 기뻐하게 될 것입니다. 타인을 기쁘게 해주었기 때문입니다. 그러나 불행하게도 우리는 그러하지 못했었는데, 자연스러운 상태의 우리는 그렇게 이기적이며 자기중심적인 존재일 수가 없습니다.

제가 아는 어떤 사람은 카드를 보낼 때 자기가 받을 것을 대략 예상하여 그것의 배를 보낸다고 합니다. 누군가에게 기쁨을 주기 위해서지요. 여러분 중에 혹 카드 보내는 것에 대해 생각이 달라지는 분이 있는지 모르겠습니다. 그런 분이 많아졌으면 좋겠습니다. 어떤 분은 고속도로 톨게이트를 지날 때 수고하시는 분에게 우유, 사탕, 또는 껌 ― 하나면 서운하다고 두 개씩 ― 등을 준다고 합니다. 여러 어려운 일들이 있지만, 톨게이트에서 일하는 것이 참으로 어렵게 생각된다고 하였습니다. 인격적인 대화는 전혀 있을 수 없고, 눈 마주침도 거의 없이 다만 기계적으로 손을 내밀어

표를 받고 돈을 거슬러 주는 일의 반복이니 정신적으로 얼마나 힘들겠습니까? 그런 분들에게 비록 '수고하십니다'라는 한 번의 말 건넴과 한 순간의 내미는 손길이지만, 그분들의 수고를 고맙게 생각한다는 마음을 전함으로써 그분들을 기계를 대하듯 하지 않고 인격적으로 대한다는 것을 전달하고자 한다는 것입니다. 그러면 받는 분들은 아마도 뜻밖의 호의에 기쁘게 놀라면서, '야! 참, 이런 사람도 다 있구나. 이런 사람들이 있으니 이 세상 한번 살아볼 만하다'라고 생각하지 않겠습니까?

전화 얘기를 한번 해보겠습니다. 때때로 사람들이 전화를 받고 나서 하는 얘기를 듣습니다. 사람들이 전화를 하는 동기에 대한 것입니다. 여러분들 중에도 혹 그런 경험이 있는 분들이 있을 것입니다. 여러분, 다 그렇지는 않지만 대개의 경우 사람들이 왜 전화를 한다고 생각하십니까? 또는 사람들이 왜 전화를 하는지에 대해 알고 있다고 생각하시는지요? 이것도 역시 많은 사람들에게 물었던 질문이었습니다. 거의 대부분의 사람들은 그렇게 얘기했습니다. "자기가 무엇인가 필요해서 하지요."라고 말입니다. 전화상으로는 아주 상냥하게 대화를 나눈 뒤 전화를 끊고 나서는, '사람은 다 똑같아. 꼭 자기가 필요할 때만 전화한다니까."라고 앞선 상냥함과는 전혀 다르게 기분이 언짢다는 식으로 퉁명스럽게 얘기하는 것을 듣게 되는 경우를 적지 않게 경험합니다. 사람이 그러합니다. 자연적인 사람은 그러합니다.

그렇게 얘기해 놓고 나는 또 내가 필요할 때만 전화하게 되는 것이지요. 그렇게 되면서 '인간은 모두 이기적이야'라는 의식을 우리 정신세계에 깊이 각인시켜 놓게 되는 악순환의 골은 깊어져만 갑니다. 대개는 그러합니다. 그러나 그것을 통해 우리는 우리들이 진정 바라는 인간과 세계가 어떠하다는 것을 간접적으로 엿볼 수 있다고 생각합니다. 사람들의 자기중심적이고 이기적인 언행이 우리를 기분 나쁘게 한다는 것은 그런 경향이 잘못 되었다는 것을 우리가 알고 있음을 말해 준다고 할 수 있습니다. 비록 열린의식의 자기는 그런 기대를 갖지는 못한다 할지라도, 최소한 본래적 자기는 타인 중심적이고 이타적인 사람과 세계를 그리워하고 있다고 얘기할 수 있습니다. 그 그리움이란, 우리와 우리들이 사는 세계가 이기적이고 자기중심적일수록 더욱 사무치게 피어오르게 되어 있습니다. 우리는 그러한 그리움을 안고 살아가는 존재입니다.

그리움은 깊어지나 우리들의 대부분은 그 세계를 향해 감히 발걸음을 옮겨 놓기를 매우 어려워합니다. 그 세계로 가기 위해서는 먼저 우리 자신 안에 있는 자신의 이기성과 자기중심성을 넘어서야 하는데, 그것이 엄청난 벽이 되어 우리들 앞에 놓여져 있기 때문입니다. 그 벽은 마치 철옹성 같아서, 자연적 우리들로서는 감히 시도할 수 있는 마음을 갖지 못하게 하는 절망을 줍니다. 또 간혹 벽을 넘어 타인과 세상을 향해 타인 중심적이고 이타적인 발걸음을 내디뎠을 때라도, 이미 이기성과 자기중심적인 마음들로 철저히 무장이 되어 있는 타인들과 세상들의 반응에 상처를 받고 낙심하게 됩니다. 그러면서 '역시 인간과 세상은 그렇다'는 것이 다시 한 번 자기의 마음속에 확인되면서, 더 나아가는 발걸음을 내딛지 못하고 결국 다시 자기 자신의 이기성과 자기중심성의 성으로 되돌아오게 되는 경우가 대부분이라 할 수 있습니다. 우리는 대개 그렇게 '이기성과 자기중심성으로 빽빽이 벽을 쌓은 성' 안에 산다고 할 수 있습니다. 그곳을 나서면 대개의 경우 상처를 받기 때문에, 상처를 받지 않기 위해서라도 '타인 중심적이고 이타적인 세상을 그리워하며 떠나는 모험'을 출발시키지 않으려 하게 되어 있습니다.

그런데 가끔씩 '저런 사람이 있으니 이 세상 한번 살아볼 만하다.' 라는 생각을 가지게 하는 사람을 만나게 됩니다. 안부전화를 자주 하는 분이 있습니다. 전화를 하여 그저 어떻게 지내고 있는가, 혹 나눌 기도 제목은 없는가를 묻습니다. 그냥 그렇게 하고 전화를 마치려 하면 때때로 어떤 사람들은 "그런데요. 왜 전화하셨어요?"라고 묻는다고 합니다. 대개는 부탁을 하기 위해 전화를 하기 때문에 뭔가 부탁할 것이 있다고 짐작하여 그런 반응을 보이는 것이지요. 그래서 "아닙니다. 그냥 안부가 궁금해서 전화했습니다."라고 얘기하면, 무엇인가 얘기할 것이 있는데, '마음이 변해서 얘기하지 못하는구나' 라는 의구심을 갖는 분들도 가끔씩은 있다고 합니다.

(사람은 상대방이 자기 같은 줄, 즉 자기 수준인 줄 알고 상대방을 대하는 경향이 있습니다. 비교적 이타적인 사람은 상대방도 이타적일 것이라고, 비교적 이기적인 사람은 상대방도 이기적일 것이라고 생각하는 경향을 갖게 됩니다. 순수한 마음의 사람은 다른 사람을 순수하게 대하게 됩니다. 그러다가 악한 의도를 가진 사람을 만나면 상처를 받게 되지만요. 상대방을 경쟁적으로 보는 사람은 상대방도 자기를 경쟁적으로 볼 것이라고 생각하게 됩니다. 사람은 자기 수준을 벗어날 수가 없습니다. 자연적 인간은, 상대방은 진정으로 어떤 수준의 사람이고 어떻게 생각하는 사람인지에 대해서는 알아보려고 하지도 않고 그렇게 그냥 자기 같은 줄 알고 생각하는 경향을 가지고 있다고 하겠습니다.)

안부를 묻는 전화를 받으면 기분이 좋아집니다. 그런 일을 몇 달에 한 번씩 경험하면 그때만 기분 좋은 것으로 그칠 가능성이 높습니다. 그러나 여러 사람으로부터 자주 받게 되면, '야, 그것 기분 좋은데……이런 사람들이 있으니 이 세상 한번 살아볼 만하다' 라는 생각으로 이어지면서, 자신도 남에게 기분 좋게 하기 위해 자발적으로 안부 전화를 하게 되는 기회를 맞이하게 될 수 있을 것입니다. 그러면서 사람과 세상에 대해 긍정적이고 적극적인 발걸음을 내딛게 되는 것이지요.

그렇게 '답장을 받지 못할 것으로 예상되는 사람에게 카드를 보내고,

톨게이트 직원에게 껌 두 개를 건네고, 무엇인가 필요할 때도 해야 되겠지만 상대방을 생각하며 안부를 묻는 전화를 하고…….' 그렇게 함으로써 이 땅에서 선순환이 이어질 수 있다면 얼마나 좋겠습니까.

급행료를 받지 않으면서도 순리적으로 신속하게 사무를 처리해주는 공무원, 촌지를 받지 않으면서 성실하게 치료에 최선을 다하는 의사, 아는 사람들과의 관계가 소원해질 줄 알면서도 어느 누구의 부탁에도 불구하고 정의롭게 판결하는 판사, 길을 묻는 사람에게 그 사람이 확실히 아는 지점까지 같이 가주는 사람, 교통사고로 지능이 어린아이와 같이 된 아내를 '아플 때나 슬플 때'나 어떤 상황에서도 한결같은 사랑으로 평생을 같이 하겠다는 결혼서약 당시의 마음을 변치 않으면서 많은 성취적 가능성을 기꺼이 포기하며 살아가는 남편, 높은 사회적 지위에 있으나 결코 자고하지 않으며 지극히 작은 자임을 알고 진정 겸손한 삶을 살아가는 사람, 하나님 안에서는 사람 위에 사람이 없고 사람 밑에 사람이 없는 줄을 삶으로 보여주는 사람……. 우리는 그런 분들을 만날 때 '그래도 저런 분이 있으니 이 세상 한번 살아볼 만하다'라는 생각을 하게 됩니다. 이제는 우리 모두가 다른 사람들에게 그런 사람이 될 수 있기를 진정 소원합니다. 그런 사람들로 구성된 세상! 생각만 해도 가슴이 벅차오르지 않으시는지요! 작은 곳에서부터 사람들에게 진정한 기쁨과 희망을 주는 우리가 되기를 바라는 마음 간절합니다.

그렇게 되면 될수록 우리 안에 숨어서만 지냈던, 하나님께서 심어놓으신 우리들의 본래적 자기가 바깥세상으로 나오게 되어 마음껏 숨쉬면서 힘을 얻게 됨으로써, 우리는 더욱 본래적 자기에 가깝게 살아가게 될 것입니다. 그리하여 우리의 미래 역사는 지금까지의 역사와는 질적으로 전혀 다른 새로운 지평을 맞이하게 될 것입니다. 그렇기 때문에 서로에게 신한 영향을 주는 역사를 함께 쌓아가는 우리가 되어야 하겠습니다. 인간은 스스로 서는 존재라기보다는, 연약하여 함께 서야 설 수 있는 공동체적 존재이기 때문에 그렇습니다.

　제가 지금 글을 쓰고 있는 곳은, 캐나다의 여러 세대가 함께 살고 있는 단독주택입니다. 이번 겨울에 눈이 참으로 많이 왔습니다. 캐나다 기상역사에 기록을 남길 정도의 눈이 왔다고 합니다. 보름 이상을 하루도 빠지지 않고 눈이 왔습니다. 저는 글을 쓰느라 거의 집 안에만 있기에 매일 한두 시간씩 눈을 치웠습니다. 그런데 생각보다는 같이 사는 캐나다인들이 눈을 치우는 데 그렇게 협조적이지 않았습니다. 비교적 기분 좋게 시작했던 눈청소가 점차 힘들어지기 시작했습니다. 그러나 누군가가 치워야 했기 때문에 할 만큼은 하도록 애를 썼습니다. 그러면서 '야, 선순환이라는 것이 어렵기는 어렵구나' 라고 생각을 하였습니다. 성실하게 참여하지 않는 그들의 모습이, 청소 등의 집안일을 하는 데 있어서 저의 선기성을 많이 떨어뜨리고 있음을 느끼고 있었습니다.

　그런데 하루는 창문으로 밖을 내다보는데, 같이 사는 60세 정도의 캐나다인 아주머니가 제 차에 쌓인 눈을 치우고 있는 것이 아니겠습니까? 저는 순간 기분이 좋아졌습니다. 여러 병으로 몸이 좋지 않은 분이어서 그분의 일들을 조금씩 도와드리고, 눈을 치울 때 그분의 차에 쌓인 눈과 달라붙은 얼음을 떼어내 주곤 하였습니다. 그렇지만 그 분에게서 무엇을 바라고 하지는 않았습니다. 그런데 불편한 가운데서도 제 차의 눈을 치우고 있는 것이 아니겠습니까! '아, 저분이 나에 대해 고마워하고 있었구나' 라는 것을 알게 되었습니다. 그것은 단 한 번이었지만, 저는 그 동안 다른 캐나다인에게 느끼고 있었던 마음의 불편함까지 일거에 덜어짐을 경험하였습니다. 그러면서 그 분을 더 열심히 도와야 하겠다는 다짐을 한 것은 물론, 다른 캐나다인들에 대해서도 좋은 쪽으로 변하는 제 마음의 흐름을 보게 되었습니다.

그런 저를 보며 인간의 연약함을 다시 생각하게 되었습니다. 다른 사람들의 어떠함과 관계없이 홀로 선다는 것이 참으로 어렵다는 것을 말입니다. 그리고 무엇인가 내가 먼저 좋은 일을 하여, 다른 사람에게 좋은 마음을 일으킬 수 있다는 것이 굉장한 위로와 격려가 되는 것을 느끼면서, 인간은 서로 연약함을 붙잡아 주는 상호의존적 존재임을 느끼게 되었습니다. 선한 일을 하는데 너무 지치기 전에 다른 사람이 붙잡아 주는- 서로 짐을 나누어지는 공동체적 삶이 바로 연약한 우리들에게 유일한 대안이 되는 것임에 대해, 작은 경험을 통해 실제적으로 깨닫게 되었습니다. 그렇게 우리가 공동체적인 존재임을 기억하여 서로를 대할 수 있다면 얼마나 좋을까요!

■ 좋은 말은 사랑의 공급과 함께

그런데 말입니다. 이렇게 얘기하는 가운데, 제 자신 안에서 '좋은 말만을 그럴 듯하게 늘어놓는다.' 라는 느낌을 지울 수 없습니다. 그것으로는 결코 마침이 안 되는데 말입니다. 인간은 좋은 것들을 지적으로 안다고 하여 크게 변하지 않습니다. 오히려 좌절과 절망을 경험할 때가 더 빈번합니다. 좋은 얘기들만 지나치게, 분수에 넘치게 들으면 문제가 될 소지가 높습니다. 우리는 좋은 것들을 항상 행하지 못하게 되어 있는 존재들이기 때문에, '아는데 행하지 못하는 좋음'에 찔릴 수 있기 때문입니다. 최근에 <마음을 열어주는 101가지 이야기>를 비롯하여 여러 좋은 얘기들을 담은 책들이 베스트셀러에 오르고 있는 현상을 접하게 됩니다. 좋은 일이라 생각합니다. 아마도 부정적인 영향보다는 긍정적인 영향이 더 많을 것이라 생각합니다. 그러나 그런 책들이 베스트셀러가 된다고 하여 이 세상이 그만큼 좋아지는 것은 결코 아닙니다.

그 내용들을 자기에게 적용할 것으로 알아 자기성찰의 계기로 삼는다면 아주 좋은 일들이 일어날 것입니다. 그런데 먼저 자기에게 적용하려 하지 않고 상대방에게 바라게 될 수 있습니다. 그런 식으로 상대방에 대한 무리한 기대를 가져와 상대방이 그렇게 되기를 바라는 식으로 이어지면 아주 부정적인 일들이 벌어지게 됩니다. 상대방이 책의 내용대로 변화하기만 바라지, 자기는 변화하려고 노력하지 않는 경우지요. '자기중심적이고 이기적인' 심리의 측면에선 그렇게 되는 것이 편하기 때문에 대개 자연적으로는 그렇게 되어 있습니다.

또 '이웃집의 차도까지 청소한다' 라는 내용을 읽고 그렇게 한다고 해 보지요. 내가 그렇게 하니 그것을 고맙게 생각하여 이제는 상대방이 나의 차도까지 청소해 주는 일들도 가끔 벌어지기도 하지만, 자기가 청소를 하지 않아도 내가 다 해주니 그것을 감사하기보다는 점차 당연한 것으로 여겨 선순환의 다음 단계로 나아가지 않는 경우를 더 많이 경험하게 됩니다. 그러면 역시 '인간들은 다 마찬가지야' 라고 하면서 좋은 마음을 철회하게 될 것입니다. 선한 마음으로 대하는데 상대방이 악한 마음으로 나오는 것을 압도적으로 많이 경험할 때, 우리의 선한 마음은 상처를 받을 수밖에 없습니다.

그런데 이런 식으로 좋은 마음이 한 번 철회가 되면, 그 다음에는 웬만해서는 그 마음을 다시 살려내기가 참으로 어렵습니다. 아무리 좋은 얘기를 들어도, 마음속으로는 '그래 그것이 좋은 것인 줄 알겠는데 내가 해보니 나만 손해더라. 이 세상에서는 어쩔 수 없어' 라고 하면서 자기의 몇 개 되지 않는 경험을 일반화하여, 선을 향한 문을 열지 못하게 됩니다. 그렇기 때문에 좋은 말만 전하는 것은 한계가 있고 부작용을 낳을 가능성이 상당히 높다고 하겠습니다.

좋은 말과 함께 가야 하는 것은 사랑의 공급입니다. 사랑이 함께 가야 좋은 말을 행동으로 옮기는 실천력을 가지게 됩니다. 좋은 말을 받는 사람이 깊은 사랑을 함께 경험하면 경험할수록, 그만큼 강한 실천력을 소유하게 될 것입니다. 가장 좋은 경우는 '사랑의 경험을 통해 가지게 되는 실천력의 범위 내에서 좋은 말을 들려주는 것'이라 할 수 있습니다. 참 어렵겠지요? 어렵습니다. 다만 그런 수준에 가깝게 가도록 노력하는 것이지요. 그런데 저는 책에서 사랑을 경험할 기회를 제공하지 못하면서 좋은 말만 하는 셈이니 마음이 편하지 않습니다. 그렇게 말은 참 쉽습니다. 그래도 길을 나서야 하는데 어떻게 하지요? 자, 또 떠나겠습니다. 사랑의 공급이 없는 좋은 말은 공허할 수 있다는 것을 염두에 두시기 바랍니다.

■ 강적 이야기

선순환을 돌리는 것을 나쁘다고 생각하는 사람은 아무도 없을 것입니다. 그러나 거기에 참여하는 사람은 그리 많지 않을 것입니다. 왜냐하면 악순환에서 선순환으로 옮겨지기에 인간은 그렇게 쉽지 않은 존재이기 때문입니다. 옳은 줄 알면서도 행하지 못하고, 옳은 줄 알아 행하기는 하지만 인간과 세상이 대개의 경우 선한 반응으로 맞이해 주지 않기 때문에 얼마 가지 못해 좋은 마음을 다 탈진시켜 주저앉게 되기 때문입니다. 상대방이 계속해서 이기적이고 자기중심적으로 나오는 데는 장사가 없습니다. 그럴 때 조심하여야 합니다. 선한 마음이 탈진되지 않도록 조절하는 지혜가 요청된다고 할 수 있습니다. 강의할 때 선순환에 대해 얘기를 하면서 잠깐이라도 시간이 나면 꼭 다룬 내용이 있었는데, 이 책에서도 다루어져야 한다는 건의가 저의 마음속에서 강하게 일어남을 느낍니다. 고개를 끄덕이며 웃으실 분이 많을 텐데, 재미나는 내용이 될 것입니다.

그것은 다름 아닌 '강적'에 대한 이야기입니다. 세상에는 소위 강적들이 있습니다. 그들은 상당 기간 동안 지속되는, 특별히 희생적인 사랑이 아니고서는 거의 변화가 일어나지 않는 사람들이라 하겠습니다. 아니 웬만한 희생적인 사랑에도 거의 꿈쩍하지 않는 사람들이 있습니다. 그들에게는 대개 자기 성찰 또는 자기반성self-reflection이 거의 없는 것이 특징입니다. 거의 자기의 입장과 자기 수준에서, 자기중심적이고 이기적인 사고를 발전시켜 온 사람들입니다. 상식적인 대화가 통하지 않는 참 어려운 사람들입니다. 정도가 아주 심한 사람들을 정신의학에서는 성격장애 또는 인격 장애personality disorder를 가진 사람들로 진단합니다. 보통 하는 말로는 상식이 없다고 할 수 있으며, 평범한 이해, 관용, 베풂, 사랑 등에는 거의 반응을 보이지 않습니다.

사람은 많이 다를 수 있습니다. 보통의 노력으로는 어찌할 수 없는 사람들이 있습니다. 그래서 이 세상에는 강적이 존재한다는 것과 강적을 어떻게 대할 것인가에 대해 생각을 해보고자 하는 것은, 그런 사람을 만나 끙끙대면서도 상대방이 강적인 줄을 몰라서 문제 또는 잘못을 자기 안에서만 찾으려 하는 착한 분들을 보호하기 위해서입니다. 그런 경우 문제는 거의 백발백중 강적인 상대방에게 있습니다. 상당히 드문 경우지만, 이때에는 양비론- 한 쪽만 잘못한 것이 아니라, 둘 다에게 잘못이 있다고 둘 다 비판하는 이론- 을 적용해서는 안 됩니다. 우리는 사실을 보려고 노력하여야 합니다. 그래야 문제 해결의 발걸음을 내디딜 수 있게 될 것입니다. (물론, 일반적인 인간관계의 문제에서는 대개의 경우 양비론을 적용해야 합니다. 그러나 양비론도 50%-50%라는 식으로 적용하는 것을 조심하여야 합니다. 엄밀하게 따진다면 그런 경우는 실제적으로는 거의 없다고 해야 할 것입니다. 잘못은 아주 조금이라도, 0.1%라도 어느 한 쪽으로 더 기울게 되어 있는 것입니다. 진상을 따져 보려는 노력을 하지 않고 무턱대고 양비론을 적용하려는 마음의 경향을 조심시켜야 할 것입니다.)

어려울 때마다 집으로 찾아오는 청년을 맞이하였던 목사가정이 있었습니다. 하룻밤을 잘 때도 있고, 며칠을 머물 때도 있었습니다. 한 달에 서너 차례는 되었던 것 같습니다. 목사인 형제는 평소 어려운 사람을 잘 돕는 사람으로 따뜻하게 잘 받아 주었습니다. 방이 두 개인 집에서 살았는데, 청년이 올 때는 방 하나를 내주어야 했기 때문에 3살, 5살짜리 아이들과 네 명이 한 방에서 자야 했습니다. 청년의 방문은 비교적 자주 있었습니다. 점차 방문이 빈번해지면서 부인이 남편에게 불편함을 조금씩 내어 놓게 되었습니다. 그러나 남편은 목사 가정이 어떠해야 함을 얘기하면서 아무런 조치를 취하지 않았습니다.

웬만해서는 사정을 보고 다른 집을 찾아갈 만했는데도, 아마도 특별한 얘기 없이 받아주는 것이 편안해서 자꾸 찾아오게 되었던 것 같습니다. 제가 형제의 집을 방문했을 때도 찾아오겠다는 전화가 있었던 것 같습니다. 부인을 통해 청년에 대한 얘기를 듣고 대략적으로 다소간의 성격장애가 있을 가능성이 높은 사람이라는 판단이 들었습니다. 상대방이 어떠한 불편함을 겪고 있는지 등에 대해서는 거의 생각이 미치지 못하고 자기의 편함을 따라 생각하고 행동하는 경향이 아주 짙은 사람이었습니다. 자기가 편하니까 오는 것입니다. 부인의 마음은 상당히 격분해 있는 상태였습니다. 그러나 남편이 '목사 가정인데…….' 하면서 말을 막아서 어떤 조치도 취하지 못하고 있는 상태였습니다.

물론, 두 사람이 아주 지고의 수준에 있어서 청년을 평생 기쁘고 편안한 마음으로 맞이할 수 있다면, 그렇게 계속 나가도 좋을는지 모르겠습니다. 그러나 그럴 수 있는 사람은 이 세상에서는 보기가 참으로 어려울 것입니다. 우선 그 내외는 많이 지쳐 있었습니다. 부인이 많이 지쳐 있었지만, 남편도 그러하였습니다. 부부관계에 긴장이 상당히 고조되어 있었습니다. 아이들은 이미 토라져 있었습니다. 아이들 양육에 영향을 넘어 부정적인 결과가 나타나고 있었습니다. 부인은 아이들을 생각할 때 더욱 마음이 찢어지는 것 같았습니다.

청년은 상대방의 호의가 어떤 희생을 통해 나오는 것인지에 대해 생각하는 사람이 아니었습니다. 저는 이 문제는 그냥 쉬쉬하면서 끌어갈 성격의 문제가 아님을 형제에게 설명하였습니다. 물론, 사랑의 받아줌이 조금은 전달이 되겠지만 청년의 문제는 그보다는 훨씬 깊이가 있기 때문에 전문가에게 의뢰하는 수순을 밟도록 권유하면서, 구체적인 방법들에 대해 얘기를 나누었습니다.

여러분, 상대방이 여러분의 수준을 넘어서는 강적일 때는 '얼마 동안' 그를 대하는 것을 유보하는 것이 지혜로운 일입니다. 적극적으로 그를 위해, 그의 문제를 위해 무엇이든 하려고 하는 것을 유보하라는 얘기입니다. 피해야 할 때는 피해야 합니다. 강적이 자기의 수준을 지나는 상대인데도 지속적으로 좋은 마음을 가지고 대하다가는 결국 탈진하게 되어 있기 때문입니다.

선한 마음이 한 번 탈진되면서 좌절을 경험하면 회복하기가 참 어렵습니다. 탈진되어 사랑의 마음을 잃어버린 상태로 살아가는 것보다는, 자기가 갖고 있는 사랑의 우물의 분량을 의식하는 가운데, 그것을 고갈시킬 정도로 지나치게 나가지 않도록 조심하여, 조금씩이나마 끊이지 않고 사랑의 물을 길어 올릴 수 있도록 우물을 조절하는 것이 필요합니다. 가능하면 사랑의 마음의 연속성을 어느 순간에도 놓치지 않는 것이, 한번에 쏟아 부어 결국은 탈진이 되어 사랑의 마음의 연속성을 잃는 것보다 훨씬 바람직한 일이기 때문입니다. 우리는 언제고 제한된 존재이기 때문에 제한된 자신의 분수 내에서 사랑의 마음을 지속하고자 하는 가운데, 분수에 지나는 강적을 만날 때 '얼마 동안' 그를 그 있는 그대로 있게 하는 것이 지혜로운 삶의 자세라 할 수 있습니다.

우리가 남을 위해 좋은 일을 할 때는 우리 마음에 좋은 마음을 유지하는 것이 가능할 때까지만 하여야 한다고 생각합니다. 좋은 일이긴 한데,

상대방이 꿈쩍도 안 해 사랑의 우물이 고갈이 되면 우리에게 짜증스러운 마음이 찾아오게 됩니다. 짜증스러움이 찾아든다 하더라도, 그리스도인들 중에는 계속 그 '좋은 일'을 놓지 않으려 하는 사람들이 적지 않게 있다고 할 수 있습니다. 이런 분들은, 저의 경험으로 볼 때, 보통 이상으로 좋은 분들이라 할 수 있습니다. 그러나 그렇게 계속하다가는 탈진하게 됩니다. 그 탈진에는 장사가 없습니다. 그러한 경험은 사람과 세상에 대해 아주 부정적인 마음을 심어줄 수 있습니다. 그리고 반동적으로 마음의 문을 심하게 닫아버리는 결과를 낳게 되는 경우도 간헐적으로 일어나게 됩니다. 그러면 그 때까지 수고한 것들이 수포로 돌아갈 가능성이 높게 됩니다. 자기의 분수를 넘는 상대와 질 수밖에 없는 씨름을 하였으니, 그 탈진의 정도가 어떠할 것인가에 대해서는 충분히 이해가 되실 것입니다.

그렇게 되면 자기의 분수 안에서 자기가 선한 쪽으로 잘 이끌 수 있는 사람들까지도 돕지 못하는 일이 발생합니다. 자기가 도움이 되는 사람들에게 도움이 되지 못하는 경우가 되는 것입니다. 자기의 분수를 넘어서는 강적을 대하는 것이 아니라, 바로 그 사람들을 대하는 것이 자기의 할 일일 텐데 결국 자기의 할 일을 못하는 결과가 발생하는 것입니다. 그렇기 때문에 무턱대고 사랑만 가게 하지 않는 지혜가 필요한 것 같습니다. 자기의 분수 안에서 가게 해야 합니다. 삶은 지향적 목표를 지금 당장 좇아가는 것이 아니라, 그 목표로 향하는 과정을 밟아야 하는 것이기 때문입니다. 실제가 무시된 당위는 허위가 된다고 과감하게 얘기하렵니다. 우리는 모든 사람과 평화해야 하는 것이 아닙니다. '할 수 있는 범위-분수' 안에서 평화하도록 노력하는 것입니다. 나의 분수 안에서 가능하면 그렇게 하는 것입니다.(로마서 12:18 "할 수 있거든, 너희로서는 모든 사람으로 더불어 평화하라")

하나님께서 우리 각자에게 원하시는 것은 좋은 모든 일을 '내가' 하는 것이 아니라, 내가 할 수 있는 좋은 일을 하는 것임을 기억할 수 있었으면 좋겠습니다. 탈진이 되면 내가 할 수 있는, 나에게 맡겨진 나의 일을 하지 못하게 됩니다. 그러니 분수를 지나는 강적을 피하거나 그를 대하는 것을 유보하는 것은, 진정 자기가 할 수 있는 것으로 자기가 맡은 자기의 일을 하기 위한 적극적 자세라는 것을 꼭 명심하시기 바랍니다. 피하거나 유보하는 전자만 보고 적극적인 자세인 후자를 보지 못하여 잘못된 죄책감을 가지게 되는 경우가 그리스도인들에게 드물지 않게 일어나는 현상이라 하겠습니다.

그리스도인은 좋은 모든 것들을 '자기가' 다 해야 하고, 모든 문제를 '자기가' 다 해결해야 하는 것으로 여기는 경향을 가지기 쉽습니다. 거기서 결국은 위선과 외식의 문제가 등장하게 될 것입니다. 각 사람은 자기의 일을 하는 것입니다. 자기가 받은 분량의 일을 하는 것이지요. 분량·분수에 대한 가르침이 한국교회에 결여된 중요한 것들 중 하나라고 생각합니다. 자기의 분수를 지나는 것은 욕심입니다. 분수 안에서 충실할 수 있는 지혜는 '지향적 목표에 이르게 노출되는 그리스도인'들에게 특별히 요청되는 것이라 할 것입니다.

또 분수를 넘어서서 탈진이 된다면 그 강적을 선한 마음을 가지고 다시 대하기란 웬만해서는 어렵습니다. 그를 평생 포기하게 될 가능성이 높게 됩니다. 그렇기 때문에 무조건 사랑을 베푸는 것은 자기 자신과 자신이 진정 도울 수 있는 사람들뿐 아니라, 그 강적을 위해서도 이롭지 않은 것입니다. 여러분, 특별한 경우가 아니라면 어느 상황에서도 자기 자신을 마냥 탈진되도록 내버려 두어서는 안 됩니다. 내가 꼭 그 사람을 변화시켜야 하는 것이 아닙니다. 나보다 더 성숙한 다른 사람의 몫일지 모릅니다. 또는 성숙과 관계없이 그 사람을 나보다 훨씬 잘 대해 줄 수 있는 전문가가 있을는지 모릅니다. 어떤 경우에 해당하는지를 면밀하게 따져보아야 할 것입니다. 그래서 그렇다면 내가 물러서 주어야 할 것입니다. 만약 정 내가 그를 감당해야 한다면, 내가 자라기를 기다려야 합니다. 지금의 자기 분량으로는 감당할 수 없는 강적이라 하더라도, '선한 지향을 가지고 꾸준히 나아가다 보면' 어느새 그 강적보다 훨씬 큰 분량의 사람이 되어지게 되는 경우를 적지 않게 경험할 때가 있을 것입니다. 그렇게 되면, 성장한 나의 분량 안에 들어오는 옛날의 강적들을 대할 수 있게 됩니다.

저에게도 강적들이 많이 있었지만, 어느 한 시점에 아주 어려웠던 강적으로 세 사람이 있었습니다. 그 사람들을 만나면서 저는 그들이 저의 분수를 넘어서는 상대, 즉 저에게는 강적이 되는 것을 알았습니다. 그전에는 그들을 향한 사랑의 마음이 그들을 향한 분노·미움보다 더 컸었습니다. (저로서는, 제가 특별한 잘못을 하지 않았는데도 그들은 제가 마치 심각한 잘못을 한 것같이 대하는 것으로 생각하였습니다.) 그래서 그 당시에 저는 그 사람들을 직접적으로 상대하여 문제를 풀겠다는 노력은 유보하기로 하였습니다. 가급적이면 그들과 직접 만나는 것을 피하기로 하였습니다. 만나더라도 적극적인 대화는 시도하지 않았습니다. 일정 기간 동안 저를 시간의 흐름에 맡겨 그들의 강적됨보다 제가 더 큰 사람이 되기를 기다리기로 했습니다. 처음에는 그 사람들에 대한 기도도 잘 나오지 않았습니다. 그러나 시간이 흐르면서, 직접적인 대면은 유보시키고 있었지만, 진정 그들을 위한 기도를 드릴 수 있었습니다. 물론, 기도할 때 그들에 대한 저의 감정이 아주 좋았던 것은 아니었습니다. 어느 정도 불편하였지만, 그 강도가 처음보다는 많이 누그러져 있었습니다. 시간이 흐르면서 기도와 함께 제가 자라는 것을 느낄 수 있었습니다.

어느 시점에서 제가 그 세 사람 중 두 사람은 받을 수 있는 크기의 사람이 되어 있는 것을 알게 되었습니다. 그래서 그 때부터는 전보다는 훨씬 적극적인 노력을 기울이게 되었습니다. 이후로 두 사람과의 관계는 많이 호전되어가고 있습니다. 그 두 사람의 강적됨보다 제가 더 커 있기 때문에 두 사람과의 관계는 거의 회복되어 갈 것입니다. 이제 그 두 사람은 저에게서 '강적'의 타이틀이 떼어졌습니다. 남은 한 사람은 아직 저에게 강적이 되고 있습니다. 그러나 처음보다는 저의 분량이 많이 커졌기 때문에 그 사람에 대한 저의 태도가 역시 상당히 변해 있습니다. 그 사람을 위하고자 하는 진정한 마음과 그 사람이 하나님 안에서 잘되기를 간구하는 마음이 자연스럽게 생기게 되었습니다. 기도하는 중에 하나님의 은혜 아래서 저는 언젠가는 그 사람의 강적됨보다 저의 크기가 더 커질 때가 올 것을 믿고 기대하며 기다리고 있습니다. 그때가 오면 제가 적극적으로 움직이게 될 것입니다. 이처럼 평생을 살아가면서 새로운 강적들을 계속해서 만나게 될 것으로 예상하고 있습니다. 그러나 저의 크기가 점차 커지기 때문에 그 숫자는 점차적으로 줄어들 것이라는 소망이 있습니다.

여러분, 하나님 안에 바로 서 있다면 우리는 분명 자라게 되어 있습니다. 저의 얘기를 해서 죄송한데, 저 자신을 볼 때 10년 전보다 훨씬 성숙해져 있음을 봅니다. 5년 전보다도 많이 성숙해졌습니다. 그러는 저를 통해 배우는 것이 있습니다. 하나님의 은혜 가운데서 지향을 바르게 따라가도록 노력하면 앞으로 5년 뒤에는 현재의 저보다 또 많이 성숙해져 있을 저를 기대합니다. 정말로 그 소망이, 부족하고 문제가 많은 오늘의 나를 이끌어가는 데 큰 힘이 되어 줍니다. 10년 뒤에는 말할 것도 없습니다. 그때는 하나님께서 저에게 심어 두신 그 본래적 저 자신에 더욱 가까워져 있을 것입니다. 그 미래의 나에 대한 기대가 저에겐 아주 중요한 소망이 되어 저를 이끌어 갑니다. 그 소망이, 연약하여 낙심되는 오늘의 저로 인해 지속적으로 절망 가운데 있지 않게 합니다. 제가 분명 하나님의 은혜 안에 거하여 산다면, 아직도 많이 부족하지만 지금까지 조금씩 더 성숙한 모습으로 끊임없이 변하여 왔듯이 앞으로도 틀림없이 변하여 갈 것을 믿습니다(로마서 8:29-30). 하나님의 진리의 길을 따라가는 가운데 하나님께서 우리들에게 빚어주실 그 미래적 자기의 모습이 여러분에게 실질적인 소망을 줄 수 있게 되기를 바라는 마음 간절합니다.

선순환을 돌리는 것이 좋다고 하여 무턱대고 덤벼들면 중간에 포기하게 될 가능성이 높습니다. 세상에는 현재의 자기가 감당하기 어려운 강적들이 있습니다. 그렇기 때문에 자기의 분량을 알아 지혜롭게 행해야 하겠습니다. 그렇지만 그 분량은 고정적인 것이 아니라 자랄 수 있는 것임을 기억하면서, '오늘의 나'에게 어려운 것은 '미래의 나'에게 넘기는 것이 지혜로운 일입니다. 그리고 이 일은 결코 혼자 하는 것이 아니라, 함께 나누어 가야 하는 일임을 꼭 기억하셔야 할 것입니다. 그래서 때때로 많이 지쳐 있는 분들을 만나면, 조금이라도 짐을 나누어 져서 그 분이 완전히 탈진상태에 빠지지 않도록, 할 수 있는 만큼 도와야 할 것입니다. 우리는 서로에게 적절한 상호의존을 할 수 있어야 하고, 또 그래야만 되게 되어 있는 완전할 수 없는 연약한 존재이기 때문입니다.

앞에서 살펴보았지만, 자연적인 인간세상에서 선순환이라는 것은 기대하기가 참으로 어렵습니다. 자연적 인간이 그러합니다. 그것은 절망입니다. 인간은 어느 누구도 선순환의 발동을 조건 없이 충분하게 먼저 돌릴 수 있는 존재가 되지 못합니다. 그 일에 대해서는 어쩔 수 없지만 인간 이외의 그 어떤 존재에 의존하지 않을 수가 없게 되어 있습니다. 그런데 바로 창조주 하나님께서 선기를, 그것도 충분한 선기를 취해 주셨습니다. 하나님께서 사람이 되시어 이 땅에 오신 것입니다. 우리의 머리로는 왜 그러하셨는지를 결코 다 알 수 없는 기이한 일을 하신 것입니다. 절망의 인간세계에 하나님께서 아무런 조건이 없이 그저 하나이신 아들 예수님을 이 땅에 보내신 것이지요. 그렇게 하나님께서 사랑의 선순환을 가없는 사랑으로 먼저 시작하셨습니다. 하나님의, 정확히 이해할 수 없는 무조건

적이고 엄청난 사랑을 받은 우리는 이제 그 사랑의 선순환에 참여해야 할 것입니다. 이것이 하나님께서 우리에게 기대하시는 것이 아닐까요? 그것이 못난 우리들이 생각할 때도 마땅하지 아니한지요?

"사랑하는 자들아 우리가 서로 사랑하자. 사랑은 하나님께 속한 것이니, 사랑하는 자마다 하나님께로 나서 하나님을 알고 사랑하지 아니하는 자는 하나님을 알지 못하나니, 이는 하나님은 사랑이심이니라. 하나님의 사랑이 우리에게 이렇게 나타난 바 되었으니, 하나님이 자기의 독생자를 세상에 보내심은 저로 말미암아 우리를 살리려 하심이니라. 사랑은 여기 있으니 우리가 하나님을 사랑한 것이 아니요, 오직 하나님이 우리를 사랑하사 우리 죄를 위하여 화목제로 그 아들을 보냈음이니라. 사랑하는 자들아 하나님이 이같이 우리를 사랑하셨은즉 우리도 서로 사랑하는 것이 마땅하도다. 어느 때나 하나님을 본 자가 없으되, 만일 우리가 서로 사랑하면 하나님이 우리 안에 거하시고 그의 사랑이 우리 안에 온전히 이루느니라." (요일 4:7-12)

지금까지 2장을 읽어 오시면서 닫힌의식에 대한 이해가 중요한 것은 알겠는데, 그러면 닫힌의식세계 자체에 대해 알려면 어떻게 하여야 하느냐 하는 물음을 가지시는 분들이 적지 않을 것입니다. 그렇습니다. 무턱대고 생각한다고 닫힌의식의 내용들이 기억나지는 않습니다. 그리고 어떤 내용들은 기억해내도 별 의미가 없기도 합니다. 그래서 정신의학에서는 인간의 역사를 물을 때 어떤 중요한 것들을 물어야 하는지에 대해 언급하고 있습니다. 그 물음 항목들을 따라가면 회상을 하는 데 도움이 되고, 또 중요한 것들을 놓치지 않게 됩니다. 그 부분을 다루는 것이 중요한데, 이 책에서는 다루지 않고 있습니다. 그 주제를 위해서는 책 한 권만큼의 분량이 필요하기 때문입니다. 그리고 단지 항목만 나열하는 것이 아니라, 왜 그 항목이 필요한지에 대한 설명이 곁들여져야 하기 때문입니다. 이러한 한계가 있음을 이해해 주시기 바랍니다.

닫힌의식은 당연히 개인적 인간에 적용이 되는데, 거기에 그치지 않습니다. 인간의 크고 작은 그룹들에도 적용이 되는 개념입니다. 예를 들어 지연, 학연, 혈연 등으로 구성되는 그룹들을 비롯 기업, 교회 등등의 조직에도 적용이 되어 많은 도움을 얻을 수 있을 것입니다.

이제 닫힌의식에 대해 어느 정도 알게 되었고, 그래서 치유적인 접근을 하고 싶은데, 치유적인 부분이 다루어지지 않아서 안타깝고 답답한 마음이 드시는 분이 있으실 것입니다. 물론, 이상의 내용들을 이해하는 것 자체가 치유적인 힘을 어느 정도 내포하고 있기는 하지만, 아무래도 마음이 아픈 것은 치유적인 부분을 다루지 못한 것입니다. 그러나 치유적인 부분은 사실 지면으로 다루기가 어렵습니다. 왜냐하면 앞서서 설명하였지만, 치유는 각 사람의 동기, 수준 등등에 맞추어야 하기 때문입니다. 치유는 그 개인을 대상으로 하여야 하는 것입니다. 각각의 개인은 얼마나 서로 다른 역사와 마음의 응어리 등을 가지고 있는지요. 그러나 노력해 보겠습니다. 지면으로 가능한 치유적 부분을 개발하도록 노력해 보겠습니다. 실제적으로 그 내용들이 많이 모아질 수 있으면 다시 책으로 나누도록 하겠습니다. 지금은 안타까운 마음을 접어야 하겠습니다.

제3장

닫힌의식의 이해와 신앙과의 관계

지금까지 글을 읽어 오시면서 여러분 중에는 무엇인가 이해가 되고 동의는 되는데, 이러한 인간 정신에 대한 이해가 신앙과 어떻게 연결이 되는가 하는 궁금증이 생기면서 다소 답답해 하시는 분들이 적지 않게 있을 것이라 생각합니다. 특히, 신앙과 삶을 구분하여 생각해 오신 분들일수록 그러한 마음은 더욱 강할 것입니다. 그래서 이 문제를 어느 정도 다루어야 하는 필요성을 인정합니다. 이 책은 학문적 성격을 추구하지 않기 때문에 이론적인 접근은 피하도록 할 것입니다. 대신 실제적인 적용에 도움이 되도록 설명해 보겠습니다.

1. 인간존재의 온전한 차원을 깨닫게 하는 데 도움을 준다

사례 갸 가상적 열등감

목사인 그 형제는 제가 볼 때 신앙의 삶적인 측면에서나 지식적인 측면에서 상당히 높은 수준에 있는 사람이었습니다. 그런데 부목사로서 담당한 구역을 목회하는 데 있어서는 별로 열매를 맺지 못하였습니다. 그는 자기의 목회에 있어서 열매가 없는 것에 대해 많이 낙심하고 있었습니다. 신학교를 다닐 때만 하더라도 많은 사람들로부터 기대를 받아 의기양양했던 사람이었는데, 목회현장에 와서는 전혀 다른, 아주 위축된 모습을 보이고 있었던 것이었습니다. 제가 만났을 때, 그는 자기에게 도대체 어떤 문제가 있는지 모르고 있었습니다. 앞으로 무엇에 대해 그리고 어떻게 노력해야 하는지에 대해 전혀 감을 잡지 못하고 있었습니다.

그 형제는 뛰어난 능력이 있었던 사람이었습니다. 지적인 욕구 또한 강하여 학교성적은 늘 최상위권이었습니다. 그런데 중학교 3학년 때 아버지께서 하시던 사업이 부도를 맞으면서 집안이 급작스럽게 몰락하게 되었습니다. 인문계 고등학교에 진학하여 명문대학에 진학하는 것이 당연한 꿈이었던 형제의 길은 수정되어져야 했습니다. 그는 장남으로, 쓰러져 몸져누워 계신 아버지를 대신하여 어느 정도 가계에 도움을 주어야 했습니다. 돈을 벌어야 했기 때문에 상고에, 그것도 야간상고에 진학하게 되었습니다. 자기가 아는 모든 친구들은 인문계에 들어갔습니다. 그들이 명문대학에 들어가기 위해 열심히 공부하고 있을 때, 그 형제는 가게에 나가 일을 했어야 했습니다. 마음속에서는 '나도 인문계에 들어가서 공부에만 전념한다면 틀림없이 명문대학에 들어갈텐데' 하는 마음이 늘 있었습니다. 그러면서 책을 손에서 놓지 않는 생활을 하여 왔습니다.

대부분의 친구들이 내로라하는 명문대학에 입학하였을 때, 그는 최고의 성적으로 고등학교를 졸업하여 은행에 입사하게 되었습니다. 가끔씩 대학에 들어간 친구들을 만날 때가 있었습니다. 그럴 때마다 마음속에서는 늘 '나도 공부를 했다면 틀림없이 OO대학에 들어갔을 것이다' 라고 하면서 친구들보다 못하지 않다는 생각을 하곤 하였습니다. 그렇지만 왠지 모르게 명문대학에 들어간 친구들보다 자기가 뒤져 있다는 느낌을 떨쳐 버릴 수 없었습니다. 명문대학에서는 무엇인가 사람을 더 깊이 있게 해주는 일들이 진행될 것 같아, 시간이 지날수록 더 뒤처진다는 느낌에 저항할 수 없었습니다.

결국 그는 대학에 진학하기로 마음을 먹었습니다. 그렇지만 가정을 돌봐야 했기 때문에 직장을 그만 둘 수는 없었습니다. 직장에 다니면서 열심히 공부하였습니다. 시간이 부족하여 소위 명문대학에는 들어가지 못하였지만, 좋은 대학에 들어갈 수 있었습니다. 늦게 진학하였지만, 그만큼 열심히 공부를 하였습니다. 그러던 중 대학 때 예수님을 영접하게 되었고 졸업 후, 신학교에 들어가게 되었습니다.

그는 신학교에 들어가서 열심히 공부하였습니다. 원래 능력이 있는 사람이라 아주 우수한 성적으로 신학교를 마쳤습니다. 유학을 가서 더 공부하고 싶었지만 집안 형편상 그럴 수가 없었습니다. 대신 이름 있는 큰 교회에서 하나님을 섬길 수 있게 되었습니다. 그는 교회를 섬기면서 여전히 책을 엄청나게 읽어오고 있었습니다. 최신의 신학지식에 대해서도 아주 해박하였습니다. 박사학위를 받은 교수와 논쟁이 일어날 때도 별로 뒤지지 않았으며, 넓이에 있어서는 더 나은 모습을 보이기도 하였습니다. 지식을 추구하는 열정이 대단하였습니다. 그래서 많은 사람들로부터 기대를 한 몸에 받았던 사람이었습니다.

그런데 지식의 측면에서는 뛰어났지만, 목회에 있어서는 자기 자신이나 다른 사람들이 생각하기에 상당히 문제가 있었습니다. 나름대로는 잘하려고 한다고 하였지만, 열매는 거의 없었습니다. 그것이 형제가 풀어야 하는 숙제였습니다.

그가 정식으로 분석을 요청하지는 않았기 때문에 적극적인 역사청취를 할 수 없었고, 그가 내놓는 역사만 들어야 했었습니다. 그렇기 때문에 그의 역사에 대한 자료가 적고 체계적이지 못합니다. 자료가 그러하였기 때문에 정확성이 다소 떨어질 가능성이 있음을 전제로 하면서, 제가 가지게 되었던 분석에 대해 간단히 언급해 보도록 하겠습니다.

경제적 이유로 인문계 고등학교가 아니라 상업고등학교에 진학한 이후로 그에게는 인문계에 진학한 친구들에 대해 '뒤진다'는 느낌을 가져왔던 것 같습니다. 명문대학의 명문학과를 목표로 해왔던 그로서는 인생의 중요한 꿈을 박탈당하는 아픔을 겪었을 것입니다. 어린 나이에 그것은 인생에서 뒤지는 것으로 인식되었을 가능성이 높다고 하겠습니다. 명문대학을 위해 공부하는 친구들에 비해 공부 대신 일을 해야 했던 그는, 지적인 측면에서 열등해지는 느낌을 떨쳐버리기가 어려웠을 것입니다. 그래서 그는 고등학교 때부터 시간만 나면 책을 읽었다고 합니다. 형제의 독서량이 엄청납니다. 그러나 마음속에 중요하게 자리 잡고 있는 열등감 - 그가 실제로 열등하고 열등하지 않은 것과는 관계없이 - 은 친구들은 명문대학에, 자신은 직장으로 길이 확연히 갈리면서부터 더욱 그를 불편하게 만들었던 것 같습니다. 그래서 결국은 대학진학을 결심하여 어려운 가운데서도 훌륭한 성취를 한 셈입니다.

마음속에 자리 잡은 그 열등감은 어떻게 해서든 '누구와 비교해도 결코 못나지 않은 나'를 증명해 보이고자 하는 쪽으로 충동질하였던 것 같습니다. 그것은 예수님을 영접하고 나서도 계속되었습니다. 신학교에 들어가서 그렇게 열심히 공부를 하였던 것과, 졸업하고도 책을 통한 공부를 그렇게 열심히 하여 실력을 닦은 것에는 열등감을 보상하고자 하는 마음이 중요하게 영향을 주었을 것으로 판단됩니다. 물론, 공부 자체가 재미있을 수도 있었을 것입니다. 아무튼 그는 이제는 지적인 측면에서 자기의 동년배에 비해 비교적 앞선 사람이 되어 있었습니다. 그러나 그의 마음속에서는 아직도 열등감을 만회하고자 하는 지식추구의 열정이 대단하였습니다.

저는 형제 안에서 '가상적 열등감'을 보았습니다. 그렇게도 그를 지적인 추구 쪽으로 모는, 그 스스로도 느끼지 못하는, 닫힌의식 안에 자리 잡은 열등감은 '사실적인 열등'에서 생겨난 것이 아니었습니다. 지금의 그는 오히려 지적인 측면에서는 다른 사람에 비해 우월하다고 할 수 있습니다. 사실적으로는 우월했음에도 불구하고 그의 닫힌의식 안에는 열등감이 있었습니다. 가상적 열등감이 말입니다. 이 얼마나 불행한 일인지요!

인문계에 진학하지 못함으로써 느낄 수 있는 열등감은 우리나라 상황에서는 얼마든지 가능하다 할 수 있습니다. 한국 사회는 대학 진학 자체에 엄청난 가치를 부여하고 있기 때문에 피하기가 어렵습니다. 실제적으로는 전혀 열등하지 않은 사람들에게도, 사실적인 열등이 존재하지 않음에도 불구하고, 왜곡된 사회적 인식에 의해 빚어지는 현상이라 할 수 있습니다. 안타까우나 상당 부분 그러함이 사실입니다. 감성적으로 예민한 사춘기의 아이들에게 큰 상처가 될 수 있는 일이지요. 그 형제도 그렇게 되어 인문계 고등학교에서 배우는 내용에 대해서는 열등하다고 해보지요. 또 명문대학에서 배우는 것에 대해서도 열등하다고 해보지요. 그래서 그 때까지는 그런 측면에서 열등했다고 해보지요.(그런데 사실 어찌 그러한 측면에서 열등하다고 전체가 열등한 것으로 될 수 있습니까? 그것은 당연히 수긍할 수 없는 것입니다.)

그러나 신학교에 들어간 이후로는, 그런 측면에서 보더라도 사기 동년 배들보다 사실적으로 우월하였습니다. 그런데, 그런데 말입니다. 그럼에도 불구하고 닫힌의식에 자리 잡고 있는 열등감이 교정이 되지 않는 것이었습니다.(이제 사실적으로는 열등하지 않은 그와 같은 사람들의 경우에 있어서 그냥 내버려 둔다면 대부분의 경우 그 교정 속도는 아주 더딜 것입니다. 어떤 사람은 평생 교정이 되지 않을 수도 있습니다. 그러나 닫힌 의식의 의식화를 통한다면 빠르고 분명하게 교정될 기회를 가지게 될 것입니다.) 교정되지 않았기 때문에, 이제 사실적으로는 '가상적 열등감'에 지나지 않는 것임에도 불구하고 그것은 계속 지적인 보상욕구를 자극하게 됩니다. 그래서 책을 가까이 하는 쪽으로만 마음이 움직이지, 성도들과 만나 그들의 갈등과 문제를 듣고 해결을 위해 함께 생각하는 쪽으로 시간을 쓰는 것에 대해서는 아주 인색하게 되는 것입니다. 결국 과도한 지적 추구를 해가느라 목회자로서 필요한 현실 이해를 위한 공부에는 마음을 쓸 수가 없게 되었던 것이라 할 수 있습니다. 그 현실이해는 이 세상 한복판을 살아가는 성도들과 세상(사회)에 대한 이해라 할 수 있습니다. 형제는 지식적 추구로만 달음박질하였지, 실천적 측면에는 자기를 거의 준비시키지 못했던 것입니다. 그러니 당연히 목회를 잘할 수가 없었을 것입니다.

그는 대화할 때 "(그 이론 또는 그 생각은) 나도 아는 것이다.", "(그 이론 또는 그 생각은) 내가 생각하였던 것이다."라는 말을 자주 구사하였습니다. 저는 거기서 그의 닫힌의식에 있는 가상적 열등감을 보았다고 할 수 있습니다.

그러나 저는 그에게 제 생각의 전부를 얘기할 수 없었습니다. 직접적으로 얘기할 수 없었습니다. 요청을 받아도 쉽지 않은 일이지만, 그가 정식으로 저에게 조언을 요청하지 않았기 때문이었습니다. 그가 긍정적으로 받아들이기만 한다면 그에게 획기적인 변화가 속히 찾아들 수 있는 결정적인 도움을 줄 것이라고 판단하였음에도 불구하고 말할 수 없었습니다. 사람은 사실적으로 대해야 하는 것이 아니라, 예술적으로 대해야 하는 존재이기 때문입니다. 그리고 조언을 포함하는 대화는 사실적이기만 하면 되는 것이 아니라, 사실적일 뿐 아니라 사실의 바탕 위에서 적절해야 하기 때문입니다. 저는 단지 아주 조심스럽게, 받아들이는 데 무리가 되지 않을 내용에 대해서만 언급할 수밖에 없었습니다.(저의 분석은 잘못될 가능성이 있습니다. 또는 잘못되지는 않았다 하더라도 그에게 있어서 더 중요한 역동이 있을 가능성이 있을 수 있음을 염두에 두셔야 합니다.)

위의 형제에게는 닫힌의식 안에 있는 '가상적 열등감'을 보지 못하는 가운데 자기의 정신적 에너지를 적절하게 분배하지 못하는 문제가 있었다고 할 수 있습니다. 지식적으로 자기를 넓혀가는 것은 좋은데, 그 쪽으로 너무 치우쳤던 것이지요. 가상적 열등감에 의해 그 쪽으로는 무한정한 에너지를 쏟아 부어도 만족이 되기가 어렵게 되어 있었습니다. 자연히 목회를 위해 자기를 준비시키는 쪽으로는 에너지를 적절히 사용하지 못했던 것입니다. 위기에 봉착한 그는 기도를 하고 말씀을 상고하는 데 더욱 힘을 쓰기도 하여야 했지만, 그것만이 자기가 할 수 있는 전부라고 생각하면 안 될 것입니다. 거기에 덧붙여 자기의 역사탐방을 통한 닫힌의식의 세계를 들여다보도록 노력하여야 할 것입니다. 이것은 자기가 해야 하고, 할 수 있는 책임영역에 속한 것입니다. 그런데 그는 이 측면에 대해서는 거의 생각을 하지 않고 있었습니다. 참 답답했습니다.

그러나 그리스도인들에게 있어서 그러한 태도는 이상하게 보이지 않습니다. 오히려 모범적인 것으로 보이지요. 문제가 있으면 무조건 소위 '신앙적'이라 하는 수단들을 동원하고 거기서 끝나지요. 그리고 자기가 할 것은 다 했다고 생각합니다. 자기가 책임 있게 작업을 해야 하는 영역에는 거의 눈을 돌리지 못하였는데도 말입니다.

물론, 인간의 책임영역을 지나치게 강조하고자 하는 뜻은 절대 아닙니다. 다만, 이 영역이 너무 무시되는 경향이 있기 때문에 균형을 맞추기 위해 지면을 많이 할애하고 있다고 하겠습니다. 당연히 그리스도인의 정신치료나 상담에 있어서는 하나님과의 관계의 측면을 알아가는 것이 가장 기본적인 것이라 할 수 있습니다. 그 부분만이 문제가 되는 경우는 그 부분만 제대로 다루어 주면 될 것입니다. 인간의 근원적인 죄성을 다루는 문제와 같은, 가장 본질적이고 근원적인 문제들이 이에 해당할 것입니다. 또는 '심리의 문제'가 아닌 하나님 앞에서 죄를 지은 '사실의 문제' 등에서는 당연히 회개 등과 같이 하나님을 직접 대하게 하는 인도가 필요할 것입니다.

그러나 자신이 하나님 앞에서 스스로 구원을 이룰 수 없는 죄인이라는 것을 인정하고 회개하면서 예수 그리스도를 자기의 구주로 받아들임으로써 맞이하게 되는 영적인 중생을 경험한 이후에, 현실을 살아가면서 맞이하는 문제들은 하나님과의 관계에서뿐 아니라, 다른 관계에서도 원인들을 찾아야 하는 경우가 상당수 있다고 하겠습니다. <사례 가>에서 보듯이 문제의 원인은 아버지와의 묵은 관계에 있는데, 특별한 이유 없이 남편을 사랑하지 못하는 자기의 잘못을 용서해 주고 그를 사랑하게 해달라고 간구하는 것은 바른 해결의 길을 간다고는 할 수 없는 것입니다. 그렇게 우리가 갖는 문제들의 많은 경우는 하나님과의 관계의 측면과 인간(자기 자신과 타인)과의 관계의 측면 양쪽 모두에 관련되어 있다고 하겠습니다. 두 측면이 따로따로 독립적으로 문제가 되는 경우도 간혹 있을 수 있겠지만, 대개의 경우는 양측의 문제가 상호작용을 하면서 나타난다고 보아야 할 것입니다. 그렇기 때문에 저는 이 양측면을 함께 적절하게 고려해야 전체인간에 대한 바른 접근을 할 수 있다고 생각합니다.

전통적으로 교회에서는 주로 하나님과의 관계만을 다룸으로써 인간의 문제를 해결하려 하였던 경향이 짙습니다. 물론, 인간은 당연히 하나님과의 관계를 먼저 바르게 가져야 합니다. 하나님과의 관계 지음을 바르게 하지 않고서는 인간이 사실상 인생을 바르게 살아간다는 것은 불가능한 일입니다. 그것이 인간 삶의 첫 출발점이 되어야 합니다. 이는 아무리 강조해도 지나침이 될 수가 없습니다. 다만, 이 책의 목적이 그 부분을 자세히 다루는 것이 아니기 때문에 아쉬움을 안고 넘어가는 것입니다.

그러나 인간 삶의 모든 것을 하나님과의 관계의 측면으로'만' 보려고 하는 것은 문제가 있다고 하겠습니다. 왜냐하면 하나님께서는 인간 상호간의 관계도 인정하고 계시기 때문입니다. 이는 하나님의 창조사역에 분명하게 나타나고 있다고 하겠습니다. 즉, 창조질서 중에 속한 것이라 할 것입니다. 하나님께서는 아담에게 하나님과의 관계만으로 만족하여 살라고 명하지 않으셨습니다. 물론, 하나님과의 관계가 올바라야 당연하지만, 하나님과의 관계만으로 살아가는 아담을 기쁘게 보시지만은 않으셨습니다. 그래서 인간인 아담에게 인간이 필요함을 보시고 교제를 나눌 수 있는 다른 성을 가진 인간인 하와를 주셨습니다. 그리고 만족해 하셨습니다. 아담은 하나님과의 관계뿐 아니라 하와와의 관계를 통해서도 큰 기쁨을 얻을 수 있었습니다.

인간은 그렇게 하나님의 은혜 안에서 인간과의 관계를 가질 수 있는 존재로 지음을 받았던 것입니다. 각자가 하나님과의 바른 관계에 있을 때 인간끼리의 관계가 바르게 될 수 있지만, 여하튼 인간끼리의 관계의 장을 인정하셨다는 것을 깨닫는 것이 인간인 우리 자신을 이해하는 데 아주 중요한 실마리가 된다고 할 수 있습니다.

인간존재의 차원이 그러합니다. 하나님께서는 우리 인간끼리 맺는 관계를 인정하셨습니다. 성경에서도 인간관계에 대해 구체적으로 언급하는 부분이 얼마나 많은지요! 성경은 결코 하나님과의 관계만 제대로 되면 모든 문제가 해결이 된다고 하지 않습니다. 당연히 그래야 하고 또 그러면 인간관계에 상당한 도움이 되지만, 그렇다고 인간관계를 위해 노력할 필요가 없다고 하지는 않습니다. 먼저는 하나님과의 관계지만, 그와 함께 우리는 보다 나은 인간관계를 위해 스스로 노력해야 하는 존재임을 기억하여야 할 것입니다. 아담과 하와의 관계는 아담과 하와 자신들이 책임져야 하는 것입니다 인간끼리의 관계에서는 인간이 책임지는 영역이 분명히 있는 것입니다. 하나님께서 인간을 그런 차원의 존재로 지으셨습니다.

인간관계에 대해서 자기 책임은 다하지 않고, 하나님께만 전적으로 의존한다는 것은 무책임한 것이고, 인간에 담긴 하나님의 뜻을 왜곡하는 것이라 할 수 있습니다. <사례 가>의 자매님이 아버지에 대한 자기의 감정을 살피지 않고, 남편과의 불편한 관계를 해결해 달라고 하나님께만 매달린다면 자기의 책임을 다했다고 할 수 없을 것입니다. 물론, 아주 드물게 특별한 뜻이 있어 하나님께서 간섭해 주시는 경우가 있긴 하지만, 보통의 경우는 인간이 책임져야 하는 것에 대해서는 인간 스스로 해결하기를 바라신다고 하겠습니다.

지금까지 읽어 오면서 느끼셨겠지만, 닫힌의식세계를 알아간다는 것이 자신과 타인의 이해에, 전부는 아니지만 상당한 도움이 된다는 점에 거의 동의하실 것입니다. 그런데 그 세계를 모르는 가운데서 닫힌의식의 내용으로 인한 문제를 갖게 되었을 때는, 기도를 한다든지 말씀을 읽는다든지 수양회나 부흥회에 참석하는 등 신앙적 접근을 하였을 것입니다. 인간이 노력하면 알 수 있고 해결할 수 있는 책임 영역인데도, 그 영역에 대해서 모르니까 그리스도인으로서는 하나님께 가져가는 길밖에 다른 대안을 찾기가 어렵다고 하겠습니다. 정확히 표현하자면, 인간존재의 차원이 어느 정도까지 이르는지 모르기 때문에 일어나는 현상들입니다. 지금까지도 인간에 대한 많은 지식들이 축적되고 있지만, 앞으로는 그 속도가 더욱 빨라질 것입니다. 과연 하나님께서 지으신 오묘한 피조물인 인간존재의 깊이가 어디에까지 이르는 것인지 궁금합니다. 이렇게 계속적으로 열리는 인간존재의 새로운 지평들에 대해 열린 태도로 맞이하는 우리였으면 좋겠습니다.

그렇습니다. 그것이 전부는 아니지만 닫힌의식에 대한 이해는 인간존재의 차원에 대한 온전한 깨달음에 중요한 기여를 할 것이라고 생각합니다. 인간이 어떻게 하나님께 의지하고 어디까지 의존하고, 자기는 어떤 영역에서 어떻게 책임을 지는 노력을 할 것인가 하는 영원한 숙제를 조금씩 풀어가는 데 도움을 줄 것입니다.

■ 과잉의존

인간존재의 차원에 대한 바른 깨달음이 깊어지면 깊어질수록, 이 과잉의존의 문제를 극복해 가는 데 많은 도움을 받을 수 있을 것이라 기대합니다. 우리는 어떤 문제를 당할 때 무조건 '하나님'께만 전적으로 의지하는 모습을 보이는 것이 믿음이 좋은 것에 대한 표지인 줄 아는 경향이 있습니다. 그저 '하나님', '하나님의 은혜', '하나님의 뜻', '성령님', '성령님의 간섭' 등등의 말이 입을 열기만 하면 튀어나오는 사람들이 있습니다. 그리고 그런 사람들을 믿음이 좋다고 생각하면서 부러워하는 사람들도 많은 것이 사실입니다.

그러나 하나님께서 기대하시는 것은 하나님께서 인간에게 허락하신 인간존재의 차원에 충실하게 살아가는 것이라 확신합니다. 갓난아이는 엄마에게 전적으로 의존할 수밖에 없습니다. 그러나 3-4살이 되었는데도 밥은 안 먹고 엄마 젖만 빨려고 하는 아이를 보고 자기를 전적으로 의존한다고 기뻐하는 엄마는 없을 것입니다. 또 초등학생이 되었는데도 대소변을 제대로 가리지 못하고 부모가 가려주기를 바라는 아이를 두고 기특하게 생각하는 부모는 없을 것이며, 나이가 30이 되어 장성했는데도 자기에 관한 모든 결정을 부모에게 의존 하는 자녀를 자랑스럽게 생각하는 부모는 아무도 없을 것입니다. 부모는 자녀가 자신들에게 가졌던 의존관계를 벗어나 온전한 독립적 인물로 성숙해 가기를 기대하실 것입니다.

성경을 통해 하나님께서는 어린아이의 믿음에서 장성한 자의 믿음에 이르기를 바라고 계심을 알게 됩니다. 성경은 어떤 것들을 초보적인 것이라 하는지요? 죽은 행실을 회개하는 것, 하나님께 대한 신앙, 세례, 안수, 죽은 자의 부활, 영원한 심판—이제 이런 초보적인 것들에 머무르지 말고 성숙한 믿음에 이르라고 하고 있습니다. 물론, 초보적인 것들에 대해 분명하게 서 있지 않은 사람들에게는 초보적인 것을 확실하게 가르쳐야 합니다. 그러나 성화로 향하는 여정의 관점에서 본다면 그것은 역시 초보적인 것에 지나지 않습니다. 그래서 의를 행하고, 자신을 훈련시켜서 스스로 선악을 분별하는 데까지 이르기를 바라십니다(히브리서 5:12-6:3).

선악을 분별하는 데 있어서 전적으로 기도에 '만', 결국 하나님께' 만' 의존하는 태도가 그리스도인의 모범적인 태도라는 인식에 변화가 왔으면 좋겠습니다. 그럴 때도 있겠지만, 궁극적으로는 우리에게 분별할 수 있는 능력을 이미 주셨으니 그 능력을 충실하게 사용하여 스스로 분별하는 데까지 나아가는 것을 하나님께서 기대하고 계신다는 사실을 기억하여야 할 것입니다.

하나님께서는 우리가 그냥 앉아서 하나님께서 은혜로 모든 것을 해주시기를 기다리는 모습을 결코 기뻐하지 않으실 것입니다. 중생(重生)을 위한 측면에서는 전적으로 하나님의 은혜에 의존하여야 하겠지만, 이미 중생한 그리스도인들은 자기의 성숙을 위해 하나님의 은혜에만 의존해야 하는 것이 아닙니다. 물론 성령 하나님의, 정확히 그리고 구체적으로 알기 어려운, 인도하시는 은혜를 사모하는 가운데, 이제는 구원의 은혜에 감격하여 하나님의 기대하시는 뜻을 따라 살고자 스스로 애쓰는 모습이 있어야 할 것이라 생각합니다. 하나님께서는 우리의 그 모습을 보시기를 원하시는 것입니다.

하나님께서 기뻐하시는 것을 하나님께서 가르쳐 주시기만을 기다려서는 안 될 것입니다. "주께 기쁘시게 할 것이 무엇인가 시험하여 보라"(에베소서 5:10)고 하시지 않습니까? 우리 보고 '시험하여 보라'고 하십니다. 또 "주의 뜻이 무엇인가 이해하라"(에베소서 5:17)고 하십니다. 우리는 어느 정도 한도 내에서는 이해할 수 있는 존재인 것입니다. 모든 것에 대해 일일이 깨닫게 해주시기를 하나님께 의존해야 하는 존재가 아니라는 것입니다.

하나님께서 우리에게 기대하시는 수준이 어느 정도라고 생각하시는지요? 우리의 부족한 현재 모습에 비추어 볼 때 어쩌면 너무 비현실적인 것 같이 느껴질 정도입니다. 그러나 이는 분명 성경이 말하는 것입니다. 바로 그리스도의 장성한 분량이 충만한 데까지이며(에베소서 4:13), 그리스도에까지 자라가는 것입니다(베드로후서 1:15). 또 하나님의 구원의 계획은 신의 성품에 참여하는 자가 되게 하는 것이고(베드로후서 1:4), 하늘에 계신 하나님 아버지같이 온전하고(마태복음 5:28), 하나님같이 거룩해지는 것이요(베드로전서 1:14-16), 결국에는 우리가 하나님과 같이 된다고(요한일서 3:2) 성경은 말하고 있습니다. 물론, 그 구절들이 의미하는 것이 정확히 어떤 상태를 가리키는 것인지는 알기 어렵습니다. 그러나 분명한 것은 엄마가 모든 것을 일일이 챙겨주어야 하는 갓난아이와 같이, 우리는 하나님께서 일일이 모든 것을 챙겨주셔야 하는 존재가 아니라는 것입니다.

저는 이러한 말씀들이 적용되는 인간에게서, 제일 중요하게 생각하는 것은 단연코 (책임적) 자유 의지 또는 (책임적) 자율성에 대한 부분이라 생각합니다. 인간은 스스로 사고하지 못하는 로봇이 아니며, 제한은 있겠지만 상당한 수준까지 스스로 사고하면서 하나님과 교제를 할 수 있는 존재로 지음을 받았다는 것입니다. 이는 인간이 하나님의 형상대로 지음을 받았다는 사실에서 유추할 수 있는 가장 중요한 내용이라고 생각합니다.

하나님께서는, 하나님께서 인간의 마음에 하나님께 찬양과 영광을 돌리는 마음을 불러일으켜서 인간이 기계적으로 드리게 되는 찬양과 영광보다는, 영원히 홀로 찬양과 영광을 받으실 분은 하나님 한 분이심을 인간 스스로 깨달아, 하나님께서 마음에 감동을 주시는 간섭도 전혀 하지 않으셨는데, 자원하여 드리는 찬양과 영광을 훨씬 기뻐하실 것으로 믿습니다. 저는 하나님께서 인간에게 기대하시는 그 최고치는 후자의 경우라 생각합니다.

물론, 이 땅에서 그 수준에 이르는 것은 불가능하리라 생각합니다. 부활이 되어 영원한 하나님의 나라에 들어가기 전까지는, 성령 하나님의 인도하시는 은혜 없이 인간 스스로 그러한 수준에까지 성숙해 간다는 것은 불가능한 것입니다. 이는 성경을 통해 깨달을 수 있는 내용입니다. 그러나 성경말씀에 근거하여 생각해 본다면, 하나님의 나라에서 사는 그 언젠가는 그러한 차원에까지도 이를 수 있는 가능성이 있는 존재로 인간이 부름을 받은 것이 아닌가 생각해 봅니다. 그리고 이 땅에서의 우리들 각자의 모습은 하나님 나라에서의 모습과 어떤 연결이 되지 않을까 생각합니다. 하나님께서 그냥 은혜로 모든 사람을 어느 일정 수준으로 비약시켜 주실 것으로는 예상되지 않습니다. 인격에 대해서는 하나님께서 이렇게도 저렇게도 하시지 않으실 것이라 생각하기 때문입니다. 그렇게 한다면 그것은 이미 인격이라 할 수 없을 것입니다. 우리 모두 하나님께서 기대하시는 그 수준에는 너무나 먼 거리에 있지만, 그래도 그렇게 존귀한 존재로 부름을 입은 것에 감사하는 마음으로 하나님께서 기뻐하시는, 한계가 있겠지만, 자발성을 키워나가는 데 전력을 기울이도록 하였으면 좋겠습니다.

그러니 여러분, 우리는 기존에 알았던 것에 그치지 않고 우리가 할 수 있는 영역을 자꾸 찾아나서야 하지 않겠습니까? 우리는 하나님, 하나님의 은혜에 적절하게 의존하여야 할 것입니다. 또는 성숙하게 의존하여야 할 것입니다. 자기의 할 일은 하지 않고 무조건 의존 하는 '과잉의존'은 하나님께서 그리 기뻐하시지 않으실 것입니다. 또 과잉 의존하는 사람들을 믿음이 좋다고 하여 흉내 내는 일들도 없어졌으면 좋겠습니다. 우리는 하나님께서 주신 지각과 의지를 충실하게 사용하는 자들이 되어야 할 것입니다. 그것은 하나님께서 성숙한 그리스도인들에게 기대하시는 높은 차원의 모습이 될 것입니다.

2. 인간 삶에 있어서 비지향성으로 인한 문제를 극복해 가는 데 도움을 준다

여러분께서는 이미 여러 사례들을 통하여 한 사람의 정신활동이 자동적으로 그 사람을 위하여 움직여지지만은 않는다는 사실을 깨달으셨을 것입니다. 그리고 그 피해가 엄청날 수 있다는 것도 아시게 되었을 것입니다. <사례 사>의 자매가 남동생을 편애하시는 부모님을 통하여 자기는 다른 사람들로부터 사랑을 받을 만한 사람이 되지 못한다는 의식을 키우게 되었던 것은, 쉽게 돌이켜질 수 없는 불행의 씨앗이었습니다. 아주 크나 큰 불행이었습니다. 그러나 그 의식은 본인이 원했던 것이 전혀 아닙니다. 비지향적으로(원하지 않게 또는 수동적으로) 안을 수밖에 없었습니다. 다른 선택의 여지가 있을 수 없었습니다. 3-4살의 아이로서는 그렇게 왜곡되어 들어오는 의식을 어떻게 막아낼 도리가 없는 것입니다. 아이는 그러하기에는 너무 무력하지요. <사례 바>와 같이 키가 큰 남자를 선호하게 되는 자매의 경우도 마찬가지입니다. 자라면서 자기도 모르게 자기 정신세계가 자기 안에 키워놓는 의식에 아무런 통제력을 발휘할 수가 없었습니다. 닫힌의식 안에서 일어나는 현상이기 때문에 어떻게 할 수가 없는 것이지요. 그것은 자기가 원해서 키워 온 것이 절대 아닙니다. 비지향적으로 생겨나 가지게 된 키 큰 남자들에 대해 호감을 가지는 경향에 의해, 그녀의 만남이 얼마나 제한받게 되는 것인지요!

인간이 완전히 선한 존재이고 이 세상이 완전히 선한 곳이라면 비지향은 아무런 문제가 되지 않을 것입니다. 선한 세상에서 선한 사람들과 살아오는 가운데 선한 영향만을 받게 될 것이기 때문입니다. 그런데 인간 자체와 우리가 사는 세상은 전혀 그렇지 못하기 때문에 이 비지향이 문제가 되는 것이지요. 이것을 인간의 타락과 어떻게 연결을 지어야 하는지에 대해서는 정확히 얘기하기가 어렵습니다. 최소한 저의 수준으로는 그러합니다. 다만, 인간이 태어나 어느 정도 비지향적(또는 수동적)으로 자기를 형성하게 되는 것은 원래 인간이 그러한 존재성도 가지는 존재이기 때문이라고 생각합니다. 즉, 그것을 꼭 죄로 인한 타락과 연결해야 하는 것에 대해서는 편하게 동의가 안 됩니다.

그러나 '인간의 비지향적(또는 수동적) 자기형성'은 원래 인간이 그러한 존재성을 갖기 때문에 선악의 관점에서 판단될 수 없는 중립적인 것이라 할지라도, 내용적으로는 타락한 인간과 이 세상에 맞물려질 수밖에 없습니다. 그렇기 때문에 인간의 비지향성은 인간에게 악한 영향을 주는 쪽으로 작용하는 측면을 가지지 않을 수가 없게 된다고 설명할 수 있습니다. 결국, 인간에게 있어서 비지향성은 현세의 인간에게는 숱한 불행과 왜곡을 야기하는 심각한 원인을 제공하는 것이 되어 있다고 할 수 있겠습니다. 그렇기에 이 비지향성의 문제의 극복은, 온전한 인간을 회복해 가는 것이 하나님께서 바라시는 궁극적인 목표라 믿는 그리스도인에게 아주 중요한 과제가 아닐 수 없게 된다고 하겠습니다.

물론, 인간의 모든 불행과 왜곡이 비지향적인 것에서만 나온다고 주장하는 것은 아닙니다. 또 닫힌의식의 이해가 그것들을 모두 해결해 준다는 것도 절대 아닙니다. 그러나 인간의 많은 문제가 인간의 비지향성에서 나오고, 특별히 그렇게 야기된 문제에 접근하는 데는 닫힌의식의 이해가 아주 중요한 열쇠들 중 하나가 된다는 것입니다. 이에 대해서는 앞에서 언급된 사례들을 통해 충분히 동의하실 것이라 생각합니다. 물론, 인간의 회복을 위해서는 하나님과의 관계 회복(영적인 회복)이 가장 먼저 있어져야 하고 가장 중요한 것이 된다는 사실에는 누구도 이의를 달지 않을 것입니다. 당연히 그래야 합니다.

또한 저는, 확실하게 설명드릴 수는 없지만, 중생의 사건 자체와 그 이후로의 성령님의 내주하심이, 인간 삶에 악한 경향을 주게 되는 비지향성에 어떤 식으로든 긍정적인 영향을 줄 것이라 생각합니다. 그런데 저는 이 부분에 대해서는 많은 얘기를 할 수 있는 지식을 갖고 있지 못합니다. 최소한 지금은 그러합니다. 제가 이 부분에 대해 언급을 많이 하지 않는 것이 이 부분의 중요성을 그만큼 인정하지 않는다는 것을 의미하지는 않습니다. 다만, 모르는 것이기 때문에 말을 하지 않는 것이지요. 저는 제가 알고 있고 안다고 생각하는 부분만을 얘기할 수 있는 것입니다. 그 전체적 지평을 충분히 알지 못하기 때문에, 엄밀히 말해서는 제가 알고 있다고 하는 내용을 어느 정도나 강조해야 하는지도 모른다고 하겠습니다. 다만, 깨닫게 되는 것을 내놓는 일을 하는 셈이지요. 하나님의 은혜 가운데서 앞으로 제가 깨달아가는 부분에 대해서는 계속해서 덧붙이는 노력을 게을리 하지 않을 것입니다.

사실 이것은 중요한 문제입니다. 어떤 사람들과 단체들은 인간의 비지향적 문제를 다루어가는 데, 성령님의 사역에 거의 전적으로 의존하기도 합니다. 그런 책들도 많이 나와 있습니다. 그러나 그런 주장에 대해 저는 현재로서는 썩 동의가 되지 않습니다. 그들이 주장하는 성령님의 사역으로 인해 일어난 구체적인 회복에 대해 그것이 과연 그러한지에 대해서도 쉽게 동의가 안 됩니다. 어떤 일에 있어서 어떤 구체적인 진행이 성령님의 간섭이라고 어떻게 자신할 수 있는지, 그들이 얘기하는 사례들을 볼 때 저로서는 쉽게 납득이 되지 않는 경우가 대부분입니다. 때로는 지나치게 '성령님', '성령님의 인도·간섭'이라고 쉽게 얘기하는 듯한 인상을 받습니다. 물론, 제가 알 수 없고 동의가 안 된다고 해서 그것이 성령님의 사역이 아니라는 것은 절대 아닙니다. 저는 그 부분에서 부족하기 때문에 성령님의 사역인 데도 모르고 지나가는 것들이 있을 수 있음을 인정합니다.

그러나 인간이 노력을 해서 해결할 수 있는 문제에 대해서도, 인간이 노력하는 것은 인본주의적인 것이고 성령님께 의존하는 것만이 신앙적인 것으로만 여겨지는 것 같아 답답할 때가 많이 있습니다. 댐이나 저수지를 만들 수 없어 하늘만 바라보고 농사를 지어야 했던 시대에 비가 오랫동안 오지 않은 상황에서는, 인간이 할 수 있는 것이라곤 아무것도 없었을 것입니다. 그때에는 비를 내려 달라고 그리스도인이 하나님께 의존하는 것은 무리가 된다고 할 수 없을 것입니다. 그런데 이제 하나님께서 주신 지성을 사용하여 댐과 저수지를 만들 수도 있고, 물을 길어댈 수 있는 기계가 많이 발명되었는데도, 그런 것들에 의존하는 것은 인본주의적이고 세속적인 것이기 때문에 지금도 비에 대해서는 하나님께만 의존하여야 한다고 주장하는 사람이 있다면 여러분은 어떻게 평가하시겠습니까?(물론, 예방을 위해 댐과 저수지를 만들고, 가뭄이 들었을 때 기계를 사용하여 지하수를 길어내는 노력을 다 했는데도 가뭄이 계속되어 문제가 되는 경우에는 마지막으로 하나님을 바라보아야 하겠지만요.)

우리는 성령님께 의존해야 하는 것에 대해 적절하게 의존할 수 있어야 할 것입니다. 인간의 머리에 의한 발견(지적인 깨달음을 포함), 발명 그리고 발전들이 항상 선한 것만은 아니기 때문에 주의하여 분별하는 의식이 있어야 하겠지만, 좋은 발견들이 많이 이루어진 것도 사실입니다. 그런 것들 중 인간의 정신세계에 대해서도 지식이 많이 축적되어 있습니다. 그래서 그것들에 대해 열심히 배워 알게 되며 인간이 안고 있는 적지 않은 문제들을 해결할 수 있게 되어 있습니다. 인간이 해결할 수 있는 문제들의 영역이 많이 넓어진 것이지요.

하나님께서는 인간이 할 수 있는 것은 인간 스스로 하기를 원하신다고 생각합니다. 그래서 인간에게 계속적으로 문명을 발전시킬 수 있는 머리를 주셨을 것입니다. 그런데 자기가 할 수 있는 것을 하지 않고(또는 모르기 때문에 그러는 경우도 있지만) 성령님께만 의존하는 태도에는 문제가 있다고 생각합니다. 우리는 진정 성령님께 의존해야 하는 것들에 대하여 적절하게 의존하는 성숙의 길을 평생 걸어가야 할 것입니다. 그렇기에 다른 학문영역에서 인간에 의해 어떤 새로운 지평들이 열리고 있는지 주의를 한다는 것은, 피조세계에 대해 창조주가 되시는 하나님께 대한 지혜로운 예의라 말하고 싶습니다.

사실 이 문제를 다루어가는 데에는 저의 개인적인 경향으로 인한 문제가 다소간 있을 수 있다고 생각합니다. 실제로 저도, 100% 자신할 수는 없지만, 성령님의 간섭하심의 가능성이 상당히 높다고 인정되는 경우들을 만나고 있는 것이 사실입니다. 그런데 저는 아무리 가능성이 높아 보여도 거의 100% 확신하지 않는 경우에 대해서는, 단적으로 성령님의 인도하심이라 얘기하지 않는 경향이 짙은 사람입니다. 그렇기 때문에 영적인 현상들을 분별할 수 있는 은사를 사모하는 기도를 드립니다. 성령님의 역사에 우둔하기 때문에, 성령님의 역사를 보고도 몰라 하나님께 바른 영광을 돌리지 못하는 어리석음을 범하지 않게 되기를 소원합니다. 계속적으로 기도를 드리는 가운데 이 문제를 접근해 갈 것입니다.

여하튼 저는 비지향성의 문제를 다루어가는 것뿐 아니라, 그리스도인의 모든 삶의 영역에 성령 하나님의 임하심을 믿습니다. 그것에 대해 알아가기를 원합니다. 그리고 성령님께 의지합니다. 물론, 오늘 필요한 말씀을 성령님께 의지하는 가운데 성경을 펴서 눈에 들어오는 말씀이 성령님께서 주시는 말씀이라 믿는 식으로 의지하지는 않습니다. 아직은 그러합니다. 저는 지금은 그렇게 하지 못합니다. 아주 특별한 사람들은 혹 그럴 수 있을는지 모르겠지만, 보통의 경우에 있어서 그런 태도가 성숙한 그리스도인의 태도라는 데에는 아직은 동의가 되지 않습니다. 과잉의존을 다룰 때도 언급이 되었지만, 분명한 것은 역시 성령님께서 우리를 위해 모든 것을 다해 주시지 않는다는 것입니다. 우리가 해야 하는 책임 영역이 있다고 생각합니다. 이에 균형을 바르게 잡아간다는 것은 그리 간단하지가 않은 문제입니다. 이에 대해 저는 제가 할 수 있는 최선을 다하고자 합니다. 무엇을 모르는지를 모르기 때문에 생기는 문제에 대해서는 제가 어떻게 할 수 없는 것이지만, 최소한 제가 알아가는 것들에 대해서는 계속해서 나누어 가려고 노력할 것입니다.

　아무튼 저의 경험으로는 삶의 비지향성으로 인해 형성된 인간 삶의 실제적이고 구체적인 왜곡을 풀어가는 데, 닫힌의식의 이해가 상당한 기여를 하게 된다는 것입니다. 이는 이 책에 쓰인 사례들을 포함하여 저의 많은 경험들을 통해 검증될 수 있습니다. 우리가 스스로, 때로는 전문가의 도움을 받아 노력하는 가운데 해결할 수 있는 것들이 상당 부분 있다는 것입니다. 이 영역에서 스스로 노력하지 않고 성령님의 인도하심에 전적으로 의지한다는 것은 역시 '과잉의존'에 포함된다고 생각합니다. 물론, 그 어떤 일에 있어서든 하나님께 의지하는 마음을 계속 유지하여야 한다는 것에는 이의가 있을 수 없습니다.

　저는 닫힌의식의 이해가, 중생한 이후 성화의 마지막 정점을 향하는 그리스도인의 여정에서 주도적인 역할을 한다고 주장하는 것이 결코 아닙니다. 다만, 그 과정에 충실하게 기여할 수 있는 중요한 인자들 중 하나가 된다고 말하고자 합니다. 하나님께서 의도하시는 온전한 인간회복을 위해 부분적으로 기여할 수 있는 아주 요긴한 것이 되는 것임을 분명하게 얘기할 수 있습니다. 특히, 굵직굵직한 영적 회복 사이의 구체적인 왜곡들을 풀어가는 데 결정적인 도움이 될 것입니다. 그렇습니다. 하나님의 구원의 궁극적인 목표는, 단지 죄에서 구원을 주시는 것에 그치는 것이 아니라, 그것을 넘어 하나님께서 본래적으로 의도하신 온전한 인간상의 회복임을 분명히 하여야 할 것입니다. 이를 위해 닫힌의식의 이해는 부분적이지만 심도 있게 기여하는 수단이 될 것입니다

3. 신앙생활에 구체적이고 실제적인 지향성을 갖게 하는 데 도움을 준다

저의 첫 번째 책을 읽었거나 '닫힌의식'에 대한 강의를 들은 사람들의 긍정적인 반응 중에서 가장 많았던 것들 중 하나는, 자기의 문제에 대해 자기가 해야 하는 것이 무엇인지를 '구체적으로' 알게 되었다는 것이었습니다. 그분들의 경험으로는, 교역자들을 비롯한 교회지도자들에게 상담을 할 때나 설교를 통해 듣는 것은 거의 원론적인 얘기들이어서, 구체적으로 무엇을 해야 하는지 알게 되는 것이 별로 없었다는 것입니다. 그것들은 머리로는 동의가 되는데, 별로 마음에 와 닿지는 않는다는 것이었습니다. 문제해결을 위해 적용할 수 있는 구체적이고 실제적인 내용을 듣는 경우가 많지 않았다는 것이었습니다. 그런데 이제는 '무엇을 그리고 어떻게' '실제적으로' 노력해야 하는지 어느 정도 깨닫게 되어서 도움이 된다는 것이었습니다.

닫힌의식의 세계에 대한 이해는 자기의 내면에 대한 성찰의식을 심화

시켜 줄 것입니다. 문제가 있으면 무조건 하나님께 가져가 해결해 달라기보다는, 먼저 자기 안에서 문제의 원인을 찾아보려 하는 자세가 형성될 것입니다. 실제로 원인에 대해 정확한 접근을 하도록 도와줄 것입니다. 그러면서 기도를 할 때 하나님께 좀더 구체적으로 기도할 수 있게 될 것입니다. 막연히 남편에 대한 미운 마음을 용서해 달라고 기도하는 것이 아니라, 그 마음이 아버지에 대한 적개심으로부터 왔다는 것을 깨달아 아버지에 대한 적개심을 용서해 달라고 구체적으로 기도할 수 있게 될 것입니다. 포괄적으로 열등감을 갖지 않게 해달라고 하는 것이 아니라, 부모님의 양육태도에서 잘못 받아들여져 형성된 열등감임을 깨달아, 이제는 하나님 나라의 긍정적인 자기상으로 새롭게 갈아입을 수 있게 해달라고 구체적으로 기도할 수 있게 될 것입니다.

정답으로 보이는 것을 마구잡이로 나열하는 수준은 이제 벗어나야 하겠습니다. 즉, '기도(금식·철야)하라, 성경말씀을 읽어라, 부흥회 또는 수련회에 참석하라, 회개하라'라고 비지향(무방향)적으로 구태의연하게 교과서적인 해법을 제시하는 식의 상담과 가르침을 넘어서야 하겠습니다. 문제의 원인에 대해 모르면 우리의 접근은 그렇게 막연하고 추상적이게 됩니다. 사실 어떤 노력을 기울여야 할지도 모르겠고, 자기가 현재 노력하는 대로 그대로 하면 되는지 자신이 없게 됩니다.

이제 우리는 우리들이 가지고 있는 문제들의 많은 부분이 우리 내면의 세계에 원인적으로 잇닿아 있다는 것을 닫힌의식에 대한 이해를 통해 알게 되었습니다. 그 세계에 대한 이해가 깊은 만큼, 기도할 때 무엇에 대해 할 것인가에 대한 지향성을 가지고 임할 수 있게 될 것입니다. 회개를 할 때 막연한 회개가 아니라 구체적인 인물과 사건에 대한 구체적인 회개를 하게 됨으로써 더욱 간절하게 될 것입니다. 다른 사람을 상담할 때 문제에 대해 원인적 접근이 되는 적절한 말씀을 제시할 수 있게 될 것입니다.

하나님과의 관계가 잘못되어 있기 때문에 사람들과의 관계 그리고 나 자신과의 관계가 잘못 되어지게 됩니다. 가난한 과부가 정성으로 드린 헌금이, 정성을 다하지 못한 바리새인들의 헌금의 양에 비하면 아무것도 아니지만, 하나님께서 더 기뻐 받으신다는 것을 바르게 깨달은 사람은, 자기가 다른 사람보다 '더 많이' 헌금을 하고 일을 한 것으로 자랑하지 않을 것입니다. 자기의 자랑은 남과의 비교에 있지 않고 자기 안에 있음을 알기 때문입니다(갈라디아서 6:4). 이러한 원리를 제대로 알지 못하는 사람들은 사람을 비교하게 될 것이며, 비교의식에 의한 잘못된 우월감 또는 열등감을 가지게 될 것입니다.

그러나 사람들과의 관계 그리고 나 자신과의 관계가 잘못되어 있기 때문에 하나님과의 관계가 잘못 되어지기도 합니다. 용서하지 못한 사람이 있는데, 하나님께 용서를 구한다는 것은 하나님께서 원하시는 것이 아닙니다. 형제를 향해 활활 타오르는 적개심을 가지고 드리는 예배는 하나님께서 받으시지 않으실 것입니다.

하나님을 무섭게만 느끼는 사람들 중에는 무서운 아버지 밑에서 자라온 분들이 꽤 있을 것입니다. 어디서 들은 얘기이지만, 유년부에서 한 아이가 하나님은 어떤 분이시냐고 물었다고 합니다. 그래서 선생님은 쉽게 "하나님은 말예요. 여러분들의 아빠같이 인자한 분이십니다."라고 대답했다고 합니다. 그러자 질문한 아이는 귀를 꼭 막으면서 "만약 그렇다면 나는 그런 하나님이 계신 하늘나라에는 가지 않을래요."라고 대답하더랍니다. 그 아이의 아빠는 늘 술을 먹고 늦게 들어와 자녀들에게 호통을 치는 무서운 분이셨다고 합니다. 그래서 선생님은 이내 "아니 아니, 하나님은 여러분들의 엄마같이 따뜻한 분이시랍니다." 그랬더니 여전히 "그런 하나님이 계시는 하늘나라에는 가고 싶지 않아요."라고 했다고 합니다. 엄마는 그런 아빠에게 늘 싸움을 거는 분이셨다고 합니다. 어린이와의 짧은 대화였지만, 시사해 주는 것이 많은 내용이라 하겠습니다.

여러분은 하늘나라에 대해 아이에게 어떻게 설명하겠습니까? 어떤 설명이 도움이 될까요? 하나님에 대한 관계가 자신의 아버지와의 관계로 말미암아 영향을 받을 수 있다는 것을 인정하시게 되는지요?

원하지 않은 아이unwanted baby로 태어나 부모로부터 사랑을 충분히 받지 못하여 '거부당함에 대한 두려움'을 발전시켜 온 사람이 하나님께 받아들여짐을, 적절한 사랑을 받아온 사람과 똑같이 받아들이게 될까요? 상대방이 그런 역사를 가진 사람이라면 하나님의 받으심에 대해 성경의 어느 구절로 설명을 하는 것이 더욱 효과적일까요? 하나님의 성품 중에 어느 부분을 강조하여 설명하는 것이 더 유익할까요? '더 효과적이다' 라든지 '더 유익하다' 라는 문구가 거슬리지는 않는지요? 그렇게 하면 인본주의적인 것이므로 그런 것들은 성령님께 의지해야 한다고 생각하시는 분이 있지는 않은지요?

"아내들이여 자기 남편에게 복종하기를 주께 하듯 하라"(에베소서 5:22)는 말씀에 저항을 보이면서 쉽게 받아들이지 못하여, 하나님의 말씀을 받아들이기가 어려운, 마음이 강퍅한 사람으로 판단되는 자매가 있었습니다. 그런데 알고 보니 그녀는 나이가 40 중반이 되어 예수 그리스도를 영접한 이후 뜨거운 마음으로 신앙생활을 하시는 어머님을 통해 신앙생활을 시작하였습니다. 반면, 조상신을 믿는 아버지는 기독교를 믿으면 집안에 재수가 없다며 교회에 갔다 오는 날이면 보기가 흉할 정도로 어머니를 구타하곤 했다고 합니다. 자매의 그러한 역사를 알면 자매에 대한 판단이 어느 정도 유보되거나 철회될 수 있다는 생각에 동의가 되시는지요? 자매에게 전과 다르게 접근해 보려는 마음이 생기실는지요?

우리에게 전체 인간에 대한 이해가 깊어지면 깊어질수록 우리의 신앙생활은 더욱 구체적이고 실제적인 지향성을 가지게 될 것이라 믿습니다.

하나님 앞에 어떤 마음으로 무엇을 가지고 서야 하는지가 점차 눈에 들어오게 될 것입니다. 그러면서 성화의 여정에 있어서 어떻게 성령님의 인도에 의존하여야 하는지를 바르게 깨닫게 되리라 기대합니다.

지금까지 3장에서 말씀드렸듯이 닫힌의식을 통한 전체인간 이해는 그리스도인의 지체성을 이해하는 데에도 도움이 될 것입니다. 각자는 저마다의 자기역사에 의해 독특한 자기를 형성하게 될 것이기 때문입니다. 이에는 하나님의 섭리가 담겨 있을 가능성이 높다고 생각합니다. 우리 삶에 있어서 우선순위를 정하는 데에도 도움이 될 수 있습니다. 자기가 어느 부분에서 부족하여 더 훈련을 받아야 할지를 알 수 있기 때문입니다. 그 외에 사람을 대하는 기본적 태도의 변화로 인해, 선교 · 설교 · 상담 · 교육 · 인간관계 등등에 있어서 심원한 변화가 찾아올 것으로 기대합니다. 제가 더 많은 경험을 해가면서 신앙과 관계된 내용들에 대한 나눔이 더 깊어질 수 있으리라 생각합니다.

제**4**장

닫힌의식의 세계 그 너머

1. 닫힌의식의 이해의 한계

1) 치유의 힘은 닫힌의식의 이해와 함께 가지 않는다

혹 저의 책을 읽기 전에 또는 읽으시면서 어떤 기대를 가지시게 되지는 않는지 모르겠습니다. 때때로 인간정신에 대한 이해가 깊어지면 자신이 많이 달라질 것이라는 기대를 가지고 강의를 듣거나 책을 읽는 분들을 만나게 됩니다. 첫 번째는 치유의 힘이 많이 생길 것이라는 기대를 들 수 있습니다. 인간의 치유에 있어서 무엇인가 길이 보일 것 같은 그런 기대감 말입니다. 그래서 책을 읽거나 강의를 들은 다음에는 돕고 싶은 어떤 사람의 역사를 열심히 청취합니다. 그리하여 많은 것을 알게 됩니다. 한 걸음 더 나아가 어느 정도 적절하게 역동구성도 하게 됩니다. 그런데 이상하게 치유가 일어나지 않는 것을 경험하게 됩니다. 그러면서 낙심하게 되는 사람들을 만나게 됩니다.

닫힌의식의 이해를 통한 인간정신의 이해는 그 자체적으로는 치유의 힘을 갖는 데 한계가 있습니다. 물론, 그 자체만으로도 현격한 치유의 변화를 일으키는 경우가 아주 드물게 있을 수 있습니다. 그러나 대부분의 경우 인간의 치유는 인간정신 이해만으로는 어렵다고 하겠습니다. 상담자 또는 치료자에게 (사랑을 제일 중요한 인자로 하는) 인격이 함께 있을 때 가능해진다고 하겠습니다. 정확히 얘기한다면, 회복에 있어서 '닫힌의식의 이해만으로 큰 도움이 되는 경우 – 인격적 만남만으로 큰 도움이 되는 경우' 사이에, 전자가 90% 되고 후자가 10%되어야 가장 적절한 조합이 되는 경우에서 80%-20%, ……50%-50%, ……10%-90% 등등의 조합이 있을 수 있다고 하겠습니다. (이렇게 숫자로 얘기될 수 있는 것이 아니지만, 이해를 돕는 데 도움이 될 것 같아 시도해 봅니다.) 물론, 가장 좋은 경우는 100%-100%인 경우일 것입니다. 이때는 모든 경우에 가장 적절하게 될 것입니다. 정신이해에 대해서도 완벽하고 온전히 성숙한 인격의 소유자가 이에 해당할 것입니다.

만족스럽지 않으나 이렇게나마 설명하는 것은 인간의 치유는 닫힌의식의 이해만으로는 안 된다는 것을 말하고자 하기 위함입니다. 인간은 잘못된 부분을 고치기만 하면 되는 컴퓨터와는 전혀 다른 차원의 인격적 존재이기 때문입니다. 사람을 이해하는 것은 사랑의 인격적 요소가 배제된 상태에서도 얼마든지 가능합니다. 그러나 이해에서 치유의 길로 이끌어 주는 것은 사랑이 게재된 인격적 행위가 있어야 함을 꼭 마음에 두시기 바랍니다. 책의 내용을 잘 이해하면 치유적 힘이 자연적으로 배양될 것이라고 기대하셨던 분들은 이제 기대를 접어두시고, 스스로 인격도야를 위한 노력을 하시는 가운데 닫힌의식에 대한 지식을 적절하게 사용하시게 되기를 바랍니다.

2) 인격적 성숙은 닫힌의식의 이해와 함께 가지 않는다

두 번째로 기대를 가지게 되는 것은, 인간의 정신세계를 이해함으로써 자신의 인격에 성숙이 오지 않을까 하는 것입니다. 그런 기대를 가지신 분들은 책을 다 읽은 다음에 당연히 실망을 하시게 될 것입니다. 인간정신의 이해는 인격성숙을 위한 아주 중요한 인자로서 기여를 하지만, 인격성숙 그 자체가 된다고 할 수는 없습니다. 인간의 정신세계에 대한 이해가 깊어진다고 하여 사람이 달라지기를 기대해서는 아니 되겠습니다.

지식은 크게 '정보적 지식'과 '깨달음적 지식'으로 나눌 수 있다고 생각합니다. 전자는 '삼국시대에는 신라·백제·고구려가 있었다', '한국의 수도는 서울이다', '세계에서 제일 큰 나라는 러시아이다' 등등과 같이 특별히 깨달을 필요 없이 그냥 암기하면 되는 것입니다. 그것은 그냥 나누어 주면 전달이 될 수 있습니다. 그러나 그와는 달리, '사랑은 사랑하는 사람에게 첫 번째 사람이 될 것을 주장하는 것이 아니라, 사랑하는 사람을 위해 두 번째 사람, 또 그 다음 사람으로 물러서 주는 것이다', '그리스도인의 성화는 끊임없이 자기중심성을 벗어가는 것이다', '사랑만이, 한 인간에게 있어서 선으로의 가능성을 극대화시킬 수 있다' 등등의 내용은 정보를 알려주듯 해서는 다른 사람에게 전달이 될 수가 없습니다. 깨달음이 없으면 그 지식은 전달이 될 수 없고, 절대로 그 사람의 것이 될 수 없습니다.(그렇기에 우리는 상대방이 어느 깨달음의 수준에 있는지 주의하여야 합니다. 자기보다 뒤처진 사람에게 무리한 수준이 되는 것을 억지로 나누려 하는 가운데 상대방을 낙심시키는 경우와, 그리고 자기보다 앞선 사람을 자기의 수준으로 끌어내려 판단하는 경우를 최소화시키고자 하는 의식을 늘 견지하여야 할 것입니다.)

닫힌의식에 대한 지식은 자체적으로는 깨달음적인 측면이 있긴 하지만, 정보적 지식의 측면이 훨씬 강하다 하겠습니다. 훈련으로 일정 수준까지 올라설 수 있습니다. 즉, 닫힌의식에 대한 지식은 인격의 성숙과 꼭 함께 가는 것은 아니라는 것입니다. 닫힌의식에 대한 지식은 그 자체가 선하다거나 악하다고 말할 수 없는 중립적인 것이라 할 수 있습니다. 그것이 선한 사람의 손에 놓이게 되면 아주 귀한 연장이 될 것입니다. 마음이 나쁜 사람은 사람을 이용하는 일에 사용할 수 있습니다. 그렇습니다. 그 자체에 너무 지나친 기대를 가져서는 안 되겠습니다.

때때로 강의를 듣거나 책을 읽은 분들이 저에 대해 저의 객관적 모습과는 아주 거리가 먼 환상적인 기대를 하시는 분들이 있습니다. 모든 문제에서 떠나 있는 도인에 가까운 사람으로 생각하는 사람들도 있습니다. 그러나 인간정신에 대해 지식을 많이 쌓았다고 해서 인격이 그만큼 심화되는 것은 결코 아닙니다. 아니, 그 둘 사이의 직접적인 상관관계는 없는 것입니다. 이는 제 주위의 숱한 정신과의사들을 통해서도 얼마든지 확인할 수 있습니다. 다만, 인격이 좋은 사람이 그 지식을 사용하여 훨씬 원숙한 수준으로 올라서는 경우는 비교적 많이 경험할 수 있습니다. 여러분 자신에 대해서도 그러하여야 하겠지만, 타인에 대해서도 섣부른 기대감을 가지지 않도록 여러분의 마음을 잘 통제하시기 바랍니다.

3) 닫힌의식을 통한 치료적 접근은 준비를 필요로 한다

한번은 전문직에 있는 미혼의 여성에게서 전화를 받게 되었습니다. 그녀는 자기의 성격 안에 자기가 싫어하는 면이 있었습니다. 그러나 어떻게 할 수가 없어 그냥 끌어안고 지내왔는데, 결혼하기 전에 해결하고 싶은 마음이 있었습니다. 미래에 대한 꿈도 있고 열심히 노력하면서 살고 싶은 마음이 있는데, 자기의 그 성격 부분이 마음에 걸리곤 하였습니다. 그러다가 <나누고 싶은 이야기>를 발견하였습니다. 책을 읽고 자기의 역사를 이해하는 것이 중요하다는 것을 알고 스스로 분석해 가기를 시작하였습니다. 그러다가 남에게 쉽게 믿음을 주지 못하는 등의 싫은 성격의 원인을 — 그녀가 생각하기에 — 알게 되었습니다. 알코올중독자이셨던 아버지가 원인이었습니다. 아버지로 인해 자기에게 좋지 않은 성격이 형성되게 된 것을 깨닫게 된 것입니다. (물론, 원인을 바르게 알게 된 경우일 수도 있으나, 그렇지 않을 수도 있습니다. 왜냐하면 일반인들이 스스로 생각하기에 원인이라고 하는 것들은 분석하다 보면 잘못된 것임을 발견하게 되는 경우가 적지 않기 때문입니다. 이 여성의 경우에는 맞을 가능성이 높다고 생각했었습니다.)

그런데 문제가 생겼습니다. 전에는 자기가 싫어하는 성격을 가지게 된 것은 자기 자신에게 문제가 있어서 그렇다고 생각해 왔는데, 이제 아버지에 의해 그렇게 되었다는 것을 알게 되니 아버지에 대한 화가 일어난다는 것이었습니다. 그렇지 않으려고 노력하나 자꾸만 원망의 마음이 드는 것을 어찌 할 수 없다는 것이었습니다. 그러면서 좋은 아버지를 둔 친구들은 원만한 성격을 형성하여 좋은 결혼을 하게 되는 것 같은데, 자신은 그렇지 못하는 것으로 비교가 되면서 화가 난다는 것이었습니다. 그만큼 남들보다 뒤져서 인생을 살아가야 된다는 생각이 들고…… 아마도 그 자매는 상당 기간 동안 분한 마음을 다스리기가 쉽지 않았을 것입니다.

11시 가까이 된 한밤중에 전혀 모르는 한 목사님으로부터 전화를 받았습니다. 저의 강의를 듣고 평소에 접근하지 못했던, 갈등 중에 있는 부부를 면담하였다고 합니다. 자그마치 7시간 내리 역사를 청취하였다고 합니다. 그리고 나니 대충 중요한 얘기는 다 들은 것 같은데, 그 다음에 어떻게 해야 할지를 모르겠더라는 것입니다. 그래서 실례를 무릅쓰고 밤중에 전화를 하였다는 것입니다. 비밀스러운 얘기를 다 듣고 나서 제대로 치유적인 접근을 해주지 못하면, 서먹서먹해지다가 아주 불편한 관계가 될 것입니다. 비밀스러운 얘기를 꺼낸 사람은 상처를 받을 가능성이 높습니다. 실제로 그런 일로 인해서 교회를 옮기는 사례들도 있다는 얘기를 듣게 됩니다.

그렇습니다. 닫힌의식을 의식화한다는 것은 결국 사람을 의식화하는 것입니다. 사람을 다룬다는 것이지요. 그렇기 때문에 아직은 받아서 소화해 낼 수 없는 내용을 조심성 없이 드러낸다는 것은 위험한 상처를 줄 수가 있습니다. 바른 진단을 통해 수술을 하여서 몸 안의 병리적 부분을 제거하면 병이 치료되는 경우를 생각해 보지요. 그런 경우 수술을 하기 전에 환자의 전반적인 상태를 알아보는 검사를 하게 됩니다. 병소를 제거하는 것이 수술의 목적이지만, 살을 째고 어느 정도 출혈이 동반되는 수술 과정 자체가 몸에 큰 상처를 내게 되고 스트레스가 되기 때문에 이를 견뎌 낼 수 있는 상태인지를 평가합니다. 만약 수술과정을 견뎌낼 수 없을 정도의 허약한 신체적 상황에 있다고 판단이 되면 수술은 연기됩니다.

닫힌의식을 의식화하여 어떤 문제에 대해 치유를 돕는 것은 수술과 유사한 측면이 있습니다. 우선은 상처를 주게 되어 그 다음 발걸음을 옮기지 못하는 경우가 얼마든지 있을 수 있습니다. 문제에 대한 닫힌의식의 내용은 불행하고 부정적인 관계에 대한 것일 때가 많습니다. 그런 내용에 노출된다는 것 자체가 치명적인 상처가 될 수 있는 것입니다. 위의 여성과 같이 분노감에 빠질 수도 있고, 잘못한 것에 대한 죄책감에 얽매이게 될 수도 있습니다. 잘못되고 불행한 과거에 집착하게 되는 부작용이 얼마든지 나타날 수 있는 것입니다. 그렇게 하여 닫힌의식을 알아간다는 것이 당사자에게 깊은 절망을 주면서 오히려 자기 문제의 해결을 포기하게 되는 불행한 일이 일어나기도 하는 것입니다.

소심한 자기 마음이, 억압이라는 닫힌의식의 자기방어에 의해 잊고 지냈던 어렸을 적의 성적 학대에 의한 것이라는 것을 알게 되었을 때, 어떤 사람들은 '성적 학대'를 당했다는 사실 자체를 받아들이지 못해 큰 위기를 맞이할 수가 있는 것입니다. 그렇기 때문에 상대방의 상태를 늘 면밀히 평가하고 있는 것이 중요합니다. 아무리 정확한 원인이라 하더라도 받을 수 있는 상태가 되지 못하면 전달되어서는 아니되는 것입니다. 상담과 정신치료는 사람을 대상으로 하는 것이기 때문에 상당한 훈련을 통하지 않고는 함부로 하지 않도록 조심해야 하는 영역의 일이라 하겠습니다.

역사를 청취하고 닫힌의식을 분석하여 문제가 무엇인가를 알게 되었지만, 원인을 알고 받아들일 만큼 내담자의 자아의 능력이 충분하지 못하다면 의식화하는 것은 유보되어야 함을 꼭 마음에 두시기 바랍니다. 원인을 알아내는 것도 만만한 작업이 아니지만, 원인을 알고 난 다음의 발걸음을 옮기는 데는 더 높은 지혜가 요청됩니다. 원인을 알게 하는 것이 치유가 아니고, 그렇다고 치유가 저절로 일어나게 되는 것도 아니기 때문입니다. 내담자의 정신적 상태가 자라가는 것을 보면서 그때그때 수준에 적절한 치유적 내용을 나누어야 하는 것입니다. 이는 성숙한 치료자들이 가지고 있는 고도의 지혜에 해당한다고 하겠습니다.

닫힌의식에 대한 지식을 너무 함부로 휘두르지 않게 되기를 바랍니다. 도와주고 싶은 마음이 너무 앞서지 않도록 마음을 잘 붙들어 매시기를 바랍니다. 상대방의 마음 상태를 잘 살피면서 걸음을 내딛게 되기를 바랍니다.(보통 하는 얘기로 한다면, 좋은 사람은 닫힌의식을 통한 접근을 비교적 잘 받아냅니다. 거기다 자아 성찰 능력이 큰 사람이라면 더 좋고요. 그러나 마음이 나쁜 사람은 참 어렵습니다. 조심해야 합니다. 특히, 자기중심적인 사고가 강하고 스스로를 높이는 마음이 있는 사람에게는 조심하여야 합니다. 그런 사람은 훌륭한 전문가에게 맡기는 것이 지혜롭습니다.)

2. 잠깐의 나그네 인생길의 길동무

사례 냐 인생은 아쉬움을 접고 사는 것

생활에 아무런 의욕을 느끼지 못하는 가운데서 모든 것을 손에서 놓아 버리고 싶은 끈질긴 충동을 더 이상 견디지 못하겠다는 절망감에 빠진 30대 초의 부인이 가족과 함께 찾아왔었습니다. 그녀는 자신이 정신병원을 찾게 되리라고는 꿈에서도 생각지 못했다고 하였습니다. 그런데 자기의 갈등을 처리하지 못해 방황하던 중 <나누고 싶은 이야기>를 접하게 되었는데, 읽고 나서 정신과의사는 정신병을 앓는 환자들뿐 아니라 일반인들과도 만나 인생과 신앙에 대해서 얘기를 나눌 수 있다는 것을 알았다고 하였습니다. 그래서 비교적 저항감이 없이 편안한 마음으로 찾아오게 되었습니다.

이른 나이에 결혼하여 벌써 결혼생활 10년째를 맞이하고 있었습니다. 아주 차분하고 온순한 인상에 상당히 절도 있는 몸가짐을 보였습니다. 외면적 분위기로는 나이에 비해 깊은 내면의 성숙한 모습을 가지고 있을 것으로 느껴졌습니다. 면담을 해가면서 겉으로 풍기는 분위기와 크게 다르지 않은, 비교적 잘 조화된 내면의 세계를 가지고 있는 사람임을 알게 되었습니다.

그녀는 독실한 기독교가정에서 자랐습니다. 가난한 환자들 곁에 있기를 즐겨하는 의사인 아버지는 삶으로 하나님의 나리를 보여주시는 분이셨습니다. 어머니 역시 가난한 사람들과 함께하는 것을 기쁨으로 알고 구체적으로 나누는 삶을 살아오신 분이셨습니다. 그러한 부모님의 삶을 보고 자라온 그녀는 부모님이 자랑스러우면서도 한편으로는 부모님같이 살 수는 없을 것 같은 부담감을 가지고 살아 왔다고 합니다. 그러나 그녀는 훌륭한 부모님 밑에서 자라는 가운데 좋은 인품을 발전시켜 오게 되었습니다. 조용히 뒤에서 남을 잘 섬겼습니다. 그녀를 아는 모든 사람들은 그녀를 칭찬하였습니다.

  신앙적 깊이도 있었던 사람이었습니다. 교회 주일학교에서 늘 임원을 하였으며, 대학부에서는 부회장을 하였습니다. 신앙과 성품이 좋은 남다른 사람이라 주위에서 따르는 형제들이 많았습니다. 그런데 그녀에게는 자기가 좋아하는 선배가 있었습니다. 좋아한다는 표현을 하지 못하고 지내던 중, 동기생 중의 한 형제가 그녀에게 적극적으로 접근해 왔습니다. 자매가 좋아하는 타입은 아니었습니다. 자기를 좋아하며 여러모로 배려해 주는 것에 단순히 고마운 마음으로 가끔씩 만났습니다. 그러던 중 좋아하던 선배는 다른 사람과 결혼을 하게 되었습니다. 좋아한다는 고백도 하지 못한 채로 선배를 향해 아름답게 가꾸어 온 마음을 저려오는 가슴에 묻어야 했습니다. 구체적으로 선배에게 좋아하는 마음을 밝혀서 선배가 그녀를 거절한 것은 아니지만, 그러한 사건은 심리적으로 '거절당함'으로 자리 매김을 하게 되는 경향이 있다고 하겠습니다. 특별한 문제없이 곱게만 자란 그녀에게는 처음 경험한 좌절의 사건이 되었습니다.

  자기가 좋아했던 사람과의 관계가 이루어지지 않아 가슴앓이를 심하게 하였던 그녀는 다시 누군가를 좋아하는 것을 두려워하는 마음이 다소간 생기게 되었습니다. 한 번 주어지는 인생을 자기가 사랑하는 사람과 함께하지 못한다는 그 '마음의 휑함'은 끝이 보이지 않는 마음의 추락을 경험하게 하는 것이 됩니다. 세상의 좋은 그 어떤 것으로도 채워지지 않는 아픔의 골을 가슴에 남기는 것으로, 다시 경험되어지는 것은 어떻게든 막아내려 하는 심리적 방어 장치를 가동시키는 경향을 낳는 경우가 많다고 하겠습니다. 이후로 좋게 생각되는 사람들을 만나게 되었지만, 좋아하는 감정이 깊어지려고 하면 일부러 거리를 두는 식으로 하여 자기의 감정을 발전시키지 않으려 노력하는 것이 몇 차례 반복되었습니다.

그러는 가운데 자기를 좋아하는 형제는 일편단심으로 자매의 마음을 얻으려고 계속적으로 접근하고 있었습니다. 처음에는 형제에 대한 마음이 전혀 없었는데, 자기가 없으면 죽고 못 살 정도로 자기를 위한다는 그 사랑이 점차로 안전하게 느껴지기 시작하였습니다. 최소한 그 사랑으로부터는 '거부당하는 아픔'은 없을 것이기 때문입니다. 형제뿐 아니라 형제의 부모님까지 적극적으로 나서는 것을 보면서, '그렇게 나를 사랑한다는 사람에게 나를 맡기는 것도 괜찮지 않겠는가?' 하는 생각에 조금 문을 열어주었다고 합니다. 그러나 한 번 문이 열리니 그 다음부터는 일사천리로 진행이 되었습니다. 형제가 신앙이 있고 성실한 사람으로 집안도 특별한 문제가 있지는 않아 부모님들도 별다른 반대는 하시지 않았다고 합니다. 그렇게 하여 형제를 사랑할 기대를 가지기보다는, 형제가 자기를 사랑해 줄 기대를 가지고 결혼에 이르게 되었습니다.

그렇게 자매는 남편을 사랑해서 결혼한 것은 아니었습니다.(의외로 사랑 없이 결혼하는 사람이 많습니다. 진정한 사랑이 아닌데 사랑인 줄 알고 하는 것이 아니라, 자기 스스로 생각해도 사랑이 없는데 결혼하는 사람들 말입니다.) 남편이 자기를 너무 좋아하고 따르기에 안전함을 느끼고 결혼하였습니다. 결혼하여 살다 보면 남편을 사랑할 수 있으리라 기대하였습니다. 아니, 꼭 사랑은 하지 못하더라도 살아가게 해줄 정도의 정은 생길 것이라 믿었습니다. 우리는 주위에서 결혼해서 사는 많은 어른들이 사랑보다 정 때문에 사는 것이라는 애기를 많이 듣게 되지 않습니까? 결혼하고 나서도 얼마 동안은 자기를 대하는 형제의 태도에 변화가 없어서 '잘못한 결혼은 아니구나' 라는 안도감을 느꼈다고 합니다. 자매는 참 열심히 살았습니다. 남편을 위하려고 애를 썼습니다. 집안도 열심히 꾸몄습니다. 함께 사는 시부모님들에게도 지극한 정성으로 대했습니다. 경제적으론 비교적 윤택한 수준이었습니다.

그렇게 살아오던 중, 어느 날 갑자기 남편이 교회를 옮기자는 얘기를 꺼냈습니다. 특별한 이유는 대지 않았습니다. 그냥 옮기고 싶다는 것이었습니다. 자매는 태어나면서부터 부모님과 함께 그 교회에서 컸습니다. 성도들과는 가족 같은 관계였습니다. 그리고 그녀는 재능이 많았던 사람이라 그 교회에서는 아주 잘 알려진 인물이었습니다. 남편은 대학부 때부터 그 교회에 나왔습니다. 신앙적으로나 객관적인 능력에서 자매가 더 뛰어났습니다. 그래서 그 교회에서 남편은 자기 이름으로 불리지 못하고 거의 'OOO의 남편'으로 불렸습니다. 사실 자매는 그런 점이 마음에 걸렸었습니다. 남편에게 미안하였습니다. 그러나 사람들에게 그렇게 부르지 말라고 할 수도 없어 불편한 마음을 가지고 그냥 지내왔었습니다. 남편이 그렇게 얘기했을 때 언뜻 불편했을 남편의 마음이 연결이 되었습니다. 그러나 그렇다고 고향과 같은 교회를 떠난다는 것은 참으로 어려운 일이었습니다. 그래서 시간을 가지고 더 생각해 보자고 하였지만, 남편은 더 이상 대화를 진전시키지 않았습니다. 그러더니 그 다음 주일부터 다른 교회로 나가는 것이었습니다.

그러고 보니 남편에게 어떤 변화가 있어 왔던 것이 느껴졌습니다. 자매는 크고 작은 신문이나 잡지 등에 자주는 아니지만 틈틈이 글을 보내왔었는데, 언젠가부터 그러한 일에 대해 남편이 반기지 않게 된 변화를 기억해 내게 되었습니다. 집 밖에서 자매가 드러나는 것을 남편이 부담스러워하게 되었다는 것을 깨닫게 되었습니다. 자기에 대한 남편의 변화를 의식하게 되었습니다. 그러면서 자기에 대한 남편의 사랑에 대해 생각하게 되었습니다. 남편에 대한 사랑 없이, 자기에 대한 남편의 사랑 하나 믿고 결혼하여 살아오고 있는데 그 사랑에 대해 물음을 갖게 되기 시작하였습니다. 다른 면에서는 자기에 대한 태도가 거의 변화가 없었기 때문에 심각하게 생각되지는 않았지만, 그래도 그 작게 보이는 변화가 잔잔하기만 했던 닫힌의식의 호숫가에 파문이 되었던 것으로 보입니다.

그러면서 삶에 대한 공허감이 시작되었던 것 같습니다. 억압되기만 하였던 닫힌의식의 내용들이 꿈틀거리게 되었다고나 할까요. 처음에는 무시하면서 더욱 열심히 살려고 노력하였습니다. 그런데 열심히 살면 그런대로 살아질 줄 알았는데 그렇지가 않았습니다. 같이 살아가면서 시간이 지나면 생겨날 것으로 기대하였던 정이 생기지 않는 것이었습니다. 사랑에 대해서는 처음부터 기대하지 않았다고 할 수 있지만, 마지막 보루라고 생각되는, 소위 정이 생기지 않는 것에 대해서는 불안을 느끼게 되었습니다. 그리고 시간이 흐르면서 막연했던 공허감이 점차 일상생활의 전 영역으로 스며들어오는 것을 느끼게 되었습니다. 그 실체를 더 이상 부인할 수가 없었습니다. 결국 자신의 삶을 전반적으로 되돌아보는 작업을 하지 않을 수가 없었습니다.

생각해 보니 결혼한 뒤로 참 열심히도 살아왔습니다. 물론 본인이 원래 성실한 사람이기도 했지만, 그것이 전부가 아니라는 것을 깨닫게 되었습니다. 아주 열심히 살아온 외면의 모습 너머에는 여러 마음들이 자리 잡고 있는 것을 보게 되었습니다. 남편을 사랑하지 않고 결혼한 것에 대해 자기 내면에 남편에게 미안해하는 마음이 있었던 것을 발견하게 되었습니다. 그 마음은, 열심히 살아가는 모습을 보여줌으로써 자기나 타인(특히, 남편과 친정 부모님)에게 결혼생활에 문제가 없는 것처럼 보이게 되기를 바라는 마음으로 연결이 되었습니다.

만약에 남편을 사랑하는 마음이 있었다면, 그녀는 특별히 의식적으로 어떤 노력을 할 필요가 없었을 것입니다. 왜냐하면 사랑하는 마음이 움직이는 대로 자연스럽게 따라가면 될 것이기 때문입니다. 그러나 사랑이 없이 시작되었으니, 결혼생활을 자연스럽게 가게 하는 힘이 부족하였다고 할 수 있습니다. 자연스러움이 없는 인간관계는 참으로 어렵습니다. 그 다음부터는 무엇인가 의식적으로 생각하여 인위적으로 행동하게 되는 경향이 짙어지게 되기 때문입니다. 그런 삶은 짐스럽고 피곤하다고 말할 수 있습니다. 그녀의 과도한 열심과 다른 사람들 앞에서 띠게 되는 웃음 뒤에는 내면의 공허감이 자라고 있었던 것입니다.

남편은 꽃을 사다주고, 멋진 음식점엘 데려가고, 비싼 옷을 사주고…… 하는 것들이 그녀에게 잘해 주는 것이라고 생각하는 사람이었습니다. 사실 그런 면에서는 잘하는 사람이었습니다. 남편은 공대 출신이었는데, 전형적인 이과적 사고를 하는 사람이었습니다. 예를 들면 "시인들은 꽃이 웃는다고 하는데, 나는 어떻게 꽃이 웃는다고 하는지 도대체 이해가 가지 않는다."라는 식으로 얘기하는 사람들이 있지 않습니까? 남편과의 대화는 거의 집, 직장, 날씨 등과 같은 극히 일상적인 것들에 대한 것이었습니다. 아마도 그런 경향은 사랑이 없는 그녀와 결혼하려고 했던 것과도 연결이 되어 있었을 것입니다. 남편은 그녀를 사랑해서라기보다는, 좋은 것을 자기의 손 안에 넣기 위한 마음에서 그녀에게 접근해 왔었을 가능성이 있다고 하겠습니다. 자기를 포함하여 뭇사람들에게 좋은 사람으로 인정받고 있는 자매를 쟁취하고자 하는 욕망에서 집요한 노력을 기울였을 가능성도 있었을 것입니다. 자매는 살아가면서 그런 가능성을 느끼게 되었던 것입니다.

반면 자매는 문학적 재질이 많은 사람이었습니다. 초등학교 때부터 시작하여 학교 다닐 때 글짓기 대회에서 항상 입상을 하였습니다. 자질도 있었지만 마음이 순수하고 감정이 풍부해 작가를 지망하여 불문학을 전공하였던 사람이었습니다. 그녀는 정말 가장 가까운 사람인 남편과 '하나님', '인간', '영원', '인생', '삶', '죽음', '의미', '역사' 등등의 근본 되는 주제들에 대해 한 번이라도 시원하게 대화를 나눌 수 있기를 얼마나 열망해 왔는지 모릅니다. 그런 대화가 없는 가운데서 시간이 흐를수록 자신의 내면의 세계가 자꾸만 피폐해지는 것을 깨닫게 되었습니다.

자기는 무엇을 위해 살고 있는가 하는 질문을 던지게 되었습니다. 되돌아보니 생활 그 자체를 위해 살아온 것 같았습니다. 어떤 중요한 의미를 따라 살아오지 못한 것입니다. 목적 없이 살아왔다고나 할까요. 그런데 그녀는 그렇게 살아질 수 있는 단순한 사람이 아니었습니다. 사랑이 없는 결혼이라는 것이 이렇게도 절망적이게 할 수 있는 것이라고는 결혼 전에는 생각하지 못했습니다. 생각의 길이 다르다는 것이 결혼생활을 이렇게도 메마르게 할 수 있다는 것에 대해서도 그러하였습니다. 자기의 생활이라는 것이 다람쥐 쳇바퀴 돌아가듯 하는 것이라는 생각이 들었습니다. 그나마 위안이 되었던 자녀들에 대한 마음도 전과 같지 않게 되었습니다. 서서히 우울이 찾아오고 있었습니다.

해결책을 찾으려 이러저러한 생각들을 해보았지만, 결국 마음에 걸리는 것은 남편이었습니다. 자기의 마음속 깊은 곳에 있는 생각을 함께 나눌 수 없는 남편과 평생을 살아야 한다는 것이, 그녀에게는 죽음보다 더한 절망으로 느껴지기 시작한 것이었습니다. 이혼의 가능성에 대해서도 생각하게 되었습니다. 그러나 신앙인으로서 남편에게 이혼을 요구할 만한 하자는 전혀 없었습니다. 그렇기에 이혼에 대해 생각을 했다는 것 자체가 죄책감을 유발하였습니다. 점차 모든 삶에 권태가 찾아들기 시작하였습니다. 의욕을 상실해 갔습니다. 기도가 되지 않았습니다. 눈에 띌 정도로 몸이 쇠약해지기 시작하였습니다. 마음속에서 자꾸 죽음에 대한 생각이 많아져 갔습니다. 가족들은 시부모를 모시며 사느라 고생이 많아서 그런가 보다고 여행도 보내 봤지만 효과는 전혀 없었습니다. 그러던 중 <나누고 싶은 이야기>를 읽게 되어 저를 찾아오게 되었습니다.

사실 저를 찾아왔을 때는, 마치 이미 어떤 각오가 되어 있는 듯하게 느껴졌습니다. 자신의 문제에 마지막 대안이라고 생각하고 있었던 것 같았습니다. 죽음에 대한 생각이 마음에 걸렸습니다. 자살에 대한 가능성도 예상되어, 우선 1-2주 정도의 응급적인 입원을 권유하였습니다. 모든 것을 체념한 채 자기를 맡긴다는 식으로 순순히 입원에 동의를 하였습니다. 문제가 비교적 심각하다고 판단이 되어 집중적인 면담을 가져갔습니다.

면담을 해가면서 저는 정신과의사로서의 한계를 톡톡히 체험하였습니다. 그녀가 겪고 있는 문제는 그녀의 역사를 청취하여 분석하는 것으로 접근하여야 하는 것이 아님을 깨달았기 때문이었습니다. 원인은 자명하였습니다. 자기의 가장 귀한 것-자기 마음의 가장 내밀한 곳에 있는 것을 가장 가까운 사람인 남편과 나누지 못하고 평생을 살아가야 한다는 것이 그녀에게는, 아니 다른 모든 사람에게는 그렇지 않다 하더라도 최소한 그녀에게는, 그렇게도 절망적인 것이 되는 것이었습니다. 그것은 과거의 분석과는 전혀 상관이 없는 것이었습니다. 그것은 눈에 보이는 아주 명백한 문제였습니다.

저는 대개 그러하듯이 처음에는 역사를 청취하면서 그녀를 알아 가면 어떤 해결책이 나올 것이라는 일반적인 기대를 가지고 면담을 하여 갔습니다. 그러나 그렇게 함으로써 그녀를 알아가는 측면이 있었던 것은 사실이지만, 현재 그녀가 겪고 있는 문제해결에는 거의 아니, 전혀 도움이 되지 않는다는 것을 깨닫게 되면서 어려워하게 되었습니다. 정신과전문의로서 가지고 있는 연장들이 소용없음을 알고 하나 둘씩 손에서 내려놓게 되었던 것입니다. 그녀의 문제는 분석의 문제가 아니라 처절한 실존의 문제였습니다. 과거가 아니라 미래에 대한 것이었습니다.

정통적인 정신치료자의 역할로서는 그녀의 문제에 도움을 줄 것이 별로 없다는 판단을 내렸습니다. 정신치료자의 탈 또는 페르소나 Persona, 외적 인격를 쓰고서는 우선 '만남'이 되지 않을 것이라 생각하였습니다. 무엇보다도 먼저 만남이 있어져야 했습니다. 같은 공간에 함께 있다는 것이 만남을 의미하는 것은 아닙니다. 무엇인가 서로 얘기를 나눈다고 만남을 가졌다고 얘기할 수 없습니다. 진정한 만남은 마음의 가장 깊은 곳에 있는 것을 깊은 신뢰 가운데서 함께 나눌 때 이루어진다고 하겠습니다. 저는 우선 같은 인생길을 가는 존재임을 나누고 싶었고 전달이 되기를 바랐습니다. 그녀의 절망에 함께 깊이 빠져들어 갔습니다. 치료자이기 전에 이러저러한 모습의 인생을 함께 느끼며 살아가는 동무이고자 하였습니다.

그녀에게 떠올랐던 해결방안이라는 것은 이혼과 자살이었습니다. 그만큼 남편과 계속 함께 살아간다는 것이 죽음보다 더욱 고통스럽게 느껴지는 절망을 주기 때문이었습니다. 제가 하나님을 믿는 자가 아니었다면 아마도 이혼을 권했을 것입니다. 그녀의 절망은 죽음에 아주 가까이 서 있다고 판단되었기 때문입니다. 이혼을 시키는 것이 아니라, 우선은 죽음에서 구해내야 하기 때문이지요. 만약 남편에게 이혼이 가능한 죄가 있었다면, 역시 이혼을 권했을 가능성이 높았다고 하겠습니다. 그만큼 그녀의 사정이 긴박하였기 때문입니다.

그녀의 절망은 갑자기 시작된 단순한 것이 아니었습니다. 이미 결혼시, 또는 결혼 이전에 시작되었다고 할 수 있는 뿌리 깊은 문제였습니다. 그러나 부부 사이에는 특별히 이혼을 고려해야만 하는 문제가 있었던 것은 아니었습니다. 지독한 고통 중에 있으면서도, 그녀는 그 점에 있어서는 저와 마음을 같이할 수 있었습니다. 그만큼 신앙이 분명하게 들어있는 사람이었습니다. 그렇기 때문에 점차 이혼보다는 죽음 쪽으로 생각이 기울어져 갔던 것입니다. 그렇기에 인간적으로는 더 고통스러운 일이었습니다. 이렇게도 못하고 저렇게도 못하는 상황에 놓이게 된 셈이지요. 또 신앙인으로서 느끼는 죄책감은 어떠했겠습니까? 참 마음이 안타까웠습니다. 최소한 죽음으로 몰고 가는 상황에서는 벗어나도록 도와야 했는데, 적절한 대안을 찾을 수가 없었습니다. 막막했습니다. 그렇지만 그토록 견디기 어려운 고통 속에서도 '신앙적으로 이혼은 가능하지 않다'라고 생각할 수 있다는 점에서, 어떤 조그마한 희망의 기운을 느낄 수 있었습니다.

그때 그녀에게서 얼마나 가능한 일인지는 자신할 수 없었지만, 신앙인으로서 유일하게 기댈 수 있었던 것은, 그녀에게 이 땅에서의 삶에 대해 관점을 달리하는 내면적 변화가 일어나기를 기다리는 것이었습니다. 그것은 하나님 앞으로 문제를 가져가는 것이요, 하나님의 관점에서 자기의 문제를 보는 것입니다. 자기의 인생을 하나님과의 관계 안에서 생각하는 것입니다. 우선 그녀는 남편을 대하여 사는 존재가 아니라, 하나님을 대하여 사는 존재입니다. 그녀의 인생의 대상자는 하나님이십니다. 남편과 영원히 사는 것이 아닙니다. 잠깐, 정말 아주 잠깐 함께 사는 것입니다. 그렇지만 하나님과는 영원히 함께 사는 것입니다. 이 땅에서의 고난은 '끝'이 있습니다. 상대적으로 길게 느껴지기도 하지만, 영원에 비추어 얘기할 때 그것은 순간에 지나지 않는 것입니다.

아무리 절망스럽다 하더라도 그녀의 절망에는 그녀 자신에게 결정적인 책임이 있음을 지나칠 수는 없는 것이었습니다. 사랑에 대해 그리고 결혼에 대해 충분히 알지 못하고 하였지만, 틀림없이 자기가 결정한 결혼이었습니다. 사람은 누구나 다 알지 못하고 결정을 내리게 되어 있습니다. 그것은 인간이 벗어날 수 없는 한계입니다. 그렇기에 인간은 누구든 자기가 내린 결정에 다소간의 후회가 있게 마련입니다. 그것이 결혼인 경우에는 쉽게 원상태로 돌릴 수 없는 것이기에 감수해야 하는 고통이 아주 크다고 하겠습니다. 그녀는 자기 결정에 따르는 책임을 하나님께 대한 것으로 보아야 했습니다. 믿지 않는 사람들은 자기의 편함을 따라 쉽게 이혼할 수 있겠지만, 그리스도인들은 결혼과 이혼에 대해 하나님으로부터 받은 원리가 있기 때문입니다.

거기에는 이기적이고 자기중심적인 욕구에 따라 살지 않고, 이타적이고 타인중심적인 빛의 원리를 따라 살라 하시는 하나님의 마음이 담겨 있습니다. 그 '타인'에는 남편과 자녀들을 포함한 많은 사람들이 관련되어 있습니다. 인간은 결코 혼자일 수 없는 존재입니다. 공동체 안에서의 존재입니다. 그렇기에 하나님은 우리에게 이타적이며 타인 중심적으로 살라 하신 것입니다. 그것이 인간에게 길이 되기 때문입니다. 우리의 타락한 본성에 의하면 절대로 살지 못할 것 같은 절망의 순간에도, 결정을 하나님의 말씀에 양도할 수 있는 것이 그리스도인의 참모습 중 하나가 될 것입니다. 하나님의 말씀을 따르는 것은 하나님을 따르는 것입니다. 인간과 인생에 대해 피조물인 우리보다 창조주이신 하나님께서 더 잘 아실 것은 너무나도 자명한 사실입니다. 그렇기 때문에 그리스도인은 그 결정적인 순간에 하나님을 의지하는 것입니다. 그것은 인간이 보일 수 있는 최고의 지혜라 할 수 있습니다.

저는 대략 그러한 것들을 마음에 두며 자매와 대화를 가져갔습니다. 인생에 대해 얘기를 하였습니다. 원하지 않는 삶을 살아가야 하는 아픔에 대해 얘기를 나누었습니다. 알고 있는 사람들 중, 깊은 슬픔을 안고 살아가는 사람들에 대해서도 얘기하였습니다. 나그네 길의 고단함에 대해서도 말입니다. '잘못 선택한 책임을 어디까지 지고 가야 하는지?', '한 번 주어진 인생인데 자기책임이라고 그렇게도 고통스럽게 평생을 살아가야 하는지?', '사랑 없이 이렇게 살아가도 되는 것인지?'······그렇게 마음 한 구석에 쌓아 놓은 이러저러한 물음과 항변들을 끄집어내어 나누었습니다.

저는 그녀와의 대화를 어떻게 이끌어가야 하겠다는 인위적인 생각을 하지 않았습니다. 그저 잠깐의 나그네 길을 같이 걸어가는 존재로서 그녀의 생에 대해 옆에서 보고 듣고 느끼는 것을 그냥 나누는 자이고자 하였습니다. 그녀가 참 안되었습니다. 짝이 잘 맞는 사람을 만났다면 전혀 다른 삶을 살아가고 있을텐데······. 앞으로 살아갈 날들에 대해서도 안타까운 마음이 들었습니다. 그냥 그런 느낌을, 마음을 나누었습니다.

그리고 다양한 사람들을 만나 인생에 대해 얘기하는 것을 전문으로 하고 있는 사람으로서 인생에 대한 저의 생각 중, 그녀와 특별히 나누고 싶었던 것은 '아쉬움을 접고 살아가는 것이 인생'이라는 내용이었습니다. 인간은 처음부터 불완전한 죄인으로서 인생을 시작해야 하는 존재이기 때문에 아쉬움을 남기는 것을 피할 수 없다고 하겠습니다. 인간은 누구나 처음부터 완전한 삶을 살 수 없게 되어 있기 때문입니다. 그리고 어쨌든 이 세상에서는, 만나고 싶은 사람들을 모두 다 만나고, 하고 싶은 것을 다 하고, 가지고 싶은 것을 다 가지고 살아갈 수 없습니다. 이것은 엄연한 사실입니다. 다소간 차이는 있지만, 어느 누구든 인생길을 가면서 아쉬움을 가지지 않을 수가 없습니다. 아쉬움이 없는 인생을 바란다는 것은 허공을 치는 몸짓이라 하겠습니다. 어느 누구든 인간은 원하지 않는 아쉬움을 대면하게 되어 있습니다. 저는 이 아쉬움을 처리하는 것이 성숙한 인간이 넘어가야 하는 중요한 과제가 된다고 생각합니다.

이 세상을 살면서 가지게 되는 아쉬움은 여러 가지 이유로 오게 되는데, 이 자매 같은 경우는 덜 현명한 선택을 한데서 왔다고 하겠습니다. 많은 경우는 피해를 각오하고 선택을 바꿀 수 있지만, 결혼에 대한 선택은 그렇지 않다는 데 심각성이 있는 것입니다. 저는 한 인간으로서 그녀의 절망에 공감할 수 있었습니다. 그러나 하나님을 믿는 사람으로서 이혼에 대해 생각할 수 있는 여지가 없는 상황임을 알았습니다. 물론, 그 결정에 제가 관여할 수 있는 것은 아닙니다. 그러나 이혼이 되지 않기를 바라는 소망은 있었습니다. 그런 상황에서 제가 주의를 기울여야 하는 것은 자살방지였습니다. 결국, 이혼을 하지 않고 다시 살아갈 수 있는 힘을 얻도록 도와야 하는 것이 저의 노력의 목적이었습니다. 그러려면 그녀가 제일 힘들어하는 것을 다루어 줄 수 있어야 했습니다. 그녀를 무엇보다 절망스럽게 하는 것은 고독이었습니다. 함께 있으나 혼자 있는 고독이었습니다. 그 고독감이 그녀를 몸서리치게 하였습니다. 그 고독감은 치료자인 저를 비롯하여 다른 어떤 사람도 감당해 줄 수 없는 성격의 것이라 하겠습니다. 저는 잠깐, 아주 잠깐 함께 할 수 있는 길동무에 지나지 않음을 처절히 깨닫습니다. 하나님만이 감당하실 수 있는 것입니다. 하나님께서 주시는 위로와 평안만이 그녀의 고독감을 잠재울 수 있는 것입니다.

저는 결국 하나님에 대해 그리고 영원에 대한 얘기를 꺼내지 않을 수가 없었습니다. 이를 통하지 않고서는 그녀의 길에 전환을 줄 수 있는 것은 아무것도 없다고 판단하였습니다. 조심스럽게 풀어 가려고 애썼습니다. 혹 이에 대한 얘기가 그녀의 상황에 공감을 하지 못하거나, 상황을 너무 이상적으로 보는 것 같으면 안 되었기 때문입니다. 다행히 자매는 이미 저의 책을 통해 어느 정도 신뢰감을 가지고 있었고 또 입원한 뒤, 전문의로서가 아니라 인생길을 같이 가면서 이런저런 얘기를 나눌 수 있는 동무 같이 느껴지는 만남을 통해 저의 얘기를 비교적 편하게 들을 수 있었습니다. 권위자로부터 어떻게 해야 한다고 듣는 식으로 받지 않았던 것입니다. 저는 '꼭 이렇게 해야 한다' 는 식이 아니라, '이렇게 고려해 봐야하지 않겠느냐?' 라는 태도로 느껴지기를 바랐습니다.

그녀는 그렇지는 않았지만, '잘못 선택한 것을 인정하지만, 왜 그 고통을 평생 겨야 한다는 말입니까?' 라고 반문할 수 있었을 것입니다. 잘못 선택한 결혼들이 수없이 많은데 왜 하나님은 이혼에 대해 좀 넓게 문을 열어 주시지 않으셨냐고 물을 수 있는 사람들이 있을 것입니다. 당연히 하나님께서는 결혼의 첫 단추를 잘못 낌으로 인해 평생 아픔과 고통을 안고 살아가게 되는 것을 아실 것입니다.(물론, 사람이 성숙해 감에 따라 그 아픔과 고통은 다른 옷을 입음으로써 경감이 되게 될 것입니다.) 누구보다도 정확히 아시는 분이시기에, 그분께서 그 환경에서 살라 하시는 것은 필연코 인간을 위한 하나님의 앞서가는 사랑의 배려이리라 믿습니다. 저는 분명히 이 믿음에 서 있습니다. 하나님은 인간과 인생에 대해 우리보다도 더 잘 아시는 분이십니다. 저도 그렇게 마음이 아린데 비교할 수 없는 사랑을 가지신 그분의 마음은 오죽하겠습니까? 그분은 창조주이시지 않으신지요? 우리 인간과 우리 인생이 그분에게서 나오지 않았는지요? 저는 우리를 위한 그분의 뜻은 인간에게 고통을 주시고자 하는 것이 아니라, 인간 전체 공동체에게 그리고 공동체 안에서의 개인에게 더 좋은 길이 되게 하는 것임을 믿어 의심치 않습니다.

우리는 이 땅에서 잠깐 살다 가는 존재에 그치는 것이 아니기 때문입니다. 우리는 영원을 사는 존재입니다. 우리가 우리의 잘못에 대해, 하나님께서 주시는 원칙 안에서, 책임을 지는 삶을 사는 것은 영원을 살아갈 존재이기 때문입니다. 영원을 사는 원리는 인간은 알 수가 없습니다. 하나님만이 아십니다. 그분은 영원히 자존하시는 분이시기 때문입니다. 영원의 삶에 대해서는 하나님께 모든 결정을 양도하여야 할 것입니다. 그것이 길입니다. 결국 우리의 삶은 하나님을 대하여 사는 것이 되어야 하고, 이 땅에서부터 영원을 사는 것이 되어야 할 것입니다.

이러한 내용들에 대해 깊은 나눔이 있어지기를 소원하면서 만남을 가져갔습니다. 그녀의 눈이 그녀 자신과 이 땅을 향하는 데서 돌이켜지지 않으면 희망은 없습니다. 결단코 없을 것입니다. 그러나 하나님과 영원을 향하여 열리게 되면 희망을 가질 수 있으리라 생각하였습니다. 정확히 기억은 나지 않는데, 아마도 하나님께 기도하였을 것입니다. 이 일에는 당연히 하나님의 은혜의 간섭이 꼭 있어야 하기 때문입니다.

절망스러운 분위기에서 많이 벗어난 것은 아니었지만, 자살의 가능성은 거의 없어진 것으로 판단하여 퇴원을 하기로 하였습니다. 스스로 자신 없어 했지만, 본인이 "한번 살아 보겠다"는 가느다란, 하지만 의지를 보였기 때문이었습니다. 거리 관계상 그 자매가 다시 병원을 방문하기는 어려웠지만, 간간이 전화를 하여 상황에 대해 설명하고 고맙다는 카드도 보내오곤 합니다. "변한 것은 아무것도 없습니다. 그런데 전보다는 견딜만합니다." "그저께부터는 다시 새벽기도를 시작하게 되었습니다."

아직도 많이 힘들어 하지만, 점차 그녀의 눈이 하나님께로 향하고 있음을 보게 되어 얼마나 기쁜지 모르겠습니다. 그러나 인간적으로는, 그녀가 성숙됨으로써 경감이 되겠지만, 앞으로도 상당한 나날을 번민과 고통 속에서 보내게 될 것입니다. 그녀가 하나님과의 관계 안에서 자신의 문제를 볼 수 있게 되기를 바랍니다. 하나님께서 그녀를 이끌어주시기를 바라는 마음 간절합니다.

사실 이 장에서는 사례는 간단히 다루고, 해야 하는 얘기로 바로 넘어가려고 했는데 아쉬움이 있어 이 얘기 저 얘기 하다 보니 많이 길어졌습니다. 위의 사례의 중간에서 말씀드렸지만, 닫힌의식은 인간의 문제를 해결하는 데 있어서 도움을 주는 데 한계를 지닌다고 하겠습니다. 위의 자매의 경우, '과거를 계속 뒤지면 무엇인가 해결의 실마리가 잡히겠지' 하는 마음에서 유아기 때의 역사로부터 시작하여 역사를 청취하는 시간을 계속 가져 갈 수 있습니다. 그러나 그러한 '닫힌의식에 대한 만병통치약적 기대'는 내담자와 치료자를 지치게 할 수 있습니다. 왜냐하면 결정적 원인이 과거와는 관계없이 현재 또는 (예상되는) 미래에 있는 경우가 적지 않기 때문입니다. 위의 지매 같은 경우 다른 무엇보다도 남편이 문제의 핵심적 원인이 됩니다. 자기의 정신적 세계를 깊이 있게 나누지 못하는 데서 오는 자매의 절망은 과거에 있지 않고, 계속 그러리라 예상되는 미래에서 나온다고 할 수 있습니다. 그런데 남편이라는 요인은 변할 가능성이 거의 없는 것입니다. 좀 지나친 표현이 될는지 모르겠는데, 남편에 대해서 정신적 배우자로서의 기대를 가지기가 불가능한 데서 오는 절망이라 할 수 있습니다. 그런 성격의 문제는, 과거를 분석하는 닫힌의식적 접근을 치료의 주채널로 삼는 것을 멈추어야 합니다.

인간은 과거와 관련된 문제뿐 아니라, 현재적이고 미래적인 문제를 가지는 존재입니다. 그렇기 때문에 과거만으로 분석되어서도 안 되고 또 분석될 수도 없는 존재입니다. 과거분석인 닫힌의식의 이해는 만병통치약이 아님을 명심하여야 할 것입니다. 아무리 과거를 훌륭하게 분석하여도, 문제가 현재적이고 미래적인 절망이라면 풀어낼 수가 없는 것입니다. 영원이라는 미래에 초점을 맞출 때에만 해결을 위한 접근의 실마리를 풀어갈 수 있습니다. 인간은 과거의 영향을 받는 과거적인 존재의 모습을 가질 뿐 아니라, 과거에만 갇히지 않고 미래로 창조적 발걸음을 내디딜 수 있는 미래적 존재이기 때문입니다.

사실 과거와 크게 관련이 없는 문제를 안고 있는 사람들은 정통적인 정신과의사의 대상이 아니라고 생각할 수 있습니다. 그러나 실상 제가 만나는 대부분의 사람들은 과거로부터 연유하는 문제와, 현재와 미래에 걸쳐 있는 문제를 함께 안고 있다고 얘기할 수 있습니다. 물론, 후자의 문제는 정신과의사가 다룰 성질의 것이 아니라고 하면서 전자에 대해서만 다루기를 주장하는 정신과의사들도 있는 것이 사실입니다. 그러나 저는 정신과의사의 역할을 그렇게 제한할 필요가 없다는 생각을 하였습니다. 아니, 저 자신을 정신과의사라기보다는 정신과를 전공하여 인생을 살아가는 한 사람으로 보고 싶었습니다. 저의 주된 정체성은 정신과의사에 있는 것이 아니라, 다른 사람과 함께 인생 나그네 길을 가는 길동무라는 데 있다고 생각하였던 것이지요.

치료적인 의미가 강한 만남의 경우는 정신치료라 할 수 있지만, 위의 자매와 같은 경우는 치료라기보다는 그녀가 걸어가는 인생에 대해 함께 느끼고 고민하고 생각하는 ─ 그래서 '인생 상담' 또는 '인생에 대해 함께 얘기를 나누는 만남'이라고 해야 어울릴 것입니다. 그런 성격의 만남을 가지게 되는 분들이 적지 않습니다. 저는 정신과의사이기 때문에 특히, 정신병·신경증·성격장애·정신박약·정신 지체 등과 관련되어 일반인들이 상상할 수 없는 갈등과 번민, 좌절과 절망, 고통, 무엇보다 다른 어떤 것으로도 축여지지 않는 고독감을 안고 살아가는 사람들을 많이 접하게 됩니다. 또한 인간에게서 제일 심각하면서 가장 흔한 불행으로 생각되는 '조합이 잘못된 결혼'으로 인해 앞날에 대해 특별한 소망이 없이 살아가는 사람들을 많이 접하게 되어 있습니다. 그런 분들은 정말이지 소설을 쓴다면, 아니지요 논픽션이지요, 논픽션을 쓴다면 수십 권의 책을 쓸 수 있을 것입니다. 그분들을 만날 때 제가 도움을 줄 수 있는 것이 거의 없음이 안타깝습니다. 그 분들의 문제는 과거분석의 문제가 아닙니다. 지금부터 앞으로 살아갈 미래가 끝이 보이지 않는 추락의 절망을 주는 것이기 때문입니다. 그 분들과는 치료라기보다는 함께 인생에 대해 얘기를 나누며 고단한 나그네 길을 동행합니다.

그런 분들을 만나면서, (이미 과거로부터 어려움을 당해 왔지만) 현재와 미래에 걸쳐 있는 문제를 안고 있는 사람들이 대처하는 모습은 크게 세 가지로 나누어지는 것을 보게 됩니다. 첫 번째는 문제로부터 도망치는 것입니다. 점점 많은 사람들이 이 방법을 취하고 있지요. (남편과는)이혼하거나 (아이들은)버리는 것입니다. 자기 외적인 환경만을 변화시키는 것이지요. 두 번째는 어떻게 할 수 없는 가운데 그냥 살아가는 경우입니다. 자기 내적·외적 환경에 변화를 주지 않고 살아가는 것입니다. 마지막으로는 자기 외적 환경은 변함없이 그냥 안으면서, 내적 환경인 자기 마음을 변화시켜 점차 의연하게 살아가는 경우입니다. 자기를 향한 마음의 방향을 배우자와 자녀들, 그리고 관련된 모든 사람들을 향하도록 하는 것입니다. 자기는 죽는 것입니다. 밀알이 되기를 자청하는 것입니다 영원을 보기 때문에 가능한 일입니다 좋으신, 영원하신 하나님께 자기를 의뢰하는 것입니다 그러한 내적인 변화가 없이 그 길을 의연하게 갈 수는 없습니다. 하나님에 대해 살고, 영원을 사는 자로 살아가는 것입니다. 아마도 그런 분들에게는 아픔을 충분히 함께 느끼시는 성령 하나님의 위로하심과 가호가 있을 것입니다.

세 번째의 길을 걸어가는 사람들을 한 사람 두 사람 알게 됩니다. 결혼하여 살다가 아내가 정신분열증을 앓게 되자 아내를 위하여 전도유망한 기업의 좋은 자리를 떠날 수밖에 없는 사람, 정신박약을 동반하는 장애를 가진 아이를 낳아 기르는 가운데 화려한 생활을 동경하는 아내의 떠남을 막을 수 없었던 사람, 참된 목회를 소망하여 신학공부를 시작하였으나 배우자가 성격장애자임이 드러나 결국 목회의 꿈을 접어야 했던 사람, 성격장애자인 남편을 끝내 떠나지 못하고 자기의 모든 꿈을 접고 살아가는 사람, 24시간 누군가 지켜봐 주어야 하는 장애를 안고 태어난 아이를 위해 부부 모두 자기의 전공을 벗어나 다른 일을 하면서 살아가는 사람들, 그 외에 밝힐 수 없는 참으로 어려운, 아니 '어렵다'는 말만으로는 충분히 형용될 수 없는, 참으로 안타까운 삶을 살아 왔고 살고 있고 살아갈 분들을 만나게 됩니다.

그런 분들의 대부분은 하나님께 대한 신앙을 가지고 있습니다. 하나님, 하나님의 나라, 영원에 대한 소망이 없다면 어떻게 현세의 그 '마음에 휑한 회오리를 일으키는' 절망을 선한 고통으로 알아 견뎌 낼 수 있겠습니까?

마음이 참 착한 분이신데, 세상적으로는 말할 수 없는 고통 가운데 있는 자매님이 있었습니다. 그분은 주위 사람들에게 사랑을 주기만 하고 살아왔습니다. 그렇지만 사람들은 계속하여 받기만을 기대하였습니다. 나

중에는 상식적으로 말도 안 되는 것을 요구하기에 이르렀습니다. 자매님은 자신이 인생을 잘못 살아왔다는 생각을 하게 되었습니다. 자신의 인생은 실패라는 생각을 떨쳐 버리지 못하는 가운데 자꾸만 절망의 늪으로 빠져들고 있었습니다. 예배를 드릴 때면 맨 뒷좌석에 앉는다고 합니다. 그래서 예배에 참석한 모든 사람들을 살펴본다고 합니다. 그러면 다른 사람들은 다 행복하게 보이는데 자기만 불행한 것 같다고 합니다. 또 다른 사람에게 불행하게 보일 것이기 때문에 자신은 뒤에 앉게 된다고 합니다.

저는 다음과 같은 얘기를 나누었습니다.

"물론, 자매님에게는 세속적인 관점으로는 행복하다고 할 수 있는 내용들이 별로 없는 것이 사실입니다. 눈에 행복하게 보이는 성취가 별로 없습니다. 그러나 제가 들은 바에 의하면 자매님은 좋은 마음을 가지신 분이십니다. 여러 어려운 상황에서도 자기의 이익을 위하기보다는 남을 위하는 가운데 고통을 많이 안으셨던 것 같습니다. 이기적이고 자기중심적인 태도가 아닌, 이타적이고 타인 중심적으로 살아오신 것 같습니다. 그런 가운데서 어려움을 많이 당하셨습니다. 사람과 세상이 기본적으로 이기적이고 자기중심적이기 때문입니다. 자기를 위하고 자기중심적으로 살아오다가 당하시는 고통이 아닌 것입니다. 자매님, 다른 것으로 행복을 삼지 마십시오. 세상적으로 어떤 굉장한 성취를 이루고 업적을 남겼다 하더라도, 그 사람의 마음이 이기적이고 자기중심적이라면 그 사람은 하나님 보시기에 절대 행복한 사람이 될 수가 없습니다. 그렇지만 세상적으로는 밖으로 드러나는 것이 보잘것없이 초라하다 하더라도, 살아가는 마음이 이타적이고 타인 중심적이라면 그 사람은 행복한 사람입니다. 그 마음 자체가 행복입니다. 하나님 안에서는 그 선하고 착한 마음이 행복의 조건입니다. 자매님은 그 마음을 가지고 있으니, 현실적으로 아무리 암울하고 고통스럽다 하더라도 행복한 사람이라고 여길 수 있게 되기를 바랍니다."

저는 시간과 공간이 허락하는 범위 내에서, 그렇게 살아가는 분들에게 길동무가 될 수 있기를 소원합니다. 험난한 나그네 길을 가는 그런 분들에게 가끔씩 동행이 되어 드리면서 이 얘기 저 얘기 오순도순 나눌 수 있는 자가 되기를 말입니다 그러한 만남을 갖는 분들이 점진적으로 많아지고 있습니다. 다른 어떤 일보다도 그 분들과의 만남이 저에게는 소중합니다. 제가 할 수 있는 것은 별로 없습니다. 그냥 마음이 저려오는 얘기를 들으면서 때때로 '인생이 그렇습니다' 또는 '그것이 인생입니다' 라는 말 한마디를 하는 것이 전부일 때가 있습니다. 그래도 그런 분들 중 대부분은 그런 만남이 위로가 된다고 합니다. 저는 그렇게 밖에 하지 못합니다. 그 분들과 같은 삶을 살아가는 분들에게는, 완전한 것이 되지 못하는 인간이 나눌 수 있는 것이라고는 지극히 제한적인 것밖에 될 수 없습니다. 그렇기에 저에게 절망이 느껴집니다.

그 분들에게 진정 필요한 것은 창조주의 위로와 평안입니다. 영원의 세계를 주관하시는 분의 이끄심만이 그 분들을 살게 할 수 있습니다. 바로 그분, 하나님께서 영원의 언저리에서 그들을 향해 내미시는 손길로 그 분들이 오늘을 살 수 있는 실제적인 힘을 얻게 하시리라 믿습니다. 저와의 마음의 나눔을 통해 그 분들을 향한 하나님의 마음이 전달되기를 바라는 마음 간절합니다.

잠언 17장 5절 말씀에 '가난한 자를 조롱하는 자는 이를 지으신 자를 멸시하는 자요……' 라는 말씀이 있습니다. 이 말씀을 어떻게 생각하시는지요? 물론, 사람이 게으르고 불성실하여 가난하게 되는 경우도 있지요. 그러나 태어날 때부터 가난할 수밖에 없는 사람들이 있습니다. 정신적으로 신체적으로 심한 장애를 가지고 태어나는 사람들이지요. 뇌성마비, 정신박약, 선천성 기형 등등 참으로 여러 장애를 앓는 사람들이 많이 있습니다. 자녀들을, 배우자를 그런 사람들로 두는 분들, 그리고 살다가 배우자나 자녀가 심각한 장애를 앓게 되었는데도 떠나지 않고 그 곁을 지키는 분들, 그 분들은 가난할 수밖에 없게 되어 있습니다. 위의 성경 말씀이 그렇게 가난하게 될 수밖에 없는 사람들에 대한 내용이라 생각합니다.

어찌 그 말씀이 경제적으로 가난한 사람들만을 가리킬 수 있겠습니까? 우리는 그 말씀에서 하나님의 마음을 읽습니다. 우리는 그렇게 알게 된 하나님의 마음을, 다른 영역의 가난한 사람들을 대하는 우리의 마음에 적용할 수 있어야 할 것입니다. 고등학교 2학년 때 저희 반에서 성적이 최하위인 친구가 하루는 저에게, "진아, 나는 아무리 공부를 해도 맨날 꼴등이다."라는 얘기를 하였습니다. 그 친구는 비교적 성실한 사람이었습니다. 그러나 배우는 것을 이해하기 위해 아무리 노력을 해도 안 되는 것이었습니다. 태어날 때부터 아주 낮은 지능지수의 머리를 가지고 태어났던 것입니다. 꼴찌를 피할 수 없는 것입니다. 제가 그를 꼴찌라고 흉볼 수 있을까요? 그보다 공부를 잘한다고 자랑할 수 있을까요? 저는 그가 왜 꼴등을 하고 누구는 일등을 하게 태어났는지 그 정확한 이유를 알 수 없습니다. 다만, 1등하는 사람이 꼴등하는 사람을 어떻게 대해야 하는지에 대해서는 알고 있습니다. 또 꼴찌를 하는 사람이 의연하여야 함을 압니다.

대학의 기독교 선후배들과 만날 때 저희들은 다음과 같은 내용을 나누곤 하였습니다.

"우리는 세상적으로 좋다고 하는 대학에 들어왔습니다. 그런데 그렇게 된 것이 과연 우리의 것이라 할 수 있는지요? 한번 생각을 해보도록 하겠습니다. 어떤 사람들은 지능지수가 아주 낮은 머리를 가지고 태어나서 아무리 공부해도 대학에 들어갈 수 없습니다. 그런데 물론 열심히들 노력했겠지만, 우리는 공부를 하면 우리 대학에 들어올 수 있는 머리를 가지고 태어났다고 하겠습니다. 또 어떤 사람들은 병으로 인해 학업을 중도에 포기할 수밖에 없는데, 우리 중에는 병이 있거나 신체적으로 약한 자도 있겠지만 학업을 포기해야 할 만큼 건강에 문제를 가지고 태어난 사람은 없습니다. 또 어떤 사람들은 가정형편이 어려워 집안을 돌보아야 하기 때문에 원하는 공부를 계속하지 못하고 다른 길을 선택해야 하는데, 우리 중에 어려운 사람들도 있겠지만 다른 길을 선택하여야 할 정도로 가난한 가정에 태어나지는 않아서 이곳에까지 오게 되었던 것입니다.

자, 우리가 세상적으로 성취하였다고 하는 것, 또는 우리가 현재적으로 가지고 있는 것에 대해 어떤 태도를 취해야 옳다고 생각합니까? 생각해 보면 우리의 삶을 결정하는 굵직굵직한 조건들은 내가 원하거나 노력하지도 않았는데 이미 내게 주어진 것들이라 할 수 있습니다. 그 사이에 우리의 노력이 있었던 것은 사실이지만 그 노력이라는 것이 그 굵직한 조건들을 대신할 만한 것은 못된다고 할 수 있습니다. 우리의 삶은 대개는 그렇게 이미 주어진 조건들의 지대한 영향 아래서 형성되어진다고 할 수 있겠지요. 그런데 자신이 원하지도 않고 노력하지도 않았는데 가지게 된 것을 자신의 것이라 할 수 있을까요? 그럴 수 없을 것입니다. 주어진 조건들은 우리 자신의 것이라고 결코 주장할 수 없는 것들입니다. 우리의 것이 아닌 것이지요. 그것은 하나님께서 당신의 뜻에 따라 우리 안에 담아두신 것이요, 하나님의 것입니다.

그렇기에 우리는 잠깐의 이 땅에서 하나님의 것을 맡아 관리하는 청지기인 것입니다. 우리 중에는 이미 전문의가 된 사람도 있지만, 모두 인턴, 레지던트를 거쳐 전문의가 될 것입니다. 전문의가 되면 세상적으로 누릴 수 있는 명예와 기득권을 가지게 됩니다. 자기를 위하려고만 한다면 많은 것을 할 수 있는 사회적 위치에 있게 된다고 할 수 있습니다. 참 편안하게 살 수 있지요. 그러나 우리가 어디서 왔고 어디로 갈 존재인지를 늘 잊지 않아야 할 것입니다. 하나님 면전에서 사는 존재임을 항시 의식할 수 있어야 하지요. 청지기 인생임을 잊지 않도록 합시다. 하나님의 것인 굵직 굵직한 조건들로 인해 가지게 된 것들이 자기 것이 아님을 잊어서는 안 될 것입니다. 우리 것이 아닌 것으로 우리를 위하지 않아야 할 것입니다. 우리가 가지게 될 세상적 기득권을 나 자신, 또는 '작은 우리' - 자기가족 · 친척 · 혈연 · 학연 · 지연 등등으로 형성되는 '우리' - 들을 위해 사용하는 우를 범하지 않아야 할 것입니다. 우리의 지향적인 목표가 어떤 것인가를 늘 의식할 수 있어야 할 것입니다.

우리들과 다르게 세상적으로 아주 열악한 조건들을 가지고 태어나 경제적으로 신체적으로 정신적으로 여러 영역에서 가난하게 살아 갈 수밖에 없는 사람들이 있음을 기억하여야 할 것입니다. 그 사람들도 자기가 원하지 않게, 자기의 게으름에서 나온 것이 아닌, 굵직굵직한 조건들을 가지게 되었는데, 그것이 세상적으로 아주 열악하다는 점에서 우리들의 것과 다르다고 하겠습니다. 그렇기 때문에 그 분들의 '가난'은 원칙적으로 그 분들의 것이 아닙니다. 그런 분들은 당신의 뜻에 따라 창조하신 창조주 하나님에게서 온 것으로, 하나님의 것이라 할 수 있습니다.

세상적인 우리의 '풍요'와 그분들의 '가난'은 모두 하나님의 것입니다. 그렇기에 우리는 이를 서로 나누어야 합니다. 하나님의 것으로 하나님의 것이 되게 하여야 합니다. 가능하면 세상적으로 평균하게 되는 것을 바라시는 하나님의 마음을 성경에서 읽지 않습니까?

이는 다른 사람들은 평안하게 하고 너희는 곤고하게 하려는 것이 아니요, 평균케 하려 함이니 이제 너희의 유여한 것으로 저희 부족한 것을 보충함은 후에 저희 유여한 것으로 너희 부족한 것을 보충하여 평균하게 하려 함이라.(고린도후서 8:13-14)

피조물에 대한 창조주의 마음이 어떠하겠습니까? 거기에 어떤 우열이 있기를 바라시겠습니까? 피조물인 서로를 바라볼 때, 우리는 창조주의 마음을 헤아리면서 창조주의 마음에 조금이라도 더 가깝게 가도록 마음을 써야 할 것입니다. 우리가 믿는 하나님은 인간을 지으신 창조주이십니다. 때때로 피조물을 향한 창조주의 마음을 헤아리게 됨으로써 하나님의 마음에 가까이 갈 수 있게 됨을 경험하곤 합니다. 끊임없이 나누어지기를 바라는 하나님의 마음에 흡족한 우리가 되도록 최선의 노력을 경주하도록 합시다."

(어떤 사람에게는 이렇게, 또 어떤 사람에게는 저렇게 태어나게 하시는 하나님의 뜻을 전혀 알 수 없습니다. 다만 선하시고 사랑이신 지존의 그분에게서 나온 것이니, 영원의 맥락 속에서는 결국 선하고 사랑인 길로 통할 것이라 믿습니다. 우리는 물음을 없앨 것이 아니라, 그 모든 물음을 하나님 앞에 내려놓아야 할 것입니다. 그러면서 언젠가 뵈옵게 될 때 고개를 끄덕이면서 기쁘게 하나님의 설명을 듣게 될 것을 기대합니다. 하나님께 대한 그 기대의 마음으로 이러저러한 물음들을 다스리고 있습니다.)

나눔에 대한 성경 구절 중 몇 가지를 이곳에 올리는 것이 좋을 것이라 생각하여 올립니다. 다음의 말씀을 그냥 넘어가지 않으시기를 바랍니다. 말씀을 통해 하나님의 마음이 어떠한지에 대해 주의를 집중시켜 보시기를 바랍니다. 성경구절 자체에 매이지 않았으면 좋겠습니다. 그 구절을 통해 하나님의 마음을 알아, 그 마음을 본받아서 여러 영역에 적용할 수 있는 자로 나아가게 되기를 바랍니다. 예를 들어, 고아와 과부를 돌보라는 말씀을 통해 '아, 고아와 과부를 돌보아야 하겠구나' 라고 깨닫는 데 그치는 것이 아니라, '하나님께서 고아와 과부를 돌보시라고 하시는데, 하나님의 마음이 어떠하기 때문에 그러시는 것일까? 아, 하나님의 마음은 고아나 과부처럼 스스로 서기가 어려워 타인의 도움을 필요로 하는 사람들을 돌아보기를 바라시는 것이구나.' 하면서 성경 말씀을 통해 하나님의 마음속으로 들어가는 일들이 많아졌으면 좋겠습니다.

"네가 만일 너와 함께한 나의 백성 중 가난한 자에게 돈을 꾸이거든 너는 그에게 채주같이 하지 말며 변리를 받지 말 것이며, 네가 만일 이웃의 옷을 전당잡거든 해가 지기 전에 그에게 돌려보내라. 그 몸을 가릴 것이 이뿐이라. 이는 그 살의 옷인즉 그가 무엇을 입고 자겠느냐? 그가 내게 부르짖으면 내가 들으리니 나는 자비한 자임이니라." (출애굽기 22:25-27)

"나는 소경의 눈도 되고 절뚝발이의 발도 되고, 빈궁한 자의 아비도 되며 생소한 자의 일을 사실하여 주었으며," (욥기 29:15-16)

"성도의 쓸 것을 공급하며 손 대접하기를 힘쓰라." (로마서 12:13)

"다만 우리에게 가난한 자들 생각하는 것을 부탁하였으니 이것을 나도 본래 힘써 행하노라." (갈라디아서 2:10)

"……빈궁한 자에게 구제할 것(나눌 것)이 있기 위하여 제 손으로 수고하여 선한 일을 하라." (에베소서 4:28)

"오직 선을 행함과 서로 나눠주기를 잊지 말라. 이 같은 제사는 하나님이 기뻐하시느니라." (히브리서 13:16)

"하나님 아버지 앞에서 정결하고 더러움이 없는 경건은 곧 고아와 과부를 그 환난 중에 돌아보고 또 자기를 지켜 세속에 물들지 아니하는 이것이니라." (야고보서 1:27)

"각각 은사를 받은 대로 하나님의 각양 은혜를 맡은 선한 청지기같이

서로 봉사하라."(베드로전서 4:10)

저는 나눔의 삶은 창조주이신 하나님께서 인간세상에서 이루어지기를 바라시는 것들 중에서도 상당히 앞서는 순번에 있다고 생각합니다. 그리스도인의 마음은 산과 같이 높이 솟아 자기의 높음을 자랑하는 것이 아니라 바다로 흘러들어 평균하게 하는 물과 같이, 자기보다 어려운 사람들을 향해 아래로 아래로 흘러가야 할 것입니다.

"서로 마음을 같이하며 높은 데 마음을 두지 말고, 도리어 낮은 데 처하며 스스로 지혜 있는 체 말라."(로마서 12:16)

그러할 때 하나님께서 기뻐하시는 온전한 공동체에 가까워질 것입니다. 이 나눔의 정신이, 특별히 태어날 때 또는 살아가면서 원하지 않았던 아픔과 고난을 맞이하게 되는 사람들을 향해 흘러가야 하리라 소망합니다. 그 분들의 아픔에 지극히 부분적으로나마 함께 하고자 하는 마음을 가진 사람의 동행이 느껴지는 가운데 조금이라도 위로와 격려가 되기를 바라는 마음으로 말입니다. 그런 분들의, 그리고 그런 분들을 위한 공동체가 있어졌으면 하는 마음 간절합니다.

후기

．
．
．

　언젠가 한 신학교의 목회연수 세미나에서 '닫힌의식의 이해'라는 제목으로 세 차례에 걸쳐 강의를 한 적이 있었습니다. 그때 맨 뒷좌석이라 할 수 있는 곳에서 청각장애가 있는 분이 옆에 앉아 계신 분의 수화를 열심히 듣고 계셨습니다. 저는 그 모습이 무척 진지하게 느껴지면서 안타까운 마음이 들었습니다. 쉽게 전달하려고 노력하였지만, 수화로 전달하기에는 어려운 부분들이 많이 있었을 것이라 생각되었습니다. 저는 강의 도중에, '제가 수화로 강의를 할 수 없어서 죄송합니다. 지금 당장은 계획이 없지만, 언젠가 닫힌의식에 대해 지금보다 훨씬 알찬 내용을, 강의로 듣는 것 못지않게 잘 설명하는 책을 써낼 것을 약속드리겠습니다."라고 얘기하였습니다.

　그 약속이 저의 마음 한 구석에 늘 자리 잡고 있었습니다. '가능하면 빨리 약속을 지켜야 할 텐데…….' 하는 마음이 저에게 다소 부담이 되어 왔습니다. 꼭 그 분 때문에 쓴 것은 아니지만, 약속을 지켰다는, 기쁜 마음이 있는 것이 사실입니다. 그 분에게 이 책이 잘 전달될 수 있었으면 하는 마음입니다.

책을 써 가면서 하나님의 사랑의 간섭이라 느껴졌던 두 개의 에피소드를 소개하고 싶습니다. 원고를 쓰기 시작한 지 약 한 달 반 정도 지났을 때, 정신적으로 상당히 탈진되어 있음을 느끼게 되었습니다. 그러나 주위에 특별히 휴식을 취할 수 있는 곳이 없었습니다. 특히, 캐나다의 이번 겨울은 기록적인 강설량을 보였기 때문에 당시에 산책을 한다는 것은 불가능하였습니다. 머리를 좀 식혔으면 하는데, 마땅한 것이 생각이 나지 않았습니다. 실내에서 할 수 있는 것을 찾아야 했는데, 결국 생각해 낸 것이 '좋은 음악'이었습니다. 그래서 테이프나 CD를 사야겠다는 생각을 하고 있었습니다. 그런데 마침 목사님 내외분께서 좋은 음악을 담은 테이프를 두 개 사 가지고 오셨습니다. 얼마나 격려가 되었던지요! 그 분들께 받은 사랑, 사랑이 필요한 사람들에게 나누어 가도록 노력할 것입니다.

그 분들의 사려 깊은 행동이 어떻게 느껴지시는지요? 그러한 배려의 마음이 참으로 감사했었습니다. 그 분들의 손길을 통해 저에게 관심을 두고 계시는 하나님의 마음을 느낄 수 있었습니다. 음악이 담긴 글이 되었으면 하시면서 그 뒤로도 좋은 음악이 실린 CD를 몇 개 더 주셨습니다. 책을 읽어 오시는 중에 좋은 음악이 흘러나오는 것을 듣지 않으셨는지요? 배경음악을 들으면서 글을 읽게 되지 않으셨는지요? 제 책의 배경음악은 그렇게 담기게 된 것입니다. 제 책은 음악이 배인 책이랍니다.

글쎄요, 서문에서도 그 분들에 대해 감사를 표하였는데, 글 중에 상큼하고 구수한 김치찌개와 같은 내용을 만나시면, 바로 그 분들이 주신 김치찌개가 제 글의 일부가 되어 나타난 경우가 될 것입니다. 그뿐이겠습니까? 장미꽃 냄새가 풍기는 향기로운 내용은 또 그렇게 해서 나온 것이고……. 그렇듯 저의 책은 저에게서만 나온 것이 아니라, 그렇게 참여하신 여러분들의 혼합작품인 것입니다.

또 다른 에피소드는 다음과 같습니다. 캐나다의 겨울은 참 길다는 것을 톡톡히 경험하였습니다. 겨울이 길다 보니 신록이 그리워지고 꽃이 그리웠습니다. 우리 나이로 65세가 되신 연세 많으신 어른이 운영하는 가게에서 여럿이 시간을 갖다가 그런 얘기를 하게 되었습니다. 아니 그런데 그 어른께서 사라지시더니 갑자기 만개한 꽃을 한 송이 들고 나타나신 것이 아니겠습니까. 집의 뒷마당에 가서서 직접 키우시던 화초를 따오셨던 것이었습니다! 그때의 저의 감격적인 마음을 여러분은 상상하실 수 있으시겠습니까? 다른 사람이 보고 싶다고 하니, 자연스럽게 발걸음을 옮겨 당신께서 키워 오신 애정어린 꽃을 기쁜 마음으로 이내 따오시는 것이었습니다. 그 분의 순전하신 마음이 부러웠습니다. 그 분을 닮고 싶습니다.

어르신 내외분(정우화 님, 이길자 님)은 그 다음번에는 아예 꽃이 활짝 핀 화분을 하나 들고 나타나셨습니다. 꽃을 보며 쉬엄쉬엄 글을 쓰라시는 것이었습니다. 과분한, 정말 과분한 사랑이었습니다. '내가 이런 사랑을 받을 자격이 있나?' 라고 자문해 보았습니다. 다른 사람에게 갈 사랑이 제게 오는 것 같아 미안한 마음도 있었습니다. 그러나 마음은 참으로 기뻤고 큰 위로와 격려를 받았습니다. 책을 읽으시면서 정신을 순화시켜 주는 꽃향내를 맡으셨을 것이라 생각합니다. 제 책은 꽃향내가 배인 책이랍니다.

아주머님의 마음 씀씀이가 또한 얼마나 귀한지 모르겠습니다. 저의 책 두 권을 보고 싶으시다며 사시겠다고 하여 목사님께서 두 권을 전해드렸다고 합니다. 그런데 돈을 주시는데, "이런 귀한 책을 그냥 책값만 드린다는 것은 마음이 무엇인가……그래서는 안 될 것 같습니다. 무엇인가 고맙다는 저의 마음을 전해야 할 텐데……." 하시면서 하얀 봉투에 고마움의 표시를 담으셨다며 저에게 전해 달라 하셨다는 것이었습니다. 그러면서 저의 집필 작업에 진실한 격려를 주셨습니다.

여러분, 여러분의 마음은 어떠하신지요? 이러한 경험을 살아오시면서 얼마나 해 오셨는지요? 저로서는 이를 뭐라 기술하기가 참으로 어렵습니다. 도대체 그 아주머님의 마음을 무어라 해야 하는지, 어떻게 반응을 하여야 하는지? 여러분의 생각은 어떠하신지요? 어떻게 그렇게 마음을 쓰실 수 있는 것일까요? 참으로 귀한 경험을 저는 하였습니다. 그것뿐만이 아니었습니다.

그 어른들과의 만남은 저에게는 많고 귀한 것들을 생각하게 하고 깨닫게 하였습니다. 앞으로 살아가면서 그런 만남은 흔하지 않을 것입니다. 마치 여행길에 귀한 진주를 얻은 것 같은 기분입니다. 저도 그 분들의 마음을 본받아 살아가도록 노력할 것입니다. 그런 만남을 주신 하나님께 감사드립니다. 그 어른들을 통한 하나님의 마음이 따사로이 느껴져 옵니다.

후기를 쓰는 지금 마음이 제일 편합니다. 제 마음에 있는 것을 그대로 옮겨 놓으면 되기 때문입니다. 저는 책을 쓰는 것을 대화라고 생각합니다. 부연한다면 나눔을 위한 대화라고나 할까요? 이 책은 '현재의 김진'에게서 나오는 내용을 담고 있습니다. 현재의 제가 인간의 정신세계, 특히 닫힌의식에 대해 다른 형제자매들과 나누고 싶은 이야기라 할 수 있습니다. 그렇기 때문에 현재의 제 수준에 갇힌다고 하겠습니다. 앞으로 저의 세상적 지식의 수준과 신앙의 수준은 더 깊어질 것입니다. 그래서 미래의 어느 시점에서 볼 때, 더 성숙해진 미래의 저에게 잘못된 내용으로 판단되는 부분이 있으면, 지적하고 수정하는 작업을 하도록 노력할 것입니다. 그렇게 온전한 성숙을 향한 길을 가고 있는 도상途上의 사람이 과정적 나눔을 하는 것으로 이해하고 읽어 주시기 바랍니다. 우리 가운데 꼭 완전한 것이 아닌, 과정적 나눔들이 많아지기를 바라는 마음입니다.

그렇듯 각각의 전문분야에 있는 분들이 깨달아가는 좋은 것들을 일반인들과 나누어가는 노력을 기울이는 모습들이 있기를 간절히 바랍니다. 서로의 좋은 것들을 나누어 우리의 삶이, 하나님께서 심어놓으신 인간 삶의 그 풍요로움을 많이 담을 수 있게 되기를 바라는 것입니다.

저는 이 책의 제목을 '중환자실에서 회복실로!' 라고 하면 어떨까 생각했던 때가 있었습니다. 실제로 그 사례의 자매님뿐 아니라, 닫힌의식에 대한 이해가 깊어지면서 엄청난 삶의 변화를 맞이하는 사람들을 많이 접해 오고 있습니다. 그러한 회복의 기쁜 일들이 더 많은 사람들에게 일어나기를 간절히 소망합니다. 그럴 수 있습니다. 성실히 자기의 닫힌의식의 세계를 이해해 가고자 하는 분들에게는 하나님께서 기대하시는 '본연의 자기'를 향하는 길이 더 크게 열리게 될 것입니다. 그러한 발걸음들에 하나님의 간섭하시는 은혜가 함께하기를 기원합니다.

우리 아버지 하나님,
이 작은 책을, 하나님께서 기대하시는 그 본래적 자기를 회복하여 가는 길에 나서는 모든 형제자매들을 위해 사용하여 주시옵소서.
홀로 영원히 영광 받으시옵소서!

사명선언문

너희가 흠이 없고 순전하여……세상에서 그들 가운데 빛들로
나타내며 생명의 말씀을 밝혀 _ 빌 2:15-16

1. 생명을 담겠습니다
만드는 책에 주님 주신 생명을 담겠습니다.
그 책으로 복음을 선포하겠습니다.

2. 말씀을 밝히겠습니다
생명의 근본은 말씀입니다.
말씀을 밝혀 성도와 교회의 성장을 돕겠습니다.

3. 빛이 되겠습니다
시대와 영혼의 어두움을 밝혀 주님 앞으로 이끄는
빛이 되는 책을 만들겠습니다.

4. 순전히 행하겠습니다
책을 만들고 전하는 일과 경영하는 일에 부끄러움이 없는
정직함으로 행하겠습니다.

5. 끝까지 전파하겠습니다
모든 사람에게, 땅 끝까지, 주님 오시는 그날까지
복음을 전하는 사명을 다하겠습니다.

서점 안내

광화문점 서울시 종로구 새문안로 69 구세군회관 1층
02)737-2288 / 02)737-4623(F)

강남점 서울시 서초구 신반포로 177 반포쇼핑타운 3동 2층
02)595-1211 / 02)595-3549(F)

구로점 서울시 동작구 시흥대로 602, 3층 302호
02)858-8744 / 02)838-0653(F)

노원점 서울시 노원구 농일로 1366 삼봉빌딩 지하 1층
02)938-7979 / 02)3391-6169(F)

일산점 경기도 고양시 일산서구 중앙로 1391 레이크타운 지하 1층
031)916-8787 / 031)916-8788(F)

의정부점 경기도 의정부시 청사로47번길 12 성산타워 3층
031)845-0600 / 031)852-6930(F)

인터넷서점 www.lifebook.co.kr